北朝鮮と東北アジアの国際新秩序

早稲田大学大学院アジア太平洋研究科
小 林 英 夫 編

学 文 社

はじめに

二〇〇〇年六月平壌《ピョンヤン》で開催された南北首脳会談は、朝鮮戦争以後三八度線を境に対峙していた朝鮮民主主義人民共和国（以下、北朝鮮とする）と大韓民国（以下、韓国とする）の最高首脳が直接会談した最初のケースとして着目された。その後北朝鮮は徐々にではあるが、改革・開放路線の採用を鮮明に示しはじめている。二〇〇一年一月極秘裏に中国の上海を訪れた金正日《キムジョンイル》は、中国の改革・開放の実態を視察すると同時に外国企業を訪問しその実情をつぶさに観察したといわれている。中国と同じではないにしても、従来の北朝鮮の閉鎖的政策とは別の動きが水面下で活発化しはじめたのである。

本書は、二〇〇〇年に入り急速に進展した朝鮮半島をめぐる政治・経済・外交面での新情勢を日本、中国、アメリカとの相互関連のなかで分析するものである。第一部では北朝鮮をめぐる国際関係の現状を主に検討し、第二部では北朝鮮の歴史と現状を経済面に着目して分析した。

いずれも編著者である小林英夫の研究室の活動に参加し、これを支援してくれた早稲田大学アジア太平洋研究センター客員教授、および小林が主宰する同センター部会特別研究員と早稲田大学アジア太平洋研究科博士課程の大学院生の一九九八年から二〇〇一年までの三年余の共同研究の成果である。また、中国吉林大学東北アジア研究院院長王勝今教授からは特別寄稿（二〇〇〇年一〇月）を受けた。

各章別編成と執筆者一覧は以下のとおりである。

第1章　北朝鮮の現状と問題点（小林英夫）
第一部　北朝鮮をめぐる国際関係
第2章　中国–アメリカ–北朝鮮のトライアングル（メル・ガルトフ）
第3章　朝鮮半島の南北と日本のトライアングル（裵敬隆）
第4章　クリントン政権下の米朝外交関係（マーク・カプリオ）
第5章　包容（太陽）政策の内容と展開の過程（金浩燮）
第二部　北朝鮮経済の歴史と現状
第6章　北朝鮮における社会主義経済建設の展開（今泉良太）
第7章　南北経済交流・協力の過去と現在（朴善暎）
第8章　北朝鮮経済の実像と市場経済への転換の可能性（李宇炯）
補　論　調整期の北朝鮮対外経済関係（王勝今）

二〇〇一年七月一五日

小林英夫

北朝鮮と東北アジアの国際新秩序・もくじ

汎例

1　韓国が実施している北朝鮮政策は包容（太陽）政策の呼称で統一した。
2　韓国と北朝鮮の物資交流は交易という用語で統一した。
3　韓国語、朝鮮語文献は原文表記をせず日本語で表記した。

北朝鮮と東北アジアの国際新秩序

第1章　北朝鮮の現状と問題点

1　南北首脳会談とその後

(1)　南北和解の道

二〇〇〇年六月一三日から一五日まで北朝鮮の首都平壌《ピョンヤン》で行われた南北朝鮮首脳会談は世界の注目を集めるなかで無事終了し、朝鮮半島の歴史に新しい一ページを加えることとなった。最終日の一五日に発表された「南北共同宣言」は、両者の出会いを「南北関係を発展させ、平和統一を実現するのに重大な意義を有する」としたうえで、統一問題を両者が力をあわせて「自主的に解決していく」こと、南の「連合提案」、北の「低い段階の連邦提案」を基礎に統一の方向を目指すこと、両者は八月一五日に離散家族および親戚の訪問団を交換し、非転向の長期囚の扱いをはじめとする人道問題を解決していくこと、両者は経済協力を通じて相互の発展をはかること、両者は合意事項を実施に移すため、近い時期に当局間対話を開催することなどを取り決め、適切な時期に金大中《キムデジュン》大統領が金正日《キムジョンイル》国防委員長をソウルに招待することを決めた。南北統一という国家課題を南北首脳の話し合いで解決していく、という方向を打ち出したことは、半世紀つづいたそれまでの両者の武力統一、関係各国の調整を通じた問題解決と異なる新しい方向を明示した、という意味で画期的なことであり、朝鮮半島にも遅まきながら冷戦終結への動きが出てきたことを意味していた。

過去幾度かにわたって南北首脳会談実現に向けた動きがみられなかったわけではないが、いずれも中途で立ち消えとなっていた。そうした過去における失望が大きかっただけに、今回の首脳会談の実現への期待と喜び、そして驚きは大きかったといえるであろう。会談前の六月一〇日『朝日新聞』記者が、三八度線近くの国境の町鉄原《チョルウォン》を訪れ「何度も裏切られた。期待が大きいと失望も大きい」という住民の声を報じ、会談当日の新聞が「驚きと感動」「喜びと怖さ」(1)と伝えたことは、それを物語ろう。

朝鮮戦争停戦以降一九八〇年代半ばまで、南北間の交流は七二年の「南北共同声明」の発表や八四年の「南北経済会談」の開催などのかたちとなって現われたが、そのつど在韓米軍の軍事演習や交流の進め方をめぐる南北の意見の相違から中断を余儀なくされてきた。ところが八八年に盧泰愚《ノテウ》政権が登場し七月七日「民族自尊及び統一繁栄のための特別宣言」(七・七宣言)を発すると南北交流は具体的に動き始めた。現代《ヒョンデ》財閥名誉会長鄭周永《チョンジュヨン》の訪朝、南北高位級会談の実施、委託加工事業の開始などはその具体例である。

もっともこの動きも一九九三年三月の核疑惑にからむ北朝鮮の核拡散防止条約(NPT)脱退宣言で急転、朝鮮半島は緊張状態に突入する。盧政権を継いだ金泳三《キムヨンサム》政権も南北交流への規制を強化した。しかし九四年六月のカーター米元大統領の訪朝と金日成《キムイルソン》・カーターによるトップ会談が実現し、一〇月のジュネーブ核合意に基づき北朝鮮核問題が軽水炉原発建設支援というかたちで解決されると南北交流は再度活性化した。九四年七月の金日成死去のなかでも合意形成への動きは中断されず、韓国企業人の訪朝、北朝鮮の経済連絡事務所の北京設置などの動きがみられた[2]。だがこれらの動きも九六年九月の北朝鮮潜水艦の領海侵犯事件や、九七年末の韓国の経済危機、九八年八月の北朝鮮ミサイル発射実験問題などが重なって先細りとなる。

一九九八年、金大中政権が登場すると南北交流は再び活発となった。金大中は民主党総裁時代の九七年四月に当時の金泳三大統領と金正日書記の会談を提案したことがある。九七年一一月に金大中総裁が大統領に当選すると、彼は「包容（太陽）政策」を掲げ南北首脳会談の推進を宣言した。この意向をアメリカが北朝鮮に伝え、二〇〇〇年三月に金大中大統領が「ベルリン宣言」を発表し、四月一〇日に「南北首脳会談」の合意が発表された。その後一二日に南北首脳・連絡事務所設置が協議され、続いて一七日には実務者レベルの南北首脳会談企画団の初会合が開かれ、二〇日には閣僚クラスから構成される南北首脳会談推進委員会の初会合が開かれた。その後両者の会談が繰り返され五月一八日に南北合意書履行のための実務手続き合意が成立し、三一日、韓国側先発隊三〇人が北朝鮮を訪問し六月八日、韓国の衛星通信システムを活用して[3]朝鮮中央テレビを通じた衛星放送のテストを開始した。金大中大統領の出発直前の六月一一日に北朝鮮が日程の延長を要請するなど若干のトラブルが起きたが、前述したように一三～一五日の日程で会談が行われたのである。

これに先立つ五月二九日から三一日まで金正日国防委員長は訪中し、江沢民国家主席と会談し江沢民は南北首脳会談に賛成の意向を伝え、金正日は中国の改革・開放に同意したと伝えられた(4)。この会談で金正日は一〇万ドルの援助と食糧・物資支援を中国から取りつけたといわれている。会談後金正日は中国のシリコンバレーといわれる「中関村」を訪問し、コンピュータ製造会社レンシャン・グループ(連想集団)を訪問し、先端産業を視察した。

また金大中大統領も会談に先だって六月八日小渕首相の葬儀に参加した際、森喜朗首相と会談し北朝鮮の経済支援での協力を要請し、森首相から協力する旨が伝えられた。アメリカもそれまでの北朝鮮への経済制裁を緩和する意向を表明し、南北会談を支持・支援する動きを公式に表明した。なおこの南北会談開催の話をアメリカはかなり進展した段階で知ったという(5)。ロシアも南北会談に強い賛成の意向を表明した。いわば南北会談は米・中・ロ・日などの関係各国の一定の諒解のもとで展開されたのである。

そして南北会談後オルブライト米国務長官が訪中し、会談の内容と会談後の方針について中国と打ち合わせを行った。一方、ロシアはプーチン大統領が六月の沖縄サミットを前に訪朝して外交的調整を行っている。

「何度も裏切られた。期待が大きいと失望も大きい」という韓国人の素朴な感想を裏付けるように南北交流は中断と再開の繰り返しのなかで進行してきている。南北和解の道はけっして平坦ではない。しかし冷戦終結後の新秩序形成に向けた動きは、ここ朝鮮半島にも確実に押し寄せているのである。

(2) 新しい胎動

朝鮮半島の雪解けムードは東アジア各国にさまざまな影響を与えてきている。

韓国の政治経済に与える影響である。一つは民間レベルでの南北交流の活発化である。離散家族問題の解決への動きがあり、二〇〇〇年八月一五日の南北離散家族の面会はその積極化の第一歩となった。さらにこの流れはシドニー・オリンピックでの南北選手団の統一旗での入場にまで発展した。

二つめは北朝鮮への経済支援にともなう「特需」で、今回の南北会談を契機に南北経済交流が進展しはじめていることである。その代表的な例として一九九八年一一月から開始された金剛山《クムガンサン》観光事業と南北間での委託加工交易の急進展があげられる。委託加工交易とは、原料と機械を韓国が北朝鮮に搬出し北朝鮮で生産された製品を搬入し、ドル建てで韓国が支払うというものである。この交易方式は九一年から開始されていたが、二〇〇〇年に入り急増しこの間における委託加工交易総額は一五四倍に増加した。さらに二〇〇社を超える韓国企業が北朝鮮メーカーと受注契約を交わしているという(6)。さらに現代財閥を中心とした韓国企業の北朝鮮進出と新プロジェクトの推進が予定されている。今回の南北首脳会談は、それが北朝鮮の経済活性化と繋がるがゆえに金正日も会談に応じた面がないではない。三八度線の封鎖の解除を意味する南北縦断鉄道の推進を金正日が提唱するのもそれを裏付けている。こうした一連の動きの結果、北朝鮮の実質経済成長率は、韓国銀行の推計によれば九〇年以降九年続いたマイナスが、国際支援を受け入れはじめた九九年に六・二％、二〇〇〇年に一・三％と二年連続してプラスに転換した(7)。

南北会談以降、外交面でも好転の兆しがみえはじめ、北朝鮮と外交関係を取り結ぶ資本主義国が急増した。二〇〇〇年に入り一月にイタリア、五月にオーストラリア、さらに七月にはフィリピンがそれぞれ北朝鮮と国交を樹立したが、この動きはその後も継続している。アメリカもクリントン政権末期には目立たないかたちであるが、北朝鮮に対する貿易制裁を緩和する動きを見せはじめていた。

二〇〇〇年六月の南北首脳会談とそれに続く一連の朝鮮半島を巡る動きは、東北アジアの新しい秩序づくりの第一歩になる可能性を秘めている。日本の対北朝鮮外交にも一定の変化が生まれつつある。戦後補償の問題解決が国交正常化の前提だとすれば、日韓共同で積極的に経済協力する方向を打ち出してもよいのではないか、(8)といった見解も出ている。金容淳《キムヨンスン》労働党書記は北朝鮮への日本企業の投資に積極的な姿勢を示した。(9)その反面、日本人拉致疑惑問題の未解決や戦後補償を経済協力へ切り換える提案をめぐる見解の相違など、両国政府間には歩み寄りが必要とされる課題も多い。また日本の財界もうまみの少ない北朝鮮への投資には、いまのところ懐疑的で、北朝鮮市場をめぐる韓国産業界との温度差も大きい。

また軍事バランスの崩れにともなう新しい問題も生まれてきている。朝鮮半島の緊張緩和にともないアメリカが進める戦域ミサイル防衛（ＴＭＤ）構想の必要性が薄らいだとして、中・ロはＴＭＤ反対を鮮明に打ち出した。アメリカ国内にもこの計画を疑問視する動きが出始めており、クリントン政権は、この構想の具体化を次期政権に委ねると発表した。北朝鮮のミサイル開発の凍結は決定されたわけではないが、プーチン・ロシア大統領が訪朝した際に開発を凍結するとの金正日発言があったとも伝えられている。[10] もっとも北朝鮮のミサイル輸出は一九八〇年代から開始され、パキスタン、イラン、イラクなどに年間一億ドルほど輸出しているというし[11]「テポドン開発継続」とのアメリカ高官の談話もあり、[12] 開発凍結の真相は定かではない。

二〇〇一年一月に誕生したアメリカ・ブッシュ政権の北朝鮮政策の全貌はいまのところ定かではない。したがって朝鮮半島情勢は、米・中・ロに日韓の動きが絡んで今後も紆余曲折をたどるであろうが、北朝鮮側の改革・開放の動きが確実に一歩一歩進み始めていることは事実のようだ。

2　北朝鮮経済の低迷

(1)　北朝鮮経済の歴史と現状

今回の北朝鮮の政策変更の最大要因は経済困窮の打開にある。北朝鮮の経済は、現在最悪の状況を脱したとはいわれているものの、依然として厳しい状況にあるからである。このためＧＮＰ増加率は一九九〇年代に入ってからマイナスを記録しつづけ、九六年には二一四億ドルにまで減少した。九六年の総人口約二二〇〇万から割り出せば一人当たりＧＮＰは約九七〇ドルとなる。

一九九五年の韓国の一人当たりＧＮＰが一万ドルを超えたことを考えると、北朝鮮はその一〇分の一以下ということになる。北朝鮮は、インドネシア、ミャンマーと並ぶ最貧の開発途上国なのである。北朝鮮からの亡命者の証言によれば、食糧の遅配・欠配の恒常化、工場稼働率の極端な低下のなかで賃金だけでは生活できず、大部分の人びとが合法的な副業収入や非合法的な闇収入に依存してやっと生活しているのである。(13) たとえば一キログラムのトウモロコシは公定価格では六銭であるが、闇市場では一五元、つまり二五〇倍だし、自転車の公定価格は一五〇元なのに闇ではその一〇倍の一五〇〇元である。そして北朝鮮の一般庶民は、程度の差こそあれ、闇に依存せずに生活していくことはできないのである。とくに地方に住む住民は生活必需品の八〇%以上を闇市場に依存して生活しているといわれている。(14)

ではなぜ北朝鮮は韓国と比較してこれほどGNPが低いのか。北朝鮮経済の分析にGNPといった概念が使えるか否かについては議論の分かれるところであろう。しかし仮に使った場合でも北朝鮮のGNPは当初からこれほど低かったわけではない。

一九七四年以前は、一人当たりGNPでみると北朝鮮が韓国を上まわっていた。ところが七〇年代後半以降九五年まで北朝鮮の一人当たりGNPが九五〇ドルから一〇〇〇ドル前後のあいだで停滞していたのに対して、韓国のそれは八〇年代前半には二〇〇〇ドルを超え、九〇年代初頭には六〇〇〇ドルに達し、さらに九五年には一万ドルを突破した。ではなぜ七〇年代半ばに一人当たりGNPで南北朝鮮で逆転現象が生じたのか。

この時期から北朝鮮では鉱工業の停滞、農業生産の低迷が始まるのである。いま試みに韓国との対比で主要鉱工業の生産実績をみてみよう(表1-1)。北朝鮮の主要産業の生産実績は、一九八〇年代以降は減少の一途をたどっている。一九六〇年代においてはほぼ全産業部門において北朝鮮が韓国を凌駕していた。ところが七五年になると電力、セメントで北朝鮮は韓国の後塵を拝し、八五年には銑

表1-1　主要産業生産実績比較

（単位：千トン　電力のみ百万kWh）

年次	石炭		電力		鋼鉄		銑鉄	
	韓国	北朝鮮	韓国	北朝鮮	韓国	北朝鮮	韓国	北朝鮮
1960	5,350	10,600	1,697	9,140	…	641	…	853
1970	12,394	27,500	9,167	16,500	…	2,200	41	2,400
1975	17,593	41,000	19,837	17,597	1,114	2,400	1,994	2,900
1985	22,543	51,000	58,007	25,300	…	4,300	8,833	5,750
1990	…	46,150	107,670	27,700	…	3,168	15,339	3,120
1993	9,443	…	144,434	…	33,246	…	21,777	2,000
年次	粗鋼		鋼材		肥料		セメント	
	韓国	北朝鮮	韓国	北朝鮮	韓国	北朝鮮	韓国	北朝鮮
1960	…	641	…	474	262	570	431	2,230
1970	480	2,180	1,178	1,700	406	1,500	6,630	4,000
1975	1,994	2,900	2,727	…	547	2,500	11,860	5,750
1985	13,539	6,500	13,931	…	2,689	3,510	25,509	…
1990	23,135	7,000	24,536	…	…	1,435	33,914	5,169
1993	33,026	3,500	33,768	…	4,113	…	46,800	…

出所：石炭，電力，鋼鉄，肥料，セメントについては，韓国銀行調査部『経済統計年譜』1965年，経済企画院『主要経済年表』1988年，統計庁『韓国主要経済指標』1994年。
銑鉄，粗鋼はIISI（国際鉄鋼協会）各年報。ただし，1960年の北朝鮮については，日本鉄鋼連盟調べ。鋼材については，韓国は韓国鉄鋼協会『鉄鋼統計年報』，北朝鮮は日本鉄鋼連盟調べ。

鉄、粗鋼が加わり、九〇年になると全産業分野の生産額において北朝鮮はライバル韓国に大きく水をあけられるようになるのである。(15) 総合工業の典型ともいうべき自動車産業を取り出してその生産力をみれば、六五年に南北比が四・五対〇・五であったのが、七五年には一六・六対二・四とその差は拡大し、さらに八五年には六四・五対三・〇となり、九五年には三二九・七対三・三へとその差は大幅なものとなった。(16) その理由としては、北朝鮮を取り巻く対外関係の悪化と北朝鮮の生産システム自体の問題性があげられるが、これについては後述しよう。

この間、食糧生産も停滞してい

た。一九八〇年代前半の穀物生産（米、麦、その他）は五〇〇万トン（八四年）前後であったが、その後は九〇年代前半まで三〇〇〇万トン前後に減少し九五年には二〇〇〇万トンにまで低下した。さらに九五年、九六年と二年にわたり北朝鮮を襲った大水害の影響で食糧生産は停滞の域を脱出できず、九六年には二四〇万トン、九七年には二六〇万トンと低迷した。この結果食糧自給率も、九五年に四一%、九六年に四〇%、九七年には四一%と低い水準で推移した。[17] 低迷の原因としては、直接的な原因としての九五年の水害のほかに農業技術の低さや、肥料不足、生産管理の未熟といったことがあげられる一方、より根本的な原因としては、さきの鉱工業生産の停滞と同様、硬直した官僚制に根ざす管理体制の欠陥が潜んでいた。

他方、この国の貿易額は一九九六年現在輸出七・三億ドル、輸入一二・五億ドルと五・二億ドルの赤字で、完全な輸入超過である。この国は七〇年代後半から慢性的な貿易赤字が続き、外貨不足で決済ができず、国際債務不履行で物議を醸すことが恒常化している。しかしより注目すべきは、貿易額の少なさである。同年度の韓国をみれば、輸出は一二九七億ドル、輸入は一五〇三億ドルであり、これはおよそ北朝鮮の輸出の一七八倍、輸入の一二〇倍である。なお人口面でみれば、韓国は四五五〇万人で、北朝鮮の約二倍にすぎない。それにもかかわらず韓国の貿易額がかくも大きく北朝鮮のそれがかくも小さいのは、韓国の経済政策の成功と北朝鮮の経済政策の失敗が最大の理由だが、貿易立国を目指した韓国と自立経済を志向した北朝鮮との国策の相違によって生じた面もある。北朝鮮は、「政治の自主」「経済の自立」「国防の自衛」を目標にしているが、経済面でそれを体現する数値が、この貿易額にほかならない。

しかしもう一方で、この国を特徴づけるものは「国防の自衛」に象徴される強大な軍事力である。装備は旧式で軍の近代化は遅れているが、一九九七年現在でみれば総兵力一〇三万人（陸軍九〇万、海軍四・六万、空軍八・四万）を数えている。[18]兵力だけをみれば、アメリカ、ロシア、中国、インドにつぐ世界の五大軍事大国に数えられるといわれるほどである。人口が二二〇〇万人であるから、二〇人に一人が軍人ということになる。しかも軍人は青壮年主体であるから、生産人口層に限定すればその比率はいっそう高くなる。くわえて、「全人民武装化」「全国土要塞化」「全軍幹部化」「全軍近代化」を掲げ、総力戦体制をとっていることを考えると、兵員という意味での数値はこれ以上になるといっても過言ではない。

また国家予算に占める軍事費の比率もこの国の場合は飛びぬけて高い。一九八〇年に国防費が歳出中に占める比率は一四・六％、九〇年が一二・〇％、九八年が一四・六％と一〇％台を占めていた。[19]北朝鮮だけにかぎらず、どの国でも軍事技術の開発費が教育予算に繰り入れられたり武器輸出入が会計項目から削除されていたりなどして、どの範囲まで軍事費に入れるかで、予算規模に変化が出てくるので、制度論の検討を除いた単純な軍事費率の国際比較は慎むべきだが、それにしても軍事費が一〇％を超えるというのは異常に高いといわなければならない。

ところで、さきほど北朝鮮の輸出額は非常に小さいと述べたが、この国で輸出に大きな比重を占めるのは兵器である。北朝鮮は、一九七〇年代には旋盤に代表される中小の機械類をソ連や中国に輸出して外貨を獲得してきたが、八〇年代になると中近東やアフリカ諸国に対する小銃や機関銃といった通常兵器輸出に移り、やがてその輸出をミサイルへとシフトさせ、年とともに輸出兵器の質と金額を向上させてきた。九八年八月末に北朝鮮は弾道ミサイル・テポドンを発射させて、それが日本上空を飛び越えて太平洋に落下したことから物議を醸したが、北朝鮮にとってミサイル実験は、これらの国への武器輸出のデモンストレーションの意味もあるのである。

貧弱な経済力と小国には不釣合いな強大な軍事力。この国が体制を維持していくには強大な軍事力を誇示して兵器貿易を促進するか、核問題を取引材料に援助を引き出す以外に有効な切り札をもたないのである。

(2) 北朝鮮経済を混迷に導いたもの

ではなぜ北朝鮮経済は低迷しているのか。前述したように北朝鮮経済は一九七〇年代後半以降大きく韓国に水をあけられその後塵を拝することになったが、それまでは両者の経済力は互角であったのである。それでは七〇年代に何が変わったのか。

一つは北朝鮮への社会主義国からの援助が激減し韓国への援助が増加したことである。一九四五年から五〇年まで、戦後から朝鮮戦争前まではソ連の援助が絶対的な比重を占めていた。朝鮮戦争期にはソ連と中国、ハンガリーが援助もしくは借款で北朝鮮を支援し、朝鮮戦争後はその復興のためにソ連、中国、東欧の社会主義諸国が支援した（表1-2）。これらの援助の大半は、北朝鮮の製鉄所、肥料工場、トラクター工場の建設に投入された。これらの支援がなければ北朝鮮の経済は動きようがな

表1–2　北朝鮮の期間別経済協力導入内訳―1945～1970年

（単位：百万ドル）

期　間　別	国家別	合　計	無償援助	借款	借款中償還免除
1945～1950	ソ連	53	—	53	—
	小計	267	143	124	4
1950～1953（朝鮮戦争期）	ソ連	143	143	—	—
	中国	120	—	120	—
	ハンガリー	4	—	4	4
	小計	747	747	—	147
1954～1956（戦後復旧３ヵ年計画期）	ソ連	250	250	—	27
	中国	336	336	—	120
	東独	21	21	—	—
	チェコ	28	28	—	—
	ポーランド	91	91	—	—
	ルーマニア	16	16	—	—
	ブルガリア	5	5	—	—
	小計	640	389	252	190
1957～1960（第１次５ヵ年計画期）	ソ連	320	122	199	190
	中国	53	—	53	—
	東独	81	81	—	—
	チェコ	172	172	—	—
	ルーマニア	6	6	—	—
	ブルガリア	8	8	—	—
	小計	340	—	340	35
1961～1970（７ヵ年計画及び延長期）	ソ連	197	—	197	—
	中国	105	—	105	—
	東独	35	—	35	35
	OECD	3	—	3	—
	総計	2,047	1,279	769	376
1945～1970	調整統計	2,047	1,654	392	—

出所：慶南大学極東問題研究所『北朝鮮貿易研究』成甲書房　1980年。

かったことは確かであった。ところがその後六〇年代の中ソ対立の激化や七〇年代以降の社会主義国の経済力減退で支援額は急減する。借款の内容をみても六〇年代以降は無償援助が減少する代わりに借款が大勢を占め、償還免除は僅少となり、北朝鮮に元利返済の義務が重くのしかかるようになる。こうして七四年以降、北朝鮮の債務返還延期問題が国際問題化するのである。さらに九一年、ソ連が北朝鮮への特恵貿易を停止したことで北朝鮮の経済はいっきょに破綻へと向かった。[20]

逆に韓国は一九六五年の日韓条約締結以降借款を急増させながら工業化を急速に進めていった。それ以前はアメリカによる贈与が大きな比重を占めていた。アメリカの余剰農産物を主体にした贈与は韓国の繊維・食糧産業を育てたとはいえ強固な産業基盤をつくるうえでは必ずしも有効ではなかった。六一年五月の軍事クーデタで登場した朴正熙《パクチョンヒ》政権は、先細りになる贈与を前に国内資金と借款を主体に工業化を進める方針を立てた。もっとも李承晩《イスンマン》時代の不正蓄財者に資金を放出させ、これを五ヵ年計画に投入しようとした不正蓄財処理政策と通貨改革がともに失敗したことが、朴政権の借款への依存を深めたことも指摘しなければならない。六五年の日韓条約による日本からの無償三億ドル、有償二億ドル供与を契機とした対韓借款の増加はこのことを象徴している（表1-3）。こうして日韓条約を契機とした日本からの借款と技術提携は韓国の工業化を加速化させることとなる。[21]

北朝鮮経済の低迷を導いたいま一つの要因は、一九六〇年代から変わらぬ朝鮮労働党による「大安《デアン》事業方式」と称された企業管理体制だった。これは六一年に金日成が大安電気工場で現地指導した結果として生まれ、その後全国的に拡大するにつれてその名が知られるようになった。

金日成によれば、これは新しい共産主義的工場管理体制で、これまでの支配人に代わり工場党委員会が最高の指導機関として工場の運営に当たるというのである。朝鮮労働党の工場党委員会が経営面で絶対的権限をもつこの制度は、工場長が大きな権限をもっていた市場経済移行前のソ連や中国の社

表1–3　韓国の外資導入の推移

（単位：百万ドル）

年度	公共借款	商業借款	外国人投資	援助
1945〜61				3,122（米2,537）
1962				235（米 191）
1963			47*	218（米 208）
1964	11	19		151（米 168）
1965	11	28		
1966	63	110		
1967	80	138		
1968	112	252	219**	
1969	148	361		
1970	147	283		
1971	325	320		
1972	438	299		
1973	404	461	879***	
1974	385	603		
1975	476	802		
1976	713	839		
1977	638	1,241	83	
1978	818	1,913	149	
1979	1,089	1,578	191	
1980	1,516	1,402	143	
1981	1,690	1,247	153	
1982	1,868	914	189	
1983	1,493	973	269	
1984	1,424	858	422	
1985	1,024	964	531	
1986	880	1,620	354	
1987	1,109	1,958	1,060	
1988	891	988	1,284	
1989	472	860	1,090	

注：＊1962〜66年，＊＊1967〜71年，＊＊＊1972〜76年

出所：経済企画院『主要経済指標』1977年，1988年，統計庁『韓国主要経済指標』1994年。

会主義システムと比較しても党幹部が決定的な力を有する機構になっている。したがって、ほかの社会主義諸国同様、否それ以上に党幹部の官僚化、工場の非能率を招き計画経済破綻の一因となった。このことによって、経済合理性を無視した政治優先の目標設定や質を度外視した量的ノルマの強要が生じ、さらに貧弱で近代化の遅れた通信施設や道路網・高速道路網が発達していないことなどに象徴されるインフラの未整備、電力や燃料といったエネルギー不足などの要因が加わって急速な生産減退を引き起こした[22]。しかし北朝鮮は、ロシアや中国と異なり今日にいたるも一九五〇年代から続いている古典的な社会主義生産方式を捨ててはいない。確かに北朝鮮は八〇年代以降開放の動きをみせ、八四年に合弁法を、九一年に羅津《ラジン》・先鋒《ソンボン》に経済特区の設定を打ち出し、外資導入を図る動きをみせた。しかしこの政策の推進者だった金正友《キムジョンウ》対外経済協力推進委員会委員長が九七年一二月に汚職の罪で失脚したと伝えられるように、この流れが必ずしも政府の政策の主流をなしているわけではない。彼の失脚の真相はベールに包まれているが、開放をめぐり政策当事者間に激しい対立と抗争が生まれていたことを感じさせる事件ではある。しかし、羅津・先鋒経済特区の設定が金日成の「遺訓」であったことを考慮すると、指導部内の路線対立はそれほど深刻ではなかったという見方もある[23]。

いずれにしても、「大安事業方式」に象徴される企業管理体制が変更されていないため、外資企業が投資しても合弁が失敗・撤退するケースがあいついでいる。たとえば在日朝鮮人実業家でさくらグループの創始者であった全鎮植《チョンジンシク》は、平壌にアパレル工場を建設したが、「大安事業方式」に象徴される経済採算を度外視した朝鮮労働党の指令が、生産を著しく阻害し合弁を不可能にしたと述べている。より具体的には彼が経営する工場の熟練女工が工場党委員会の命令で長期間党の行事にかかわる練習に出かけて欠勤したために、生産ラインが混乱し、生産力が大幅に落ち込んだというのである。(24)

生産低下をいっそう促進した三つ目の条件は、外資不足に起因する無理な経済自立政策の推進であった。すなわち輸入を極力抑えて北朝鮮国内でまかない得る経済体制を確立しようとしたのである。より具体的にいえば貿易依存度を極力下げ、重工業を自立させることで自己完結的な経済システムを完成させようとした。この政策は同時期に韓国の朴正煕政権が推し進めた対外開放政策とは好対照をなしていた。要するに北朝鮮の政策は、自給自足の国防体制を前提としたもので、経済採算を軽視したものが多い。つまり長続きはしないのである。具体的に鉄鋼業でみてみよう。

北朝鮮は一九七八年から始まる「第二次七ヵ年計画」において粗鋼六四〇〜七〇〇万トン体制の確立を計画した。韓国では同じ七八年粗鋼五五〇万トン体制を完成させていたから、これを意識しそれを凌駕する計画を立案したのである。

北朝鮮は、この粗鋼生産を自国の資源と技術を用い、自国の二大製鉄所である金策《キムチュク》、黄海《ファンヘ》の両製鉄連合企業所を軸に推進することを目指した。これは、同じ時期にオーストラリアやカナダの鉄鉱石、石炭と日本の製鉄技術を結びつけ浦項《ポハン》総合製鉄所を中心に粗鋼生産を推し進めた韓国とは、その推進方法をまったく異にする。

資源についていえば、これまで北朝鮮は地下資源、たとえば鉄鉱石、石炭に恵まれているといわれてきた。しかし北朝鮮の大半の鉱山は低品位で、この国の鉱山を代表する茂山《ムサン》鉱山もその例外ではなく、磁鉄鉱で鉄分品位は四〇％にすぎないため、鉱石を破砕し、磁石を使って選鉱し品位を高めて使用せねばならない(25)。北朝鮮の石炭も同様である。大半は無煙炭で、燃料用には適していても、製鉄用コークスとしては粘結力が乏しく不適切である。したがって一九五〇年代までは、製鉄用強粘結炭をソ連や中国、東欧から輸入してきたが、六〇年代以降は、自国炭活用の方針から無煙炭を使うようになっている。

北朝鮮は、資源上のハンディキャップを技術改良で克服する道を模索し、ある程度それを成功させている。低品位鉱の活用とコークス炭と無煙炭の混用はそれである。しかし、こうした方法で高品位鋼を大量生産することは困難であり、コストがかかりすぎて国際競争力をもたない。

3　北朝鮮の将来

(1)　北朝鮮政治・経済体制の変化

北朝鮮は一九九八年七月に最高人民会議の代議員選挙を実施し代議員を選出すると、同年九月に北朝鮮の最高人民会議第一〇期第一回会議を開催した。同会議は、憲法の修正・補充を行い北朝鮮の国防委員会の委員長に金正日を再推挙し、さらに最高人民会議常任委員会委員長に金永南《キムヨンナム》を選出した。そして従来からあった国家主席は廃止された。主席制を廃止すると同時にその権限を最高人民会議常任委員会に譲り、今回の改正で国防委員会の地位がいっそう高まった。

憲法に関してもいくつかの修正が行われた。「自留地経営をはじめとする個人副業経営でつくられる生産物と、その他の合法的な経営活動を通じて得た収入も、個人所有に属する」（第二四条）として個人所有の範囲を拡大した。また新憲法は、経済管理においても「大安事業方式」は維持するが、「独立採算制を実施し、原価、価格、収益性などの経済的槓杆を正しく利用するようにする」（第三三条）として独立採算性を強調し「国家は、わが国の機関、企業所、団体と外国の法人または個人との企業合弁と合作、特殊経済地帯でのさまざまな企業創立運営を奨励する」（第三七条）としている。さらに「国家は、発明家と創意考案者に配慮を払う。著作権と発明権、特許権は、法的に保護する」（第七四条）として特許権の保護を規定し「公民は、居住、旅行の自由を有する」（第七五条）として居住、旅行の自由を新たに規定していた。これら一連の「憲法改正は市場経済の前奏曲」[26]であった。

また「最高人民会議は、朝鮮民主主義人民共和国の最高主権機関である」（第八七条）、「国防委員会は、国家主権の最高軍事指導機関であり、全般的国防管理機関である」として主席制に代わる最高機関を設定すると同時に、従来の政務院に代わって「内閣は、最高主権機関の行政的執行機関であり、全般的国家管理機関である」（第一一七条）として、内閣が国防を除くすべての行政経済事業を推進することとなった。内閣の位置と内閣総理の位置が一段と高まったのである。[27]

こうして金日成が死んでから四年二ヵ月を経た一九九八年九月に金正日は、九七年一〇月に引き継いだ労働党総書記に加えてここで国防委員長に就任することで新しい体制をスタートさせたのである。金正日は、九八年九月の最高人民会議第一〇期第一回会議を機に喪が明けて自分の時代が始まったことを内外に宣言した。

(2) 北朝鮮ソフトランディングの道

北朝鮮が経済効率を無視して自主・自立・自衛の道を選択したのは、政府がそれを望んだ結果ではあったが、北朝鮮を囲む環境がその選択を強いた面も否定できなかった。

いずれにしても一九六〇年代以降北朝鮮が追及してきた自主・自立・自衛の冷戦型閉鎖体制がもはや時流に合致していないことは万人の認めるところとなっている。かつての社会主義国のソ連、東欧諸国、中国、ベトナム、モンゴルなどは、いずれも現在では開放経済・市場経済の道をひた走りに走っている。

では、なぜ北朝鮮だけが唯一東北アジアで冷戦体制を維持しているのか。そのわけは、これまで述べてきたように、一九六〇年代以降北朝鮮が自主・自立・自衛の閉鎖体制を完璧につくり上げた結果である。北朝鮮は経済的にはソ連主導のコメコン（ＣＯＭＥＣＯＮ　経済相互援助協議会）に加盟することもなく、さりとて中国の経済圏に組み込まれることもなく、政治的には北朝鮮一国社会主義の旗を掲げ、中ソどちらの陣営に与することもなく孤立を誇示し、国内政治体制でも反対派を完全に排除するかたちで金日成の個人崇拝体制をつくり上げた結果である。三八度線を境に陸路韓国と対峙する戦闘状況が継続していることも、国内に戦時体制をつくり、現体制を支える要因となる。

では北朝鮮の将来はどうなるのか。ロシア、中国、ベトナム、モンゴルなどが選択した改革・開放、市場経済への移行の可能性はあるのか、ないのか。その可能性の鍵を握る最重要人物は金正日である。中国での改革・開放を可能にした条件の一つに軍・政界の重鎮・鄧小平の存在があったことは何人も否定しない。金正日は朝鮮の鄧小平になりうるか否か。政治歴、軍歴、外交歴、カリスマ性、どれ一つとっても鄧小平と比較して金正日が見劣りすることはいうまでもない。しかし、こと北朝鮮国内についていえば、彼が着実に金日成の後継者としての地位を固めていることは明白である。軍や政界の長老たちの利害を調整しながら、次第に自分なりのカラーを出しつつある、というのが現在の金正日を頂点とする新国家体制の動きではなかろうか。彼は一九九八年七月、八年ぶりに最高人民会議代議員選挙を実施し、第一〇期第一回会議で主席制度廃止を骨格とする憲法改正を断行したうえで、彼自身は国家最高職である国防委員長に就いてその地位と権限を強化し、対米・対中外交にも取り組みを開始したことは前述した。九九年六月初旬には七年八ヵ月ぶりに北朝鮮代表団を中国に派遣し、金正日自身の訪中の準備を整えたことは、彼の手による本格的な北朝鮮外交展開の前触れでもあった。

(3)　北朝鮮の将来

かつて日本にとって韓国、中国、ロシアは「近くて遠い国」といわれた。それが国交の回復、冷戦体制の崩壊とともに次第に親密な国へと変わっていった。いまこの地域に残る「近くて遠い国」は北朝鮮だけになった。戦後半世紀を経た今日でも日本とのあいだに国交もなく交流も少なく、韓国とは三八度線を境に戦闘状態がいまだに継続している。日朝間のコミュニケーションの欠如は、双方の疑心暗鬼を拡大させている。一九九〇年代に入り東西対立の解消とともに、韓国、中国東北地域、ロシア極東地域、日本の北陸、山陰、北海道などの日本海沿岸各都市は相互に草の根レベルの交流を深め始めている。しかし明るい日ざしのなかに一ヵ所暗黒の黒点があるように、北朝鮮の諸都市はその動きからはずれている。いま何にも増して重要なのは、日本と北朝鮮間での民間・政府レベルでの交流の拡大であろう。日本人拉致疑惑、北朝鮮船舶の領海侵犯事件など交流を妨げる事件の発生に対しては時間をかけた交渉が必要となろうが、その前提として両国の関係正常化の話し合いが不可欠の前提となろう。

北朝鮮の金正日総書記は二〇〇一年一月に陸路訪中し、改革・開放が進んだ上海を視察し米GM合弁自動車工場など外資系企業を訪問した(28)。クリントン政権を引き継いだブッシュ政権が北朝鮮に対して強硬策をとることを予想して中国との連繫を誇示したという説もないではないが、上海の実情を視察した点に力点があるとすれば、金正日が北朝鮮の改革・開放を準備しているとみても大きな誤りはあるまい。同年二月二日に韓国統一省は北朝鮮が開城《ケソン》や新義州《シンウイジュ》などに経済特区を建設する予定であることに言及していた(29)ことはそれを裏付けていよう。今後の北朝鮮はこの改革・開放の実現に向けて動くことは間違いない。

おわりに――本書の課題――

二〇〇一年に入ってからの北朝鮮は、改革・開放の方向に大きくその第一歩を踏み出しているようにみえる。しかし北朝鮮自身および北朝鮮を取り巻く環境が厳しい分だけ、そこに向かう動きは直線的ではなく紆余曲折に富んでいる。北朝鮮は、ロシアでもなく中国でもなく他のいかなる旧社会主義国とも異なる改革・開放の政策を展開するであろうが、その方向を予測するというのが本書の課題である。なぜなら苦難にみちた北朝鮮経済をソフトランディングさせることは、日本を含む東北アジア地域の平和と安定の不可欠の前提となるからである。

そのためには第一に北朝鮮を取り巻く国際環境の検討が必要となる。米・中・日・ロの北朝鮮政策の検討は不可欠であるし、とくに米中の北朝鮮政策の分析は決定的な意味を持とう。クリントン政権の北朝鮮政策の推移とその交渉到達目標の確定は、北朝鮮の今後の動向を予測するために大きな意味を持とう。

第二に、韓国の一九九〇年代から現在までの北朝鮮政策と金大中政権による「包容(太陽)政策」の展開は米中を軸とした国際的枠組みへの韓国の新しい対応として検討する必要がある。金大中の平壌訪問がこうした動きの一つの到達点であれば、そこにいたる過程の検討は韓国の今後を占う鍵をなす。

第三にはこうした現実の枠組みを規定した歴史的経緯の分析である。一九四五年以降の冷戦体制が東北アジアの地域経済に与えた負の遺産を北朝鮮経済の経緯に即して明確にしておく必要がある。とくに北朝鮮の経済体制を大きく規定し続けている「自立的民族経済論」なるものの歴史的形成過程と現在の位置を確認することは、今後の改革・開放の朝鮮的特徴を予測する意味で大きな示唆を与えてくれるに相違ない。

以上の課題に応えるために本書では二章以下八章までの論文を用意した。以下簡単に各章の内容を紹介しておきたい。

第二章以下第五章まで（第一部）は北朝鮮をめぐる国際関係の分析にあてられている。第二章は米・中・朝三角関係における「予防外交」の重要性と東北アジア地域をめぐる「安全保障」を模索する多国間外交の可能性を探っている。それぞれの安全保障上の利害錯綜を解きほぐす鍵は北朝鮮を一個の独立した国家として承認することから始まるとする。具体的には日米が北朝鮮を外交的に承認しそれを実効あるものにするため四者協議（米・中・朝・韓）もしくは二プラス四協議会（南北プラス中・米・ロシア・日本）を開催する必要性を提唱している。

第三章は朝鮮半島における「脱冷戦化」への動きをめぐって、一九九〇年代のアメリカの東アジア外交戦略とその見直し、とくにブッシュ政権のミサイル防衛網の実戦配置の動きが、朝鮮半島の南北、日朝、日韓の三方面のバイラテラルな関係に及ぼすインパクトについて考察を試みている。とくに朝鮮半島の「脱冷戦化」には日本の対朝鮮半島政策の転換が不可欠であると指摘している。

第四章は一九九〇年代におけるアメリカの北朝鮮政策が、冷戦終結直後の対決的姿勢から、九四年の朝鮮半島危機を機により柔軟なものに移行し、二〇〇〇年に米朝高官の相互訪問を実現するまでに変化してきた過程を検討している。そのなかで、九〇年代全体を通じて、米朝関係の順調な発展を妨げてきたものは、「主体」思想に基づく北朝鮮外交ではなく、むしろ冷戦的思考から脱却できない米国外交であると指摘している。

第五章は金大中政権が掲げる「包容（太陽）政策」の内実、この政策実現の到達点として展開された南北首脳会談の内容、さらにはこれに基づく日本の安全保障との関連、さらにこの「包容(太陽)政策」のもつ問題点を述べている。

第六章以下第八章まで(第二部)は北朝鮮の歴史と現状を主に経済的諸側面から分析したものである。

第六章は北朝鮮が国家建設の基本路線として堅持している自立的民族経済建設路線に焦点をあて、その形成過程を検討し、今日なおこの路線を堅持せざるを得ない理由について言及している。また北朝鮮が掲げる自立的民族経済論の理論と実態の乖離についても言及し、総体として北朝鮮の自立路線の内実を明らかにしようとしている。

第七章は南北朝鮮の経済交流、経済協力の歴史と現状を検討し、最後に南北関係の課題について言及している。その際朝鮮戦争後の南北交流史を「南北共同声明」「七・七宣言」「金大中政権の誕生」を画期に分類し、KOTRA(対韓貿易投資振興公社)の統計などを駆使しながら各時期の経済協力の動向を追っている。

第八章は社会主義経済体制の崩壊以降、持続的な経済停滞に陥っている北朝鮮経済の現状と体制転換の可能性を市場経済を導入した中国と東欧諸国の経緯を比較して述べ、さらにそのうえで北朝鮮経済の体制転換の課題を分析している。その際、金大中政権の「包容(太陽)政策」は、北朝鮮の体制転換に積極的意味があると論じている。

補論は一九九〇年代以降北朝鮮が実施してきた一連の経済政策を概観している。ここでは南北経済協力や諸外国との貿易拡大に向けた憲法、法制、インフラ整備、人的交流などの諸分野での具体的対応と変化をフォローしている。北朝鮮を数度にわたり訪問し調査した筆者の二〇〇〇年末の時点での体験が含まれているため興味深い。ただし講演内容であるため、補論ではとくに末尾に注は入れていない。

以上が本書の概要の紹介である。

以下簡単に先行研究の紹介を行っておきたい。ただし各個別課題に関する先行研究は各章にまかせ、ここでは日本語の四冊の書籍に限定して論じたい。

二〇〇〇年六月の南北首脳会談が衝撃的であったことから、これに関連して多くの著作が出された。吉田康彦・進藤榮一編『動き出した朝鮮半島』（日本評論社　二〇〇〇年）などはタイミングよく出された「南北統一と日本の選択」に関する書物だといえよう。もっとも各分野の専門家一八名の短文を編集したものであるため突っ込みの浅さは否めない。

これまでの北朝鮮に関する多くの研究書をここで逐一紹介している余裕はないが、一九九〇年代以降の研究傾向をみると、九〇年代中期までの北朝鮮研究書は北朝鮮の実態を反映して負の側面、極端には崩壊論に近いものが多かった。関川夏央・恵谷治・NK会編『北朝鮮の延命戦争』（ネスコ　一九九八年）が副題に「出口なき逃亡路を読む」と掲げたのはその一例だろう。九〇年代半ばの出口なき観を呈していた北朝鮮の一端を鋭く突いてはいたが、その後の流れは異なっていた。紙幅の関係でここでは二〇〇〇年になってから出版された二冊の本だけを紹介しておこう。それは、梁文秀『北朝鮮経済論』（信山社　二〇〇〇年）と李美淑（趙庸恩訳）『金正日最後の賭け』（講談社　二〇〇〇年）である。前者は副題に「経済低迷のメカニズム」とあるように、豊富な資料と統計に裏付けられた学術的な北朝鮮社会主義経済機構分析書である。また後者は、タイトルだけみると「きわもの」めいているが、実態はグローバルな視点からの取材に裏付けられた北朝鮮分析書である。これらを読むと北朝鮮は負の遺産を引きずりつつもそのなかに光明を探り当て発展的な芽も見られる。

こうした変化を生み出した背景には一九九〇年代後半の北朝鮮経済の変化―国際化と南北交渉の進展がある。しかし九〇年代半ばから、負の側面を認めつつも金正日体制の今日の動きをすでに予測していた研究書がある。それは徐大粛（古田博司訳）『金日成と金正日』（岩波書店　一九九六年）である。彼は歴史的に「革命神話」と「主体思想」の形成過程を跡づけるとともに、北朝鮮の行方を「民族の和合」に結んでいる。

われわれの基本的視点も、日本と東北アジア諸国の平和と安定、共栄であり、その途の模索にほかならない。

注

（１）『朝日新聞』二〇〇〇年六月一四日。
（２）この間の動きについてはケネス・キノネス、伊豆見元監修『北朝鮮米国務省担当官の交渉秘録』中央公論新社　二〇〇〇年参照。
（３）『東亜日報』二〇〇〇年六月六日。

(4)『中央日報』二〇〇〇年六月一日。
(5)李鐘元「南北首脳会談の国際政治」(『世界』二〇〇〇年七月号)。
(6)セリグ・ハリソン「朝鮮半島の平和的進化への道筋」(『論座』二〇〇一年五月号)二二〇ページ。
(7)『日本経済新聞』二〇〇一年五月二九日。
(8)『朝日新聞』二〇〇〇年七月二日。
(9)『朝日新聞』二〇〇〇年七月七日。
(10)『朝日新聞』二〇〇〇年七月二〇日。
(11)『朝日新聞』二〇〇〇年七月一一日。
(12)『朝日新聞』二〇〇〇年九月二一日。
(13)梁文秀『北朝鮮経済論—経済低迷のメカニズム—』信山社　二〇〇〇年　四三〜五〇ページ。
(14)Jae Kyu Park ed., *North Korea in Transition and Policy Choices : Domestic Structure and External Relations*, Kyungnam University Press, Korea, 1999, pp. 119, 143.
(15)韓国銀行調査部『経済統計年譜』、経済企画院『主要経済年表』、統計庁『韓国主要経済指標』各年度版参照。
(16)韓国産業院『北韓の産業』二〇〇〇年　ソウル　一七一ページ。
(17)Jae Kyu Park ed., *op. cit.*, pp.85–105.
(18)重村智計『北朝鮮データブック』講談社　一九九七年　一七二ページ。
(19)塚本勝一『北朝鮮と軍と政治』原書房　二〇〇〇年　一七一ページ。
(20)慶南大学極東問題研究所『北朝鮮貿易研究』成甲書房　ソウル　一九八〇年。
(21)拙著『戦後日本資本主義と「東アジア経済圏」』御茶の水書房　一九八三年、拙著『日本企業のアジ

ア展開』日本経済評論社　二〇〇〇年　第三章参照。
(22) 催周煥『北韓経済論』大旺社　ソウル　一九九二年。
(23) 小牧輝夫「北朝鮮経済の開放・改革への模索」(『アジ研ワールド・トレンド』第一九号　一九九七年)、および梁文秀 前掲書 二九二ページ。
(24) 全鎮植「祖国との合弁は在日の糧」(『世界』一九九四年一〇月号) 一〇七〜一〇八ページ。
(25) 日本貿易振興会『北朝鮮経済の現況』一九七九年　二八ページ。
(26) 李美淑 (趙庸恩訳)『金正日最後の賭け―北朝鮮の胎動―』講談社　二〇〇〇年　一一〇ページ。
(27) 新憲法の条文の日本語訳は朝鮮問題研究所『月刊朝鮮資料』第三八巻一〇号、一九九八年による。
(28)『日本経済新聞』二〇〇一年一月一九日。
(29)『日本経済新聞』二〇〇一年二月三日。

(小林英夫)

第一部　北朝鮮をめぐる国際関係

第2章　中国―アメリカ―北朝鮮のトライアングル
―共通の土台構築をもとめて―

一九九四年一〇月、「合意された枠組み」の調印により、北朝鮮の核兵器開発疑惑を巡る米朝間の対立は終結したが、これは予防外交の勝利であったとみられている。アメリカによる力の行使は回避されたが、代わりに北朝鮮の核開発計画の凍結、同国のエネルギー不足解決への協力、そして究極的な北朝鮮とアメリカの正式な外交関係の樹立へと向けたシナリオがつくられた。この「合意された枠組み」は、また核疑惑危機の対話による解決を一貫して主張してきた中国、および軍事的エスカレーションを憂慮し、北朝鮮との対話再開の方法を探ってきた韓国にとっての勝利でもあった。

それから数年を経た今日の時点で「合意された枠組み」の今後のプロセスは明確ではないが、しかし主要なアクターの外交政策上の基本的利害は変わっていない。変わったものはといえば、利害獲得を追求するそれぞれの道筋である。北朝鮮の指導者金正日は依然、その政治システムの生き残りを確実なものとする方策を求めているが、しかし明らかにその戦略はミサイルではなく、より市場に依拠するものとなるであろう。中国は可能なかぎり長期間、北朝鮮を支持することに強い関心をもっているが、しかし強さの度合いはアメリカとの関係いかんによって左右される。アメリカは、新しい指導者のもと、北東アジアの諸問題における支配的地位の保持を望んでおり、その関心は「合意された枠組み」よりは北朝鮮の信頼度を試すことのほうに向けられている。韓国の関心は朝鮮半島の安定的な平和にあるが、しかし、金大中のもとで北朝鮮へのアプローチは過去におけるかたちから劇的な訣別を遂げるものとなっている。それは関与政策である。

この章では、こうしたさまざまな国家利害と戦略に留意しながら、「共通の安全保障」という特定の視点から、米–中–朝のトライアングルを検証する。北朝鮮をアメリカや日本にとっての戦略上の厄介な存在—そのミサイルや核兵器開発の能力をなんとか抑制する必要がある「ならず者国家」—としてみるのではなく、むしろ自国の安全保障に関して正当な要求をもつ一つの弱い国であるという仮説から、本論を始めることにする。これらの北朝鮮の要求が近隣諸国やアメリカにどう解釈されるかが、来るべき今後の北東アジアの安全保障を大きく決定する。なお、本章は「共通の安全保障」の立場に立つことから、中国・アメリカ・北朝鮮三国すべての安全保障（あるいは脅かすもの）を定義するうえで、経済的な諸要素を抑止戦略よりも重視することとする。

1　中国の「ツー・コリア」政策

歴史上、朝鮮における中国の影響力には二つのパターンがある。朝鮮王朝の盛衰は一般的に中国王朝の支配と並行しており、朝鮮の安全保障は常に中国指導者にとって強い関心の的（とくに日本との、また二〇世紀後半にはアメリカとのライバル関係のゆえに）であった(1)。中国の属国であったとはいえ朝鮮は完全な自治国であり、その中国との接触は広く上位文明の受容に基礎をおいた儀礼的なもので、それゆえ一九世紀以降に日本とのあいだで展開されることになる周期的な紛争関係とは、きわめて異なるものである。(2) こうした中国‐朝鮮関係のパターンは、今日にいたるまでさまざまなかたちで存続している。とくに一九五〇～五三年の朝鮮戦争、また一九九三～九四年の核疑惑の危機を通じて如実に実証されたように、南も北も、朝鮮半島をめぐる中国の政治・安全保障上の利害に対し敏感であることは間違いない。

一九九二年韓国と国交を樹立して以来、中国はその外交政策において、公的には二つのまったく異なる利害関係のバランスをとってきた。総体として中国外交は〝平和と安定〟の維持をベースとしているが、それは韓国への関与、北朝鮮に対する支援、および第二の朝鮮戦争のぼっ発の予防であるといってもよい。(3) 中国の指導者は、韓国との経済協力関係を最優先しつつ、一貫して朝鮮半島の非核化構想を支援しており、一九九七年以来（あまり生産的ではないが）継続中である（アメリカ・中国・北朝鮮・韓国）四ヵ国協議による平和的手段を通じた朝鮮半島の統一を支持してきた。(4) ロシアとともに中国は、国連南北同時加盟決議（一九九一）を北朝鮮が受け入れるように説得し、そして「朝鮮半島非核化・信頼醸成措置、および経済・民間交流に関する南北協定書」（一九九二）を支持した。核疑惑危機のあいだ、中国は一貫して対話を通じた問題解決を主張したし、北朝鮮に対しては戦争を挑発する行為をさけるように助言しているが、しかし中国は自らが調停者になることで、永年の同盟国に解決を押しつけかねないような立場に陥ることは拒否してきた。近年、中国は社会主義国家の生存を確保するために、中国方式による経済改革を推進するように北朝鮮に働きかけている。これらすべての中国の政策は、明らかに一貫した一連の目標をもったものであるようだ。すなわち北朝鮮における中国の安全保障上の利害と韓国におけるその経済的な利害を同時に追求すること、できるだけ長く北朝鮮が生き残るかたちで、分断されつつも平和な朝鮮半島に対する中国の影響力を維持すること、そして統一後も朝鮮問題に影響力を継続的に行使しうる立場に中国をおくこと、などである。

朝鮮半島に対する中国の究極の目的は、自国の安定と安全保障を危険に晒しかねないような隣国の状況の悪化を防止することにある。中国指導者や朝鮮問題専門家は、韓国主導の朝鮮半島の統一がなされるであろうと考えている。半島統一の問題は、その実現のあり方や、中米関係の状態いかん（後述）によっては、将来において混乱を引き起こす可能性がある。韓国式の開放型社会システム下の統一朝鮮の成立によって、中国東北部における朝鮮族の民族問題を浮上させる可能性や(5)、あるいは北朝鮮における内戦、難民問題を発生させる危険性がある。あるいは、統一後の朝鮮がアメリカから自立的に〝核開発〟を選択することがあれば、中国にとってはある種脅威を感じる状況が起きるかもしれない。さらに、統一朝鮮が再び、中国–日本間での競争の対象となるかもしれない。あるいは統一朝鮮は、アメリカの安全保障システムに結びつけられるかもしれない（事実、現時点の韓国とアメリカはそうなると考えている）。反対に、核兵器保有国として、逆に競争相手となり、脅威となりうるかもしれない(6)。朝鮮の統一が最終的に不可避となるときには、中国はそれが漸進的に進行し、公然たる紛争あるいは予期せぬ難民の流出などが発生しないことを望むにちがいないであろう。

このように、中国にとって短期・中期的には、北朝鮮は沈まず浮かんでいることが重要である。北朝鮮における農業危機や長期にわたる貿易赤字、そして対外負債とエネルギーの高い輸入依存度などに注目すれば、中国の支援は不可欠なものである。このことは、一九九〇年代の初頭、ロシアが船積決済を現金支払いとするよう要求しはじめ、北朝鮮経済に対する役割を大幅に減少させたことで、中国の支援はより重みを増した。中国は北朝鮮の海外貿易を支援し、実質的に食糧、石油、石炭を援助して、密接な外交関係を維持している。九七年、北朝鮮にとって中国は最大の貿易相手国であり、総貿易額七億五七〇〇万ドルのうち、中国が四億八九〇〇万ドルであった。中国の北朝鮮に対する貿易赤字は北朝鮮の貿易赤字総額の二分の一以上の金額であり、したがって実質的には北朝鮮貿易の援助金と考えられる(7)。北朝鮮に対する中国の直接援助は、北朝鮮が崩壊を免れるうえで必須のものである。九六年の『毎日新聞』の報道によると、たとえば中国は北朝鮮に対し穀物五〇万トン、石油一三〇万トン、石炭二五〇万トンを、半分は無償援助、半分は国際市場価格の三分の一で向こう五年間の延べ払いで供与する極秘の約束をしたと伝えられる(8)。北朝鮮の中国への依存は、間違いなく中国の北朝鮮に対する政治的影響力を増加させているが、そのことがおそらく北朝鮮に原子力エネルギー技術と原油を供給している朝鮮半島エネルギー開発機構（ＫＥＤＯ）の非加盟国たる中国の立場を物語ってくれる(9)。北朝鮮は経済開放に向けて舵を切るべきであるという中国の助言は、いずれ実を結ぶのかも知れない。二〇〇一年初頭、上海を訪問した金正日は、中国の改革は正しいとする予期せぬ発言を行ったが、それはチュチェ思想の軌道修正を意味する重要なシグナルであろう。

政治の第一線にあっては、北朝鮮は一貫した中国の支持によって励まされてきた――つまり、金大中の「関与または太陽政策」を正当と認める事実上の支持である(10)。中国と北朝鮮との関係は、軍レベル間での接触を含めて依然誠意のこもったものである。一九九〇年代初頭より、中国は北朝鮮に対する武器供与を停止していたとはいえ、ロシアとは異なり北朝鮮とのあいだの相互防衛条約を変更しなかった(11)。中国の北朝鮮に対する公然たる外交的支持――たとえば北朝鮮が国家主権として弾道ミサイルを所有すること、中東その他の国への兵器の販売、そしてアメリカとの関係正常化に向けた努力などへの支持は依然として強固である(12)。そして、九九年ベオグラードにある駐ユーゴスラビア中国大使館に対するアメリカの偶発的な爆撃事件以来中米間の緊張が高まったために、中国の北朝鮮に対する支援はより不動のものとなった。強力な米–韓–日関係の動きに対抗しようとする北朝鮮の政治姿勢に対する支持は、中国軍上層部の指導者から政府全体にまで、広く存在しているとみて間違いはない。

二〇〇〇年の南北首脳会談に関して、その開催を望んだ金正日がもっとも重要視したのは中国の支援であったことは広く信じられている。そうした支援は、果たして中国のこれまでのツー・コリア政策と適合しうるのであろうか。もし、いくつかの点に留意するならばそれは可能である。まず、南北間の対話は中国にとって台湾を国家統一に向けた真剣な対話の場へ誘い出す一つのモデルとなる。もし南北朝鮮が冷戦期における互いの諸対立を超越しうるとすれば、陳水扁《チェンスイビィエン》が「一つの中国原則」を承認することもありえなくはない。二点目は、北朝鮮にとって南北対話は韓国による吸収を回避するための可能性を強化する。中国がかつてそうしたように北朝鮮の経済再編を含む支援は同胞（韓国あるいはその他地域の）に頼らなければならないと、中国はおそらくこういっているであろう。もちろん、ここでは中国は金大中自身が強調しているまさに同じポイントを衝いている。つまり、北朝鮮をより安全にすることで、その逆ではない。

中国の安全保障の目標は、自らの玄関先に友好的な隣国が存在することにあり、それは中国と連合して諸問題の処理—たとえば日本の軍事的経済的膨張に対抗する—に当たるような国である。そのためには中国にとって、中-韓の協力関係を維持し発展させることが重要となっている。金大中政権成立以降、中-韓の軍レベルにおいては高官級協議が定例化されている。訪問を重ねるごとに、朝鮮半島の非核化と包容（太陽）政策の確認が積み上げられてきている。中国と韓国の利害関係の擦り合わせは、以下の一連のプロセスにみてとることができよう。一九九九年八月、韓国の国防長官は、北朝鮮によるつぎのミサイル・テスト（その前年、日本上空を越えるテポドン-1のテストがあった）を阻止し、さらに南北直接討議を促進する目論みで、北京を訪問した[13]。中国側はこの問題に対して、金大中がアメリカの戦域ミサイル防衛（ＴＭＤ）構想への参加を拒否して以降、協力的となったことは明らかである。南北の調査機関を動員して構想する「インターコリア経済共同体」という金大中の提案もまた、中国からの支持を受けた。この考えは中国の報道でも好意的に伝えられ、そのなかで南北の共存という概念は中国の朝鮮政策のなかに織り込まれているが、台湾政策に関しても共存という概念は付け加えられるかもしれない[14]。

中国の利害を促進するうえで、中-韓の緊密な通商関係は、経済的、地理的そして戦略的諸要素の理想的な結合を象徴するものである。一九九五年までに、中国と韓国のあいだの貿易総額は一二〇億ドル近くに達し、相互に第四位となる重要な貿易相手国となっている。一九九七年には貿易量はこの額の倍となり、九九年までにはそれぞれが互いに貿易相手国の第三位にまでなっている。中国は韓国の格好のビジネス相手国となり、九四年までには一〇億ドルほど、九八年までに六〇億ドル近くと、韓国の中国向け投資額の半分近く（四四％）が東北部三省に投資された。[15] ひとたび朝鮮が統一されれば、黄海、あるいは渤海湾成長三角地帯がアジアの重要な通商活動の中心となることが約束されており、再編過程にある朝鮮北部の様相を変容させることになるだろう。

2　北朝鮮の安全保障におけるアメリカの役割

東アジアにおけるアメリカの覇権的な地位そのものが、すでに北朝鮮に対する自らのアプローチを一定の色に染めてしまっている。アメリカの政策は、政治的、そして経済的、軍事的にも第一位を維持することである。韓国や日本との安全保障条約は、そうした優越的地位、そして変わらぬアメリカの冷戦思考の性向を反映している。核兵器やミサイル技術の非拡散、人権、民主化、そして自由貿易秩序といった政策は、東アジアを（さらには、世界中に）アメリカ的価値と理想を押しつけ、そして通商その他の利害の対象としてみるところに根ざすものである。東アジアにおける強大なアメリカの軍事的プレゼンスはこれらの政策を支えている。かつてどの国も、単独あるいは連合であれ、軍事基地ネットワーク、一〇万名の前方展開兵力、核・通常兵器の配備、艦船寄港地、そして訓練演習地などを完備したアメリカに対抗しうるほどの軍事力をもったことはない。アメリカの戦略のなかで、広く北朝鮮が無気味な存在と映っているわけは、その社会主義イデオロギー、閉鎖的経済、そして巨大な軍事力などがアメリカの管理外にあること、したがってそれは韓国、日本などとの同盟によって代表されるアメリカの一連のシステムに対する挑戦を意味しているからである。北朝鮮のような「ならず者国家」を封じ込めようとする政策は、このアメリカ第一位主義という視点からは不可避的である。

北朝鮮の指導者は、これまでもアメリカの軍事力、経済力を十分に意識してきた。しかしながら、ソ連と中国が韓国と外交関係を樹立して以降、金正日に立ちはだかった一九九〇年代初頭における新しい戦略的状況が、アメリカの脅威にどう対処するかについての再検討を促したことは、明白のようだ。核とミサイルのカードを弄ぶことは、それ以来、北朝鮮がアメリカの関心を引きつける一つの手段となっている。北朝鮮が望むことは、アメリカによる北朝鮮の承認とそれによって得られる利益であり、北朝鮮の正統性と安全保障上の利害の承認であり、日本による承認であり、さらに日本とその他世界銀行などの国際金融機関およびアメリカ自身からの実質的な経済援助等々であることは明白である。北朝鮮にとってのプライオリティを描く三つの展開がある。一つは、金正日が首脳会談で金大中に語ったことであるが、北朝鮮はアメリカ軍の韓国駐留を、たとえ統一後であっても受け入れるというものである（中国はこの譲歩については報道しなかった）。二つ目は、伝えられるところによれば、北朝鮮はクリントン政権の任期終わり頃には、アメリカによる一〇億ドルの非借款援助という交換条件で、ミサイル輸出を含む計画のほとんどを取引する用意が整っていた(16)。三つ目には、北朝鮮高官たちの焦点は主要な経済的スポンサーとしての日本であり、東京への道はワシントンを経由しなければならぬと一貫して発言していることである。[17]

アメリカの視線は、とりあえず北朝鮮とともに中国に注がれている。まず、北朝鮮の強い反応を刺激しかねないアメリカの政策決定は、いうまでもなく中国の対応を考慮に入れておかねばならないからである。ワシントンでは誰一人として、一九五〇年の教訓（北朝鮮による南侵）を忘れたものはいないが、それは北京政府の側でも誰一人、かつてアメリカの大統領が少なくとも二回、朝鮮戦争の最中に核兵器の使用を検討したことを忘れることができないのと同じである。つぎに、中国は自ら南北朝鮮と友好的で影響力のある繋がりを維持している以上、五三年の朝鮮戦争の休戦協定を平和協定へと移行させようとする試み（それは四者協議の目的であるが）にあたっては実質的なアクターである。三番目、北朝鮮のミサイル問題に対処するためのアメリカの戦略、たとえばＴＭＤなどは中国の安全保障上の利害と衝突するにちがいない。北京のＴＭＤに対する敵対心はすでによく知られているが、それは中国のわずかな核ミサイル兵器を相殺してしまうだけではなく、ＴＭＤネットワークには日本そしておそらく台湾が取り込まれるであろうがゆえにである。四番目、もし自らの安全保障に不安を感じる北朝鮮の指導者が、再びミサイル実験を実施すると仮定すれば、アメリカとしては日本の強い反発があるという前提での対応や、韓国の国防意識に及ぼすであろうインパクトや、さらには結果的にありうる包容（太陽）政策の放棄等々を検討しなければならないであろう。これら一連の事柄は、アメリカが北朝鮮を不必要に刺激する政策は避け、それより紛争予防に力を注ぐ共通の安全保障戦略に依拠することを要求しているのである。

一九九九年の秋、状況が変わり、アメリカと北朝鮮はもう一つの〝凍結〟交渉で合意に達した。北朝鮮がこれ以上の長距離ミサイル実験を中断する見返りとして、クリントン大統領は凍結された外交関係の一部を解除するというものである。この決定は金大中にとって気がかりな二つの関心—北朝鮮を刺激し関与を拒絶する恐れのある敵対的なアメリカの政策、そしてつぎの新たな北朝鮮のミサイル実験に呼応して日本にナショナリズムが巻き起こること—を鎮めるうえで役に立った。幸運にも、クリントン政権の北朝鮮ミッションを引き受けたウィリアム・ペリーは元米国防次官であり、おそらく北朝鮮に対する強硬路線をとる行政府部内のタカ派の説得に影響を与えたであろう。ペリーは、長距離ミサイルと核兵器の恐怖を取り除く約束の代償として、平壌との関係正常化を追求するべきであるという見解であった。現実主義的な観点から、彼はこう述べた。「この（北朝鮮の）体制が崩壊するであろう、などとわれわれの側が仮定することは不謹慎である。われわれは、われわれがかくあるべきだと望む北朝鮮政府とではなく、あるがままの実際の彼らを受け入れて交渉をしなければならない。」そして彼は、北朝鮮がミサイル計画を推進する主要な理由は「安全保障であり、それは抑止力を意味」していることを是認した。「われわれが北朝鮮にとっての脅威になっているとは、われわれ自身思いもつかないが、しかし彼らがわれわれを脅威に思うであろうことは十分に考えられ、それゆえに彼らはミサイルを抑止の手段とみているのである。[18]」ペリーは彼の公式報告書のなかでも同様の見解を述べているが、そこでは北朝鮮と関与はするが、必要であれば力を行使しても敵対するという二つを結びつけた「アメとムチ」のパッケージ政策を主張している。[19]

上述したように、米–朝間のパッケージ交渉はクリントンが任期を終える寸前には、ほとんど妥結するばかりであった。しかし、報道されたようにアメリカの国内政治が足を引っ張った。二〇〇一年ジョージ・ブッシュ新政権が引き継ぐ以前から、すでにペリー方式に対して相当な反対があったこともよく知られている。北朝鮮とのあいだで長距離ミサイル実験停止の合意が成立していることや南北首脳会談が開催されたにもかかわらず、ペンタゴンは北朝鮮の脅威を継続的に強調している。[20]ペンタゴンの見解によれば、北朝鮮の行動にはなんら実質的な変化はないのである。二〇〇〇年秋議会に出された国防総省報告は、国防総省とともに在韓米軍司令官の見解を反映しており、北朝鮮は非武装地帯の一〇〇マイル以内に、ロケットランチャー・砲兵陣地・化学兵器さらに短距離スカッドミサイル五〇〇基などの兵力配備を、継続的にすすめていると主張している。ペンタゴンの見解がクリントン政権の公式政策を代表するものではないとはいえ、それは在韓米軍の無期限駐留の表明であり、南北首脳会議の共同宣言へと歩を進めたソウルの楽観的展望に挑戦するアメリカの立場によって構成されている。しかしながらブッシュ政権のもとにおいては、ペンタゴンの方針が公式政策となるかもしれない。

3　困難な中米関係のつながり

朝鮮半島の情勢展開に対する中国の対応は、ひとえに中–米関係のあり方にかかわっている。[21]事実、中国の対朝鮮半島政策がいっそう活発となったのは、一九九九年まさに対米関係が下降局面に入ってからであった。コソボ、イラク、台湾海峡、ＴＭＤ／ＮＭＤ、さらにＷＴＯ問題などにおけるアメリカの一極支配は、アメリカとのバランスをとるその他諸勢力の存在という多極構造型世界は幻影であったという苦い現実を中国の政策決定者に対して突きつけている。中国がそこから引き出した教訓は、自国の利益を防衛するためにはもっと断固たる政策をとるべきだということである。中国の一連の関与政策―朝鮮半島の南北首脳会談の実りある成功、韓国との軍事レベル協議、国防予算の実質的年増加率の上昇（二〇〇一年の一七％は過去最高）、パキスタンおよび中東へのミサイル技術供与の継続、東アジアにおけるプーチンのロシア外交復活への支持など―は、中国の外交・安全保障政策の転換を例証している。

過去にそうであったように、朝鮮半島問題に関する中国の見解は、日本をアメリカの政策に連関させるものである。中国指導者にとって、現状ではそれは北東アジアの安定した将来という展望により確信を与えてくれるものではない。中国からみるとき、一九九七年の日米防衛協力のためのガイドライン、日本のＴＭＤ調査への支持、北朝鮮との国交正常化に対する日本の抵抗、そして中国への経済援助に対する日本の強硬な姿勢などは、アメリカの中国封じ込め政策や覇権拡大の野望に、日本が関与している証左とうつっている。日本政府が幾度となく否定しているにもかかわらず、中国はＴＭＤの主たる対象は自分たちであり、それはやがて日本の軍事的膨張への道を切り開くものとみているのである。同じく中国は、「ガイドライン」は、台湾海峡での新たな危機が発生する場合、日本がアメリカを直接軍事支援するための入口であると考えている。中-日関係における不協和音は、けっして一方的に大きくなっているのではない。日本の指導者たちも同じく中国に対して悲観的であり、経済援助を背景に政治や外交政策に影響力を行使する日本の能力に限界を感じ、中国の発展が地域の安全保障にとって何を意味するであろうかと気をもんでいる。(22)

朝鮮半島の問題にとって、この中国とアメリカ、日本との対立の意味するところは何であろうか。米-中の相違が狭まり、そして中国の「アメリカの覇権主義」に対する不安感が減少すればその分だけ、南北関係が自然な流れにのるようにと中国はより努めそうである。あるいは北京は、北朝鮮とは距離をおき韓国により傾斜する、従前の「$1\frac{1}{2}$ KOREAS」政策を復活させるかもしれない。中国は四者協議という議題を拡大し、相互安全保障問題に関する北東アジア対話フォーラムとする構想を抱くことに心を動かされるかもしれない、そして、もし捕まればどのような運命が待つかもしれない北朝鮮へと強制送還されるであろう中国東北部へと逃げ込んできた北朝鮮の経済難民問題について、韓国側と協議することにより協力的となるかもしれない。(23) 朝鮮の統一、そしてその後の韓国における小規模な米軍の駐留さえも、そうしたこれまでの脅威は薄れて中国の利害にとっていっそう貢献する（たとえば、日本の影響をブロックするなど）と考えられるかもしれないのである、もし米-中関係が確実なものであればだが。

しかしながら、米中の相違が大きなものであるかぎり、中国ナショナリズム——新しいイデオロギー——は今後も突出したものとなるであろう。それゆえわれわれは、中国が統一後の米軍の駐留という考えに抵抗するであろうし、さらに北東アジア安定のための安全保障に関する多国間協議には関心をもたないであろうと予測することができる。北朝鮮に対する中国の支援は強化され、ロシアとの共同歩調は強化されるであろう。すでに示唆したように、長期的にみて北朝鮮の生き残りにとっての鍵となるのは、今日では中国および二次的にはロシアの支援であろうが、それは金正日体制に何か大きな親愛感を感じるからではなく、世界情勢における「アメリカの覇権」と一極支配構造に対する反目のせいである。

もしこれらの評価が正しいとすれば、アメリカそして日本の政策にとって賢明な路線は、金大中の包容（太陽）政策への支持を継続することで、それを掘り崩すような自己中心的なアプローチへと迷走することを避けることである。核疑惑の危機の時期に発生したように、北朝鮮に対するアメリカ外交が朝鮮半島の南北対話に影を落とし、ワシントンの利害に韓国が従属させられるという危険性は存在する。南北間の接触拡大、北朝鮮経済の改革、そして北朝鮮の自立性尊重の再保証などすべては究極的な統一へのステップとする韓国の関心は軍事的諸問題が取って替わるかもしれない。たとえば拉致された市民約一〇名の運命などという二国間のさまざまな諸問題が解決しないかぎり北朝鮮への食糧援助を躊躇する日本や、植民地時代に受けた諸被害に関する日本からの賠償について頑迷な北朝鮮は、いずれも包容（太陽）政策を妨げるものである。早期に北朝鮮と国交正常化を行い、北朝鮮に実質的にＯＤＡを供与すること―元韓国政府閣僚が提起したように第二次大戦後のヨーロッパに対するマーシャルプランのような朝鮮半島における発展援助計画―は、日本にとって遥かに建設的である。(24) ワシントンと東京がまず北朝鮮と国交正常化交渉に入り、当事者を離間させる二国間問題の処理に当たることは、金大中の望むところであることは明らかであろう。しかし、日米共に国内政治の領域では、それぞれかなりの数の議員たちが（アメリカの場合、ブッシュ新政権も）、北朝鮮が最初に善意を示すべきで、全面的な外交的承認や援助が欲しければその前に核・ミサイル問題で譲歩すべきであると執拗に主張しており、こうしたスケジュールへの道を塞いでいる。

おわりに

北朝鮮は、これまで試練を要する苛酷な環境に対する適合能力が優れていることを実証してきた。その指導者と政治経済システムは、他の発展途上国ならひっくり返りかねないような逆境（途絶した中国・ロシアなどの同盟国の支持、極度に減少した彼らからの援助、アメリカとの核対立、飢饉やその他の経済的困難）のなかを生き抜いてきた。今日、北朝鮮は一つの弱小国家ではあっても「失敗した」国ではない。実際イラクのサダム・フセインとは対照的に、彼らは困難や国際的孤立を自らのプラスに転化する能力をもっている。北朝鮮の正統性はアメリカによって承認されたのであり[25]、北朝鮮はヨーロッパとアジアでほとんどすべての政府と公式な関係を樹立しているし、ASEAN地域フォーラムにも承認されている。KEDO加盟国からは相当な食糧とエネルギーの援助を受け取っている。共産党支配に対する内部からの挑戦はこれまでなかったようである。さらに、これまでずっと北朝鮮軍部が特権階層であったとはいえ、たとえば、国家の行政政策の誤りを是認したうえで、農民市場の拡大など、経済を多様化するには小さいけれど重要なステップがとられるようになってきている。[26]

崩壊を回避するということは、もちろんすべてが「賢明なる」指導者金日成や金正日の指導性の責任に帰されるべきではない。金大中の包容(太陽)政策は、北朝鮮サバイバル物語の重要な一部分である。中国からの援助も相当なもので、中国はたとえ北朝鮮の政治に疑問を呈してきたとしても、見捨てることはしなかった。アメリカ国内ではクリントン政権による抑制的な対応が、核疑惑の軍事的解決を求める圧力からアメリカの政策を転換させることに与った。これら三ヵ国は、北朝鮮の安全保障を是認することが、制裁や圧力戦術、戦争の危険を冒すより好ましいと確信しながら北朝鮮との「予防外交」にかかわってきたのである。ここには国際政治における行為一般に対する重要な教訓が存在する。

元駐韓アメリカ大使ジェイムズ・レイニーはまさにこういって、正鵠を射た。「北朝鮮は依然、膨大な通常兵器の備蓄を維持しており、どんな軍事行動であれ莫大な犠牲をもたらすであろう。北朝鮮に対する軍事行動の実施はどのような性質であれ検討していないとアメリカは幾度も否定してきた。今大事なことは、北朝鮮が生き延びようとする権利を尊重することで、彼らが外部世界との関係を正常化するよう手助けすることである。」[27] レイニーの助言に添うためには、少なくとも直ちに二つのステップがとられるべきである。一つはアメリカと日本が北朝鮮を外交的に承認することで、これまで長く期限切れとなっていたが、なんらの前提条件なしに実施すべき行動である(本章執筆の時点、主要先進工業国のなかでは、フランス、日本、アメリカだけが北朝鮮との完全な外交関係の樹立に至っていない)。つぎのステップは、北朝鮮に対する民間ボランタリー組織（ＰＶＯｓ）のチャンネルを通じた国際的な基本需要—単なる贈り物ではなく特別な訓練—の援助拡大である。北朝鮮におけるＰＶＯｓの経験のいくつかは芳しいものではなく、食糧援助計画を放棄している例もある。しかし、北朝鮮に向けた援助の相当部分に政治的条件が付与されていたことも事実であり、配分された援助の相当部分が船積みされなかった(28)。それ以上に、多くの基本需要プロジェクト、たとえば、ノーチラス研究所の風力発電プロジェクト、ジョンズ・ホプキンス大学の医師教育、そしてアメリカ国際開発局とＰＶＯｓのコンソーシアムによるジャガイモ栽培と農業訓練といった活動はうまくいっている。

二つの朝鮮間の平和協定は間違いなく達成可能であるが、それには実効性を保証する主要な外部勢力からの支持を必要とする。そのための数々の方式があり、四者協議（米・中・朝・韓）と「二プラス四」（南北プラス中国、アメリカ、ロシア、そして日本）あるいは単純に六者協議をモデルとする国際会議などが含まれる。現時点で中国・北朝鮮は、朝鮮半島問題の枠組みを四者協議以上に国際化することは支持していない。しかし、日米の北朝鮮との関係が変化すれば、それにともなって変わるのである。そしてそのとき始めて、われわれは朝鮮半島における冷戦の終焉の始まりについて語ることができる。

注

（1）Han-Kyo Kim, "Korean Unification in Historical Perspective" in Young Whan Kihl ed., ***Korea and the World: Beyond the Cold War***, Boulder, Colo. Westview Press, 1994, pp.17–28.

（2）Bruce Cumings, ***Korea's Place in the Sun: A Modern History***, New York, W.W. Norton, 1997, pp. 90–103.

（3）中国の見解を適切に伝える最近の声明として、軍のシンクタンク（the China Institute of International Strategic Studies）から出されたZhang Jinbaoの"Changes in the Situation on the Korean Peninsula and their Impacts on the Strategic Pattern in Northeast Asia," ***International Strategic Studies***, No.1, 2001, pp. 35–44.

（4）韓国に対する中国の利害と目標については以下を参照。Tian Zhongqing,"China–ROK Relations in the New Asian–Pacific context," ***Korean Journal of International Studies***, vol.25, No.1, 1994, pp.65–74；Ilpyong J. Kim and Hong Pyo Lee, eds., ***Korea and China in a New World: Beyond Normalization***, Seoul, Sejong Institute, 1993；Qingguo Jia, "China's Policy Perspective toward the Korean Peninsula," ***KNDU Review***, vol.5, No.2, December 2000, pp.103–119, and Samuel S. Kim,"The Future of China and Sino–ROK Relations," in Melvin Gurtov and Tae–Hwan Kwak, eds., ***The Future of China and Northeast Asia***, Seoul: Institute for Far Eastern Studies, Kyungnam University Press, 1997, pp. 259–291.

（5）おりにふれ、中国は、中国朝鮮族に対して民族主義的感情をかき立てる韓国人旅行者の動きに対して苦情をもらしてきた（たとえば、『コリア・ヘラルド』一九九五年六月四日、『コリア・タイムス（ソウル）』一九九五年六月五日、北東アジア平和と安全ネットワーク［NAPSNNet; Nautilus Institute］, 1995. 6. 6；また Quansheng Zhao,"China and the Dynamics of the Korean Peninsula" in Shalendra D. Sharma, ed., ***The Asia–Pacific in the New Millennium: Geopolitics, Security and Foreign Policy***, Berkeley, Calif., Institute of East Asian Studies, 2000, pp. 105–106）。ある韓国の情報によれば、全海外居住韓国人の三九%、二〇〇万人近い人びとが中国にいる。これは海外居住韓国人のうち、中国系朝鮮人が最大のグループであることを意味する（たとえば、Lee Goo–Hong, "Overseas Koreans: Invaluable Asset," ***Monthly Magazine Win***, January 1996, in ***Korea Focus***, vol.4, No.1, January–Febuary 1996, pp. 24–33）。これに中国に逃げ込んだ北朝鮮からの数十万人を加えると、中国当局の関心の理由は明白である。

（6）　Bonnie S. Glasner, "China's Security Perceptions: Interests and Ambitions," ***Asian Survey***, vol. 33, No. 3, March 1993, pp. 261–262. グラズナーとＰＲＣ専門家との会話はまた、なぜ統一朝鮮が中国の利害にかかわるのかについて理由をはっきりと示してくれた。そこでは中国東北部の発展を援助することや、日本に対する緩衝の役割をもつことなどが包括されている。

（7）　Marcus Noland, ***Avoiding the Apocalypse; The Future of the Two Koreas***, Washington, D.C., Institute for International Economics, 2000, table 3. 11, p. 91.

（8）　***Korea Herald*** による"China Promises NK Food, Fuel Aid" 1996. 7. 19, NAPSNet, same date.

（9）　多国間協議のチャンネルよりむしろ二国間協議のチャンネルを通じるほうが、中国の利害にとってより有利であることは明らかである。ＫＥＤＯは一九九四年アメリカと北朝鮮のあいだで「合意された枠組み」が締結された後に設立された。ＫＥＤＯの主要な構成国は、アメリカ、韓国、および日本であるが、ＥＵ、豪州を含む資金援助をする他の数ヵ国が参加している。

（10）　金大中が大統領に就任時、彼は韓国による北朝鮮の吸収政策を排除し、北朝鮮の正統性承認を指示し、政治と経済の分離を約束して最高首脳レベルでの対話を要求、そして南北間の経済や他の分野での交流を一気に拡大することを強く促した。

（11）　Daniel L. Byman and Roger Cliff, ***China's Arms Sales: Motivations and Implications***, Santa Monica, Calif. RAND Corporation, 1999, pp.17–18.

(12) Duan Hong, China Institute for International Studies, "Korea and Regional Security in Northeast Asia," Nautilus Institute Nuclear Policy Project, April 20, 2000, online via npp@nautilus. org.

(13) Xiaoxiong Yi, "Dynamics of China's South Korea Policy: Assertive Nationalism, Beijing's Changing Strategic Evaluation of the United States and the North Korea Factor," ***Asian Perspectives***, vol.24, No.1, 2000, pp. 79–82.

(14) ***Renmin Ribao***, January 4, 2000, NAPSNet, January 5, 2000.

(15) ***Korea Herald***, March 27, 1994, supplement and March 30. 1994, Yi, "Dynamics of China's South Korea Policy," pp. 77–78.

(16) Michael R. Gordon, "How Politics Sank Accord on Missile With North Korea," ***New York Times***, March 6, 2001, online ed.

(17) 「ある高位級の北朝鮮外交官は『もし日本との外交関係が正常化できれば、北朝鮮は食糧援助、技術、投資、そしてわが国にとって極めて重要なその他の諸品目への信頼できるアクセスを得ることになる』、その外交官は、さらに北朝鮮内では、長期的にみて、日本は潜在的にもっとも重要な経済的パートナーとしてみなされていると語った」"The DPRK Report," No. 22, January–February 2000, in NAPSNet, February 28, 2000 にあるロシア側の評価に基づく。

(18) Public Broadcast Service（television） interview, Washington, D. C, September 17, 1999; text provided by NAPSNet, September 20, 1999.

(19) 北朝鮮政策調整室（ウィリアム・ペリー）アメリカ国務省（***Review of United States Policy Toward North Korea:Finding and Recommendations***, Washington, D. C.: October 12, 1999)。これまで、アメリカの考え方は非拡散という関心に基づいていた、つまり北朝鮮に核兵器開発計画とミサイル輸出を停止させることであった。

(20) Steven Lee Meyers "Pentagon says North Korea Still a Dangerous Military Threat," *New York Times*, September 22, 2000, p. A10

(21) Jia, "China's Policy Perspective," *op. cit.*, p. 118; Yi, "Dynamics of China's South Korea Policy" *op. cit.*; Samuel S. Kim, "The Future of China and Sino–ROK Relations," *op. cit.*, pp. 285–286.

(22) Peggy Falkenheim Meyer, "Sino–Japanese Relations: The Economic Security Nexus," in Tsuneo Akaha, ed., ***Politics and Economics in Northeast Asia: Nationalism and Regionalism in Contention***, New York, Martin Press, 1999, pp. 135–157.

(23) 韓国は北朝鮮からの難民に対する処遇について、亀裂を引き起こさないように中国側にただ静かな抗議をしてきた。この問題への対応に韓国が苦慮しているのは明白である。Mary Jordan,"Feeling Deluge, Political Fallout, China Spurns Fleeing N. Koreans," ***Washington Post***, April 14, 1997.

(24) 元商工エネルギー大臣Kim Young Hoとのインタビュー。(『日経ウィークリー』二〇〇〇年一二月二五日—二〇〇一年一月一日号）三ページ。

(25) 二〇〇〇年一〇月一二日の米朝共同宣言参照。北朝鮮国防委員会第一副議長である趙明禄中将のワシントン訪問に際しては、NAPSNet, same date. を参照。

(26) The World Bank study by Bradly Babson and Eun Sook Kim, "Challenges in Expanding External Economic Relations with North Korea," May 12, 2000, online at /www.nautilus.org/papers/security/Babson on DPRK Economic relations.html.

(27) 「元大使レイニーと語る」『中央日報』（ソウル）一九九九年四月二二日；NAPSNet, 1999. 4. 23.

(28) Jasper Becker, "Aid Slashed as Most Donors Snub Famine–Hit Economy," ***South China Morning***

Post, December 18, 1999.

（メル・ガルトフ／裵　敬隆訳）

第3章　朝鮮半島の南北と日本のトライアングル

二〇世紀最後の年、金大中大統領が推進する「包容（太陽）政策」は南北首脳会談の実現をもたらし、朝鮮半島の「脱冷戦化」への流れを加速する重要な契機となった。東北アジア国際関係のパラダイムを転換する新たなダイナミズムを生み出した金大中大統領の信念と貢献は特筆に値するといえよう。彼のノーベル平和賞受賞もほんのわずか前のことであるが、しかし彼がその余韻を味わうことのできる時間は束の間であったようだ。

二〇〇一年、ワシントンを訪問した金大中大統領を待ち受けていたのは、北朝鮮に対するブッシュ新大統領の強硬な姿勢であり、訪米前の思惑以上に冷淡な外交的対応であった(1)。新政権の東北アジア政策見直しは、単に米-朝関係にとどまるものではない。イージス艦を含む台湾への武器売却問題、李登輝元総統のアメリカ入国ビザ問題といった「一つの中国」原則にかかわる政治的緊張が米中間において高まりつつあるなか、米国スパイ機と中国空軍戦闘機の衝突事件発生によって、はからずも台湾海峡をはさんだ両国の軍事的確執の現実が浮き彫りとなった。ブッシュ政権が中国の軍備増強に神経をとがらせ、アメリカの東北アジア安全保障体制に対する重大な脅威としてとらえていることを改めて強く印象づけたといえよう。新しい世紀の第一章は、東北アジアにおける米中間の「覇権主義的」対立が基調となりそうである。

1　ブッシュ政権の東北アジア政策とミサイル防衛網

この米中間の対立は、二〇〇〇年秋の大統領選挙キャンペーン期間中より、共和党ブッシュ候補の陣営から外交政策全般の見直しを示唆する発言が伝えられたこともあり、ある程度予想されたことであった。(2)特に中国を「戦略的パートナーシップ」と位置づけたクリントン外交を批判し、「戦略的競争者」(3)と呼ぶブッシュ政権は、北朝鮮に対しても再び「ならず者国家」(4)の呼称を使用するなど、東北アジア外交政策、特に軍事・安全保障における強硬路線へのシフトが際立っている。

冷戦の終焉から十余年、世界経済における覇権回復をはかってきたアメリカは圧倒的な一極支配体制を確立したかにみえる。ブッシュ大統領を支える保守的な共和党政権は、軍事戦略における二正面作戦（中東地域と東北アジア地域での紛争に対し同時に展開しうる作戦能力の維持）の見直しと、大西洋における「国際主義の縮小」および太平洋における「覇権主義の拡大」を意図する外交路線の見直し作業を進めている。経済的分野における米―中の相互依存関係がかってなく深まりつつある一方で、中国だけが独り国際政治の領域においてアメリカにとって現実的な対抗力をもつ大国としての影響力を増大させている。その結果、アメリカの国防総省は戦略上の重心を対アジア、特に対中国へと移行している。(5)

米中関係の現状をみるとき、貿易通商関係の拡大は安全保障体制の枠組みに寄与するのかどうかに関して深刻な疑問を抱かせるものとなっている。ケネス・ウォルツは「相互依存効果」は国際政治を形成する力としては弱いことを強調している。

「相互依存関係の深化はまた、敵意さらに戦争を促進する紛争の契機を増幅」し、両国関係のつながりが強くなればなるほどその効用もまた極大化し、やがて相手の利害を無視しては自国の利益を追求することができなくなるため「それゆえ、ある国は他国の行動を自分自身の政体内部の出来事としてとらえ、それらをコントロールすることを試みるようになる」のである。さらに「相互依存は統合などと同じく他の条件―独立変数としての国家など―に依存しており」、「日本の貿易管理政策のように、国家は他国に過度に依存することへの回避手段をとる」のであって、「相互依存関係が成立していない国家間においては紛争も戦争もありえない。統合の成立によってはじめて、国際政治が国内政治となるのである」(6)。

ウォルツに代表される「構造的現実主義」によれば、各国内の政治システムの性格は国際関係には無関係であり、個々の国々の行動は国際システムの構造とそのなかで占める位置によって決定されるのである。今日の米中間における摩擦や紛争は、基本的に通商貿易上の相互依存関係とかかわりなく、国際政治の諸条件の変化に対応し行動する双方の国家の政策によるものであることを再認識させる。アメリカは中国が改革・開放に転換し市場経済を部分的に導入する以前から、冷戦システムを維持するため対中国封じ込め政策をとっていたし、当時は「人権・民主化」ではなく「反共自由主義陣営の擁護」というイデオロギー的信念に基づいていた。ウォルツのいう第二のイメージに近いブルース・ラセットも「人々の国内政治に対する見解が、その対外政策に対する見解と関連していることは、旧聞」であるが「しかし、国内における政治的責任及び政治秩序に関するある種の信念と、対外関係におけるそのような信念とが結びついていることは、強調するに値する」[7]という。

読み替えるなら、アメリカ外交の行動様式は自国の信念と秩序を修辞するイデオロギー[8]によって包み隠された国内利益に基づいている、というウォルツの理解につながるものといえる。国際関係をとらえる理論的視角においては両者の立場は異なるが、しかしアメリカの外交政策の本質についての理解は共通するようである。

一九九〇年代、クリントン政権のもとでアメリカは、伝統的な二国間条約を束ねていくハブ・スポーク型[9]の安全保障システム一辺倒から、一定の条件下でのＡＰＥＣやＡＲＦなどの多国間協議や国際的制度への参加を通じて、アジアの協調的な安全保障体制の模索に加わってきた。ブッシュ共和党政権のもと、アメリカが再び冷戦期のアジア地域戦略（非対称的二国間同盟中心の車輪型）に回帰するとすれば、朝鮮半島あるいは台湾を発火点とする対中国との覇権主義的対立の枠組みが浮かび上がってくる。そのもっとも尖鋭なアジェンダがＮＭＤ・ＴＭＤであることはいうまでもない。

二〇〇〇年の共和党全国大会において、大統領候補としてブッシュ・ジュニアが選出されたとき、隣接する会場で大がかりな航空防衛産業の展示会が開催され、あまりの露骨さが顰蹙を買った。そのときすでに今日のブッシュ政権の性格と基本路線は約束されていた。ブッシュ政権を支えるのは、軍需産業ともう一つは二二五〇万ドルの政治資金を寄付した石油・天然ガスなどエネルギー業界[10]であり、その利益代表として政権入りしたのがチェイニー副大統領とラムズフェルド国防長官である。この二人は、七〇年代半ばのフォード大統領のもとで首席補佐官と国防長官を歴任した旧知の間柄であるが、二〇〇一年五月一八日の『ニューヨークタイムズ』紙は「二五年ぶりにラムズフェルドの夢がふたたび復活」(11)と題する以下のような署名入り記事を掲載している。

「四半世紀前、新国防長官ドナルド・H・ラムズフェルドはそびえ立つ難問に直面していたベトナム戦争終了後においても軍事費に重点的な予算投入することに対し懐疑的な姿勢の議会に対し、依然続くソビエトの脅威に対抗するために必要であると説得したのである。彼は首尾よく過去一〇年間で最大の軍事支出を獲得することに成功した。二五年後、ソビエトは崩壊し、アメリカは無敵の軍事力を保持している。しかし、今や六八歳のラムズフェルド氏はペンタゴンの支配者として戻ってきた。そして再び、慎重な議会を前にして生物兵器を保有するテロリストや、長距離弾道ミサイルをもつ能力のある敵対国の脅威の出現に対抗するため、軍備は高価なフェイスリフトを必要としていると主張している。」

ブッシュ政権の重要な使命の一つが国防予算の拡大であり、その推進の中核にいるのがペンタゴンのラムズフェルド国防長官であることを示唆するコラムである。実際に一九九〇年代を通じクリントン大統領の任期前半こそは一時的減少傾向がみられたものの、その後反転して上昇をつづける国防予算は、二〇〇〇年度三〇〇〇億ドル、二〇〇五年国防予算案は三三〇〇億ドルを超える金額に膨らむことになっている(12)。この側面からみれば、民主党クリントンと共和党ブッシュ政権のあいだには連続性が維持されているのである。八〇年代、ラムズフェルドはアメリカ空軍系の軍事シンクタンクであるランド・コーポレーションの理事長となるが、NMD理論をランドが推進しNMD製造をロッキード・マーチンが進めるという体制がそのときにできあがった。そのロッキード・マーチンの重役の一人がチェイニー副大統領の妻リン・アン・チェイニーである。(13) レーガン政権期に打ち上げられたスターウォーズ計画（SDI）の縮小版ともいわれるNMD・TMD計画は、これまでその巨額の投資と技術的実効性、さらに前提となる一九七二年のABM条約を破棄ないしは修正するという政策に対して、多くの疑問が投げかけられてきた。(14) ラムズフェルドは「ライト兄弟も最初の二〇回は墜落しているが、そのときわれわれが『ストップ。もうやるな、金の無駄遣いだ』といっていれば、飛行機が空を飛ぶことはなかったであろう」と反駁したが、まさに対ミサイル防衛網の提唱者の面目躍如たるものがある。(15)

冷戦終結による国防予算の急激かつ大幅な縮小という打撃を受けた航空宇宙部門を含むアメリカの軍需産業は、一九九〇年代をかけて大がかりなリストラと業界の統合再編を進めてきた。企業間の合併と吸収、不振部門の人員整理と売却を劇的に行い、技術力、資金力・ネットワークなどの統合により企業競争力の強化をはかったアメリカ航空宇宙産業にとって、世界各地の地域的紛争（宗教・民族・イデオロギー）は、軍事予算の拡大と兵器輸出に貢献する絶好の市場であることはいうまでもない。(16) 父ブッシュ・シニアは湾岸戦争にアメリカ軍を出動させ、莫大な軍事費を支出した。そのうちの一〇〇億ドルを超える戦費の請求書が日本に回ってきたことは記憶に新しい。そして大統領となったブッシュ・ジュニアが積極的に推進するのがミサイル防衛戦略NMD・TMDであるが、その配備計画をアジアに拡大していくためには、とりあえず北朝鮮は核とミサイルを弄ぶ「ならず者国家」であるほうが都合がよいのである。[17]こうした状況のなかで、アメリカからみての日米安保条約の比重はさらに高まっており、沖縄基地移転問題、有事法制、集団的自衛権行使にからんでの憲法問題など、今後日本に対して法制度の改正を含めて役割分担を求めるアメリカの圧力は強まるであろう。

冷戦が終焉した一九九〇年代以降にあってもなお、日本と朝鮮半島を結ぶ国際関係の構造は、このアメリカの軍事的安全保障戦略が展開する「冷戦の弁証法」[18]の大文脈において条件化されている。[19]なかんずく、日本の対朝鮮半島政策はそうした大文脈に安住し、いわば後追い的にアメリカの路線を鵜呑みにする従属的傾向が強かった。「太平洋のブリュメリアン契約」[20]に忠実な下僕としての日本は、三六年間の自民党一党支配のもとで戦後アジアにおける比較優位の条件をフルに経済発展の原動力へと転化させ、対外的にはアメリカに追従することで国際社会における先進国クラブのメンバーとなることを認められたのである。一方で、戦後アジアに対する視角の偏向や欠如は、二〇世紀の最後まで「脱亜入欧」で明け暮れした日本を象徴する最大の弱点であり、日本の対朝鮮半島外交政策（あるいはその不在）における死角ともなっている。

2　日朝国交正常化交渉における日本の外交姿勢

一九九九年一二月一日、村山元首相を団長とする「日本国政党代表訪朝団」は北朝鮮を訪問した。

九〇年九月の金丸訪朝団以来九年ぶりとなるこの超党派訪朝団は、朝鮮労働党からの招請に基づき与野七党国会議員一六人（共産党含む）で構成されたものである。二泊三日の滞在期間中、村山訪朝団と朝鮮労働党代表団（団長金容淳書記）は九二年一一月以来中断している国交正常化交渉を一二月中に再開することで合意し、さらに帰国にあたって以下の三点を明記する共同発表文に署名した(21)。

a　双方は、今まで進めてきた日朝間の政党および政府間の対話および交流を踏まえ、国交正常化のための日朝政府間会談再開の重要性について合意し、それぞれが自国の政府に会談の早期再開を促すことにした。

b　双方は、日本国政党代表訪朝団の平壌訪問を契機として、日朝両国が関心をもっている人道問題解決の重要性について合意し、それぞれの政府の協力のもとで赤十字に対してこのためにお互い協力していくよう勧告することにした。

c　双方は、両国間に存在する不信を解消し、相互理解と友好を発展させるための交流と往来を強化することにした。

一九九〇年の金丸訪朝団のときに問題視された「三党共同宣言」に盛り込まれた「三六年間の植民地支配と第二次大戦後の四五年間の不正常な関係に対して日本は十分な謝罪をし、償うべきである」との文言は、aの「これまでの政党および政府の対話および交流を踏まえ」とする表現によって尊重することが確認されたとされる。また、ミサイル、不審船、核開発問題などは触れられていない。

続く一二月一九日、村山訪朝団の合意に基づき日朝赤十字会談が、北京の日本大使館で、翌二〇日には一九九七年八月以来となる政府間の予備会談も、同じく北京で開かれた。そして二〇〇〇年四月四日、平壌において七年半ぶりに第九回日朝国交正常化交渉が開かれることになる。さらに同年八月二二日、第一〇回目が東京で、一〇月三〇～三一日には第一一回目の本会談が北京で開催された。

この一連の国交正常化交渉における最大の争点は、「過去の歴史」問題を巡る両国間の基本的認識の相違であったと伝えられる。一九六五年合意を見た日韓国交正常化交渉の過程において終始主要争点となった「旧条約の効力」に関する解釈問題および賠償金か経済協力金かといういわゆる「入口論か出口論か」をめぐる議論の対立が、四十数年を経てなお日朝交渉の場で再燃しているのである。日本は第一一回会談を最後に交渉の先送りを決定しており、一方北朝鮮もブッシュ新政権の同国に対する厳格な検証による相互主義原則という強硬路線が明確になるにつれ、日朝交渉への対応は後回ししているようであり、その後公式には進展していない。

この二〇世紀最後の日朝国交正常化交渉の動きの意味することはなんであろうか。

「過去の歴史清算」問題は、日朝国交正常化交渉に臨むに当たっていわば事前に予測されていることであり、日韓会談の交渉経過をふりかえればおおよそ、双方の主張や争点は十分に予測できる。主要争点に関して、政治的配慮が必要とされるであろう残すべき最終的合意部分の詰めおよび表現方法など、外務省の担当者レベルにおいて綿密なシミュレーションが準備されているはずである。また韓国と違って、北朝鮮の外交スタイルが通常とは違い独特であるとしても、合意形成が不可能なわけではない。日本に正常化への強い意志があるなら、中国や韓国に側面的協力や助言を得ることもできなくはない。ところが今回も日本側は、村山訪朝団が北朝鮮労働党とのあいだで合意した共同発表文のなかでも確認された「不幸な歴史の清算の必要性」を認めて、日朝関係を改善するための原点ともいうべき植民地支配の清算に関する諸問題の実質的討議を中心にするのではなく、共同発表文でも触れられなかったミサイル問題、拉致疑惑問題などをからめて交渉の場に持ち出してきた。八月の第一〇回会談では、「過去の清算」についての補償を確認しようとする北朝鮮に対し、日本側は「過去の清算」を優先的に認めることを拒否、補償ではなく経済協力を行っていきたいと主張したものとみられ、いわゆる補償問題を経済協力で解決する「日韓方式」を提案、一〇月の第一一回会談においても謝罪は条約と切り離したい（共同声明といった形）ことを表明したといわれる。[22]一九六五年に経済協力金方式で合意締結された日韓条約には、三六年間の植民地支配に対する謝罪はいっさい謳われていない。そもそも拉致疑惑問題に関しては、警察の捜査資料・報告のなかでも北朝鮮が拉致したとする物的証拠が乏しく実証性に欠けることなどがこれまでも指摘されているところであり[23]、それにこの問題を日朝間の国交正常化交渉の場に持ち出すことは、正常化を拒否するようなものであることは、日本側の交渉担当者自身が認めている。[24]

こうした展開となったのは、しかし偶然ではないといえる。前述したように、外務省の北朝鮮担当実務者クラスなら当然予測できる成り行きであったとみるのが自然である。ではなぜ、日本側は今回このような主張（拉致疑惑問題、ミサイル問題）を持ち込んだのであろうか。

3　ミサイルか、人工衛星か—くいちがう日米の対応

この背景を探る手がかりの一つは、やはりアメリカのアジア太平洋地域への戦略と関連する。アメリカ連邦議会調査局上級専門官ロバート・サッターの分析によれば、この地域におけるアメリカの政策は、およそつぎの三つの目標の実現にあるといわれる。

第一の目標は、自国の利益にとって有利なように東北アジアでの力の均衡を維持すること、それはアメリカに敵対的な国家がこの地域で支配権を握ることに反対することを政策の力点とすることであり、第二は経済発展への関与や貿易ならびに投資を拡大することでこの地域での自国の経済的利益を推進する、第三はアメリカ文化や価値—民主主義・人権など、進歩的な傾向を涵養することなどとされる(25)。

これを逆に読めば、アメリカは自国の利益のためにはアメリカ以外が支配権を握れば敵対国とみなし、自国の政治経済的利益のためになるように東北アジアの力の均衡を自分が管理（言い換えれば介入）するという意味で、それを推進することが政策目標であり、民主主義、人権などは実際涵養する程度の目標にすぎないということである。

さて、この分析を仮に朝鮮半島に適用すれば、アメリカの目標は自国の利益にそって力の均衡を維持するため、そしてアメリカ以外の国が支配権を拡大しないよう、日本、韓国、北朝鮮（中国・ロシアは当然として）を常に管理するため、戦略と戦術を練り実行することであるといえそうだ。一九九八年一一月二三日、アメリカ国防総省は東アジア戦略（ＥＡＳＲ）の改訂版を発表した。このなかで

は北朝鮮の脅威が強調されており、同盟国の協力関係が謳われるとともに一〇万人の前方展開兵力の維持が表明された。その一〇万人のうち、韓国と日本にそれぞれ三万七〇〇〇人、四万一〇〇〇人と八割近くが駐留している。これは北朝鮮・中国に対するためだけでなく日韓両国に対する牽制であり、北朝鮮の脅威をあおることで両国をアメリカの政策主導下に引き込み、独自外交を規制・抑止するためであるともいえる。そうすることで、上述のR・サッターの分析にもあるように、東北アジア、なかんずく朝鮮半島、日本に対するアメリカ中心の支配権つまり覇権を維持することにある。(26)

日朝正常化交渉における日本の一連の対応に対しては、一九九〇年代におけるアメリカの北朝鮮外交の本質―硬軟使い分ける自国中心の戦略に追従してきた結果であるという厳しい批判がある。そうした批判の根拠としてあげられるいくつかの事例をみてみよう。

日本において北朝鮮に対する反感と敵対的感情が一気に高まったケースとして、一九九八年の「テポドンミサイル騒動」がまず思い浮かぶであろう。八月三一日、防衛庁の記者会見で河尻審議官は在日米軍からの連絡として「北朝鮮の弾道ミサイル一発が発射され、一部は日本上空を飛び越え、三陸沖の東方数百キロの太平洋に着弾した。ノドンではなく、テポドンの可能性が高い」ことを発表した。翌九月一日、日本はただちに「1国交正常化交渉、2食料などの人道的支援、3KEDOへの協力を当面見あわせる」ことを決定する。翌々日三日には、衆参両院で「北朝鮮の弾道ミサイル発射に抗議する決議」が全会一致で採択されている。そして、マスコミは連日のように北朝鮮非難の大合唱を展開した。

しかし九月四日になって、北朝鮮は「八月三一日に三段式ロケットで人工衛星を打ち上げ、軌道にのせることに成功した」こと、七日には人工衛星は「光明星一号」と命名することを発表し、九日に予定されていた建国五〇周年記念パレードで打ち上げ記念の大型気球があがり、またマスゲームでも人工衛星が描かれたことが確認されている。一方アメリカは、九月一一日にクレイ東アジア太平洋小委員会委員長が公聴会でNASAの情報として衛星の打ち上げであると発言、そして一四日にようやく国務省ルービン報道官は正式に衛星打ち上げと認めた。[27] しかるにその間、肝心の日本は北朝鮮に対して抗議文は送ったが、事実関係の問い合わせは行っていないといわれる。[28]

それ以降、今日にいたるまで日本およびマスメディアは、北朝鮮・アメリカがすでに人工衛星と確認したにもかかわらず「ミサイル発射」であるという表現に執拗にこだわっているのである。そして、何よりも肝心の日本自体がより性能の高い大型の大量破壊運搬手段としての人工衛星打ち上げロケットを保有し、すでに六十数回発射していることに、日本政府はもちろん、ほとんどのマスメディアも触れることはなかった。

4　日朝交渉における日本の外交カード――ミサイル、拉致疑惑

この日本の姿勢には、つぎのようないくつかの理由が潜んでいたとみられている。まずこれを機会に、自前の偵察衛星を保有する、戦域ミサイル防衛（TMD）構想の予算化、そして日米新ガイドライン関連法案（周辺事態関連法案）の早期成立などである。事実一九九九年五月二四日、新ガイドラ

イン関連の周辺事態法は国会を通過し、つづいて通信傍受法案（盗聴法）、新住民基本台帳法（住民番号制度）、「日の丸」「君が代」を国旗・国歌とする法、憲法改正を視野におく「憲法調査会」の設立などが国会で成立、承認されている。[29] さらにその後、有事法制、集団的自衛権に関する論議が高まり、憲法改正論に対するタブーは取り除かれたかのように、憲法改正に向けての環境づくりが進行している。

日本にとってのもう一つの問題は、ＫＥＤＯへの分担金である。北朝鮮との枠組み合意「ジュネーブ米朝合意書」に基づき提供される二〇〇万kW軽水炉は、いわば米朝間で決定されたのち日本は建設費用一〇億ドルの負担だけを背負わされる結果となっている。[30] テポドン騒動で際立った日本の反応がＫＥＤＯへの拠出金の凍結カードであったのは、こうした不満があったからといえる。アメリカは北朝鮮に軽水炉供給を約束したが、経費負担は日本と韓国に押しつけ、しかも輸銀の求める返済保証に対してＫＥＤＯ理事国であるアメリカはそれを拒否するといった事態が発生している。そうしたアメリカの押しつけに対して、[31] 日本は四者会談に参加、あるいは六者協議の枠組みで対話の輪に入りたいという要求があった。しかし、これらの提案はアメリカによって拒否されてきたのである。[32] この「テポドン騒動」によって醸成された異常な状況を日米共に利用しようとしたことが、北朝鮮を巡る緊張をつくり出していたのである。

日本が日朝交渉の席にミサイルや拉致疑惑問題を持ち出したのは、こうした北朝鮮と直接関係のない日本側の政治的思惑が作用していた。日本とすれば、積極的に日朝国交正常化を進めても何も得られない、むしろアメリカの動きをみながら、日本の国益を守りうる（負担を軽減する）外交的梃子を利用することが肝要であるという政治的判断で対応しているといえるであろう。[33]

5　「在韓米軍」問題と米朝関係の行方

朝鮮半島にかかわる安全保障問題の根幹には、「在韓米軍」の存在とその撤退問題がある。北朝鮮にとって、対米交渉に臨むうえでの重要課題は、自らの生存「生き残り」を保証すること、つまり在韓米軍と韓国軍は核攻撃を加えないという保証、休戦協定をより強固な不戦協定・平和条約にすることである。国際的な孤立状態に逢着した一九九〇年代に入ってからはハリネズミのように針を逆立てる「緊張した社会主義体制」[34]を維持してきた北朝鮮にとって、まさに国家防衛における最大の課題であった。二〇〇〇年六月の南北首脳会談において、金正日委員長が「在韓米軍」の継続駐留に対し柔軟な発言をしたことが伝えられたが、金日成主席が九〇年に行った施政演説、九二年金容淳書記と当時のカンター国務次官との会議、九四年の金日成・カーター会談などを通じて、これまでも北朝鮮はたびたび同じような意向を表明している。[35]

今回の南北首脳会談においても、「在韓米軍は統一後も駐留が必要で統一後は平和維持軍のような役目を担うことも可能」と説明する金大中大統領に、金国防委員長は「同感する面も」と答えたことが七月八日付『朝日新聞』で伝えられた。同紙によれば、韓国政府の説明を受けた日本政府筋の話として金委員長は「在韓米軍が絶対に北朝鮮を攻撃する存在でないことがすべての前提だ」と強調し、一方で軍の体面もあり金委員長のほうから駐留を認めるとはいえないとの認識を示したといわれる[36]。しかしながら、韓国軍の統帥権（戦時の作戦指揮権）をアメリカ軍が握っている現実を考慮すると、平和維持軍構想は単に在韓米軍の規模縮小に留まらない重要な意味をもっている[37]。南北首脳会談の直前である六月一二日、中国『人民日報』系列の国際ニュース専門誌とされる『環球時報』は、今回の首脳会談では「在韓米軍の撤収問題と保安法撤廃問題が扱われるものとみられる」という記事を掲載している。これを伝えた『朝鮮日報』は「北朝鮮の口を借りて中国の懸念を表明したもの」とみており、「統一後の朝鮮半島が中国に対して敵対的になると、厄介な問題」となり、「極端な場合、鴨緑江と豆満江に在韓米軍が駐屯する状況を、中国が心配している」と解説している[38]。事実、アメリカは、在韓米軍の撤退問題にきわめて敏感である。

今回の南北首脳会談の開催が発表された四月一九日直後には、「南北の間でどのような合意がなされるかに拘わらず在韓米軍の地位に変更がない」ことや、在韓米軍は「統一以後にも継続駐屯する」という一方的な声明を発表している。また、南北首脳会談での両者のあいだで交わされた協議内容、とくに「在韓米軍問題」の取扱いに関して極度に神経を尖らせたことは、オルブライト国務長官が南北会談の終了後に訪韓、九月にはコーエン国防長官が金大統領を再訪したことに現われている。アメリカの軍事安全保障（東アジア戦略ＥＡＳＲ）の根幹である戦略的上位性と二国間関係における一方主義（ユニラテラリズム）を左右する恐れを嗅ぎとったためであろう。ブッシュ政権の東アジア政策見直しにより、アメリカがこれまでの米朝二国間交渉で積み重ねられた合意事項を修正ないしは反故にするような主張に固執すれば、伝えられる「在韓米軍」問題に対する北朝鮮の方針は、再び彼らの伝統的な原則的路線に後退する恐れは十分にあるといえる。[39]

6　日本の朝鮮半島外交―対米追従型「二つの朝鮮」政策

日韓関係は一九六五年の国交正常化から三六年を迎えた。今日の両国関係は「グローバル・パートナーシップ」と呼ばれるまでにいたっている。[40] 近代化発展のモデルとしてＮＩＥＳの一角を形成する韓国の経済成長と権威主義的政治体制との関係について、ここで詳説する余裕はないが、[41] いうまでもなく日本と同様韓国もまたアメリカの東北アジア安全保障体制とその戦略に深く組み込まれてきたことは論を待たない。冷戦終焉の前史となった八〇年代、その時期の東アジア安全保障体制の性格に関して、米中関係に媒介する日韓の役割に注目するウー・カミングス（Woo-Cumings）はこのようにとらえている。

「ゾーンの一つは米中と日米安全保障関係であり、仕上げとしては単なる意見、情報交換程度の安全保障関係にとどめた日中の関係である。今一つのゾーンはあまり良く知られていない。米韓と日米の安全保障関係はアメリカの仲介による日韓安全保障協力と三角形でつながっている。この二つの三角形は文字どおり、日米安全保障関係に基づいており、アメリカに依存する日本、そして中国の安全保障は韓国の運命と結びついている。」[42]

韓国が米中関係の枠組みをささえる安全保障のピヴォットであることを端的に指摘している。この三角形の安全保障関係という枠組みは、冷戦終結後の今日にいたるまで基本的に継続しているものとみていい。

二〇〇〇年六月の南北和解進展を可能にした背景には、九〇年代後半におけるクリントン政権と北朝鮮とのあいだで進められた米朝二国間協議を通じて「枠組み合意」ができたこと、さらに「ペリー・プロセス」があった。朝鮮半島をめぐる安定と平和の安全保障体制を構築するには、いわゆる四者（南北プラス「米・中」）協議、あるいは「韓・米・日」の協調支援、さらに「北・中・ロ」における協調支援体制などさまざまな組み合わせが並行して機能する必要があったが、「ペリー・プロセス」以降これらの国々の対応は、北朝鮮を開かれた対外政策へと誘導するという金大中政権の「包容（太陽）政策」の推進に対する追い風となった。

二〇〇〇年九月来日した金大中大統領から、日朝関係正常化を希望する北朝鮮側の意欲に関し、日本の森首相に助言があったといわれる(43)。韓国は、北朝鮮の経済改革にはなによりも日本からの支援体制が不可欠とみており、北朝鮮向けコンソーシアムへの参加を希望する声も強い。しかし日本は相変わらず、「拉致疑惑問題」「ミサイル問題」に対する国内世論を楯に否定的な姿勢に終始している。南北の「和解と共存」が可能にする地域的、国際的経済支援対策の効果とその果実は主としてアメリカ・ヨーロッパ系企業や韓国企業が享受するのではないかという不安や、一直線に正常化を進めれば、不可避的に金銭的な負担が発生することへの警戒心などが錯綜している。「北朝鮮は日本の資金が欲しいはず、こちらから積極的に動けばかえって足元を見られる」という心理が、政府・与党に共有されているからである。上述した日朝交渉における日本側の姿勢からは、南北の「和解と共存」の流れを外交政策に反映させようとする意志はうかがえない。

日本の政治過程において、北朝鮮問題は外交問題である一方、国内の北朝鮮系諸団体・関連諸組織の政治的活動は治安当局の取締り対象であり、冷戦期反共イデオロギーに直結した政治的領域としてみなされてきた歴史がある。政・官・財の「三角同盟政治」や「永田町政治」(44)に象徴される従来型の政策決定パターンには、まったく馴染まなかった。そのため、主として野党や革新的諸団体と呼ばれる特定の限定された勢力によってのみ、日朝関係維持がはかられてきたにすぎない。

しかし日韓関係における政治的協調体制は、これとは異なる展開をみせてきた。そもそも一九五五年体制といわれた自民党一党支配下にあって保守本流を形成してきた派閥グループは、その出自のため伝統的に反共色の強い「親台・親韓」勢力であったが、日韓国交正常化を契機として、日韓のあいだでは政治経済面での協議・調整をはかるさまざまなネットワークが形成されてきた。日本側の受け皿になった大部分が、反共右翼的体質の流れを汲んでいたことは、こうした繋がりの歴史的性格を現わしていた(45)。しかし、この日韓の政治的ネットワークは韓国の民主化過程における権力構造と基盤の変化や、それにともなう人脈の交代などにより大きく様変わりした。とくに金大中政権にあっては政権首脳部には、かつての民主化闘争を経験した人びとが多いこともあり、過去のチャンネルは機能しない。二〇〇〇年七月、金鐘泌《キムジョンピル》が再度、日韓議員連盟の会長に就任したのはおそらくそのような思惑が作用したからであり、韓国政治の権力構造にはかつての反共的保守主義の底流が渦巻いていることの現われである。

第一〇回日朝国交正常化交渉が始まる前日、一九六五年に成立した日韓会談の交渉過程にアメリカが介入し、日本側に対して韓国への謝罪表明を説得したことや、最終的な金額の決着にはラスク国務長官をはじめ、駐日大使などが局面ごとにきめ細かく指示していた経過が、米外交文書公開によって明らかにされたことが伝えられた(46)。ベトナム戦争が北爆開始によって本格的なアメリカ軍の全面戦争へと拡大していく時期と重なっている。そしてまた、韓国軍が実戦戦闘部隊の派遣に踏み切るときでもあった。日韓の国交正常化は、冷戦期のアメリカ軍事安全保障戦略の要請によって妥結へと導かれたのであり、明らかに日本が自発的に選択した外交政策ではなかった。

日韓国交正常化交渉ですら（あるいはそれゆえに）、アメリカの意向と強圧によって日本が動かされ、妥結の条件もしぶしぶ同意したことがうかがわれる。戦後の日本は朝鮮半島に対しては、自らの主体的意志や政治的判断では動かない国であった。南北関係の動向を見据え自らの肯定的な役割を検討するわけではない以上、まして韓国の示唆で政策を転換するべくもなかったといえよう。日本は、アメリカの意向と圧力によって初めて動いてきたのである。米朝関係改善の動きが本格化するときが、日朝国交正常化交渉もまた進展する時期となるのであろう。

おわりに

アジアにおける国際冷戦システムが、それぞれの国内政治権力基盤を条件づけるとともにその形成メカニズムに集中的に作用浸潤し、それぞれの支配的イデオロギーの秩序化と社会構造化をもたらしたという側面にこそ、同じコインの表裏としての朝鮮半島の分断体制と戦後日本政治の特徴をみてとることができよう。それゆえ、日本の朝鮮半島政策がアメリカの戦略に従属・追従することに胚胎する（控えめにいっても「未必の故意」としての）「二つの朝鮮」路線であったのは不思議ではない。従属と追従による対朝鮮半島路線であるがゆえに、過去の歴史に目を背けてひたすら経済的発展への道だけを追求することができたといえるのかもしれない。しかし、金丸訪朝団と北朝鮮とのあいだで交わされた「三党共同宣言」にある「三六年間の植民地支配と第二次大戦後の四五年間の不正常な関係に対して日本は十分に公式的に謝罪をし、償うべきである」という文言は、まさにこの側面を指摘して日本に「過去の清算」のあり方を迫っているといえるのではなかろうか。

二〇〇一年に入ってから再び古くて新しい「教科書問題」も浮上している。「歴史の清算」を巡っては今後も中国も含むアジア諸国とのあいだで深刻な政治問題に発展するおそれがある。日韓交渉、日朝交渉のいずれを問わず、日本には、三六年間の朝鮮半島における植民地支配に関する国家責任を認識し、記憶すべき歴史的事実として国民・社会全体とともに真正面から誠実に取り組もうとする姿勢が薄弱であったことは否めない。保守・革新を問わず、戦後日本の政党政治の土壌には、アジアに対する植民地支配と侵略の歴史との対峙を通じて戦後民主主義を再検討しようとする批判的精神が根づかなかったのは、「冷戦の弁証法」が紡ぎ出す国際的契機と条件に対し現実的・具体的な関与を避けてきた日本の戦後民主主義政治の限界であり、太平洋の「ブリュメリアン契約」の本質であったというべきであろうか。

注

（1）二〇〇一年三月七日発表された米韓共同声明は、わずか三八五字前後の短い文面で内容も事務的な印象を否定できない。その一〇日後に訪米した日本の森首相との共同声明は、六七〇字とほぼ一・七倍の長さであった。そのうち、ハワイ沖の原潜と実習船愛媛丸の衝突事件に触れた部分は、わずか七文字である。ブッシュ大統領は、金大中大統領との共同記者会見においても、冷静かつ実務的な口調で金大統領を紹介しており、ノーベル平和賞や政治家としての経歴に対する外交的修辞の言及も一切なく、質疑応答も含めわずか二四分で終わった（http://www. whitehouse. gov/news/releases/2001/03/20010307-2. html&6. html）。

（2）たとえば、「キャンペーン期間中を通じて、ブッシュ氏は中国とはよりライヴァルとして対応し、台湾にはより強い支持を与えるであろうと示唆している。彼は潜水艦や先端海軍駆逐艦の購入を求める台湾に応えて、速やかにその意味するところをはっきりさせなければならない」（H. W. French, "No Honeymoon Likely for New President's Foreign Policy Team," *The New York Times*, January 20, 2001. http://www. nytimes. com/）。

（3）ランド研究所のもとで構成された「次期大統領のための国家安全保障行動計画」を提出する超党派の委員会（二〇〇一年移行委員会）は、二〇〇〇年一一月一三日ナショナル・プレスクラブにおいてレポートを発表した。ポスト冷戦期の世界情勢を概観しつつ、そこでアメリカの迫られる外交・内政上の広範な問題に対する提言をしている。そのなかではアメリカによる「選択的グローバル・リーダーシップ」が謳われ、早期にＮＭＤに対する議論を包括的な見解にまとめること、ＴＭＤの推進を助言している。中国に対しては、「純然たる関与でも純然たる封じ込めでもないミックス戦略」を提言している。しかし、ブッシュ政権は明らかに、協調より競争的対立に中国政策の焦点をあてているとみられる。

（4）大統領特別補佐官に任命されたコンドリーザ・ライスは、二〇〇〇年一〇月一二日ニューヨークの外交問題評議会における「コンドリーザ・ライス、ブッシュを語る」と題するチャーリー・ローズとの対談（質疑応答部分）にて、会場からの質問に答える形で明瞭に「私はむしろ『ならず者』と呼ぶことを好みます、というのは彼等はシステムの外側にいると思うからです」（"Whatever you call them, they are bad. They are bad for the International system and they are bad for stability. I rather like rogue because I think it's outside the system"）と述べている（http://www.cfr.org/public/pubs/rice http://www. cfr. org/public/pubs/rice_10-12-00_Transcript. html. 翻訳は『論座』二〇〇一年一月号参照）。

（5）チャールズ・カプチャン（米外交評議会上級研究員）『朝日新聞』二〇〇一年四月二五日。

（6）ケネス・ウォルツは第二次大戦前のドイツとイギリスが貿易取引高において相互に二番目にランクされる経済的依存関係にあったにもかかわらず、長い血みどろの戦争に発展した例をあげている。(Waltz, Kenneth, N., "Structural Realism after the Cold War," *International Security*, Summer, 2000, Vol. 25, pp. 14-15)。

（7）ブルース・ラセット／鴨武彦訳『パクス・デモクラティア―冷戦後世界への原理』東京大学出版会一九九六年　二一七ページ。

（8）ウォルツはすでに一九七〇年「相互依存は、強者も弱者も富める国も貧しい国も同じように相互依存の厚い蜘蛛の巣のなかでもつれているようにみせることによって、アメリカが国際政治において楽しんできた素晴らしい手段をカモフラージュするために用いられるイデオロギー」（Waltz, Kenneth, N., *Ibid.*, p. 16）であることを指摘している。

（9）Baker, James, A., "America in Asia: Emerging Architecture for a Pacific Community," ***Foreign Affairs***, Winter 1991/1992, p. 9.

「大統領を動かすエネルギー人脈」（『ニューズウィーク日本版』二〇〇一年五月一六日号）三九ページ。ブッシュ政権が環境保護より石油業界の利権を優先する立場であることは、新しいエネルギー計画の発表に表われているが、カーター元大統領は五月一七日付『ワシントンポスト』紙上で「アメリカは一九七三年や一九七九年に匹敵するようなエネルギー危機に直面などしていない」（***The New York Times***, 2000. 5. 18. http://www. nytimes. com/2001/05/18/ politics/18BUSH. html.）とこれに批判をくわえている。

（10）ジェイムス・ダオとエリック・シュミットによるこの記事は、さらに「ブッシュ大統領やラムズフェルドなどの最高指導者は軍事的な危機を誇張している」という批判的意見や、「彼らは保守主義運動であり、われわれとは異なる世界観と脅威についての見解をもっており、NMDについて固執することは誤りである」と明言するデラウェア州選出上院議員ジョセフ・R・バイデン（上院外交委員会の民主党長老）の批判的意見にもかかわらず、「中国を太平洋地域におけるアメリカの潜在的ライバル、北朝鮮のような国は潜在的不安定勢力とみるラムズフェルドは、そうした議論にも動揺しない」と観測している（http://www. nytimes. com/2001/05/18/world/18MILI. html.）。

（12）広瀬隆『アメリカの巨大軍需産業』集英社新書　二〇〇一年　二九〜三六ページ。

（13）同右　五九、八一ページ。

（14）最近では、五月初めにブッシュ大統領がNMD、TMDを含む新安全保障戦略を発表したが、民主党上院議員を中心に激しい反対の声が起こっている（*The New York Times*, 2001. 5. 3. http://www.nytimes.com/2001/05/03/world/03CONG.html）。

（15）*The New York Times*, 2001. 5. 18 ; http://www.nytimes.com/2001/05/18/world/18MILI.html

（16）広瀬隆　前掲書　一六四～一七二ページ。

（17）ウォルツは民主主義国家が掲げる平和と戦争の条件に関して鋭い分析を提供してくれる。「平和というのは崇高なる戦争の原因である。もし平和の諸条件が欠けているとするなら、それを生み出す力をもつ国は、武力によるか否かを問わず、その条件をつくり出そうとする誘惑にかられる。目的は崇高であっても、カントが主張するように、『権利』の問題として他国の内的な有り様に干渉することはできないのである。『事実』の問題として、人は、他国への干渉は、たとえそれに相応しい目的のためであれ、しばしば善よりは害をより多くもたらすことに気づくであろう。大国が陥りやすい悪徳は、多極型世界においては無関心、二極型世界においては過剰反応、一極支配型世界においては過剰拡大である」。北朝鮮を「ならず者国家」呼ばわりするアメリカの心理をとらえたものといえるであろう（Waltz, Kenneth, N., *Ibid*., p. 13）。

（18）李鐘元「東アジアにおける冷戦と地域主義―アメリカの政策を中心に」鴨武彦編『アジアの国際秩序』（講座世紀間の世界政治3）日本評論社　一九九三年　一八六ページ。

（19）二〇〇一年訪米した金大中大統領を迎えたアメリカ側の対応がきわめて冷淡であったといわれるのも、直前に訪韓したロシアのプーチン首相とのあいだで、アメリカが修正ないしは廃棄を目論むＡＢＭ制限条約の堅持を支持する共同声明を出したことが原因であったことはいうまでもない。

（20）Woo-Cumings, Meredith（Jung-en Woo）, ***"Race to the Swift–States and Finance in Korean Industrialization,"*** Columbia University Press, 1991, p. 192.

(21)　『読売新聞』一九九九年一二月三日。
(22)　「ドキュメント・激動の南北朝鮮」(『世界』岩波書店　二〇〇〇年一〇月号)一七一ページ、同二〇〇一年一月号　三〇三ページ。
(23)　たとえば、野田峯雄「日本人拉致疑惑を推理する」吉田康彦・進藤榮一編『動き出した朝鮮半島——南北統一と日本の選択』日本評論社　二〇〇〇年、同「日本人『拉致疑惑』の現場を歩く」(『世界』岩波書店　二〇〇一年三月号)、前田朗「『拉致疑惑』の刑事法的検討」(同誌　二〇〇一年四月号)、和田春樹「『日本人拉致疑惑』を検証する(上・下)」(同誌　二〇〇一年一・二月号)。
(24)　元日朝交渉担当大使中平立はインタビューに答えて「拉致疑惑を前面にたてれば話は進まない。拉致疑惑が解決しなければ正常化しないというならば永久に正常化しませんよ。重要なのは現実的な解決策を考えることだ」(『朝日新聞』一九九九年一二月七日)と明快に解説しているが、かつての担当大使がこのようにいいきる背景は、拉致疑惑の存在そのものの不透明さを表わしているといえるのではないか。
(25)　ロバート・サッター「冷戦終結後の米国のアジア・太平洋政策」斎藤元秀編『東アジア国際関係のダイナミズム』東洋経済新報社　一九九八年　二ページ。
(26)　日本におけるアメリカの軍事的プレゼンスを「ビンのふた」とするメタフォーは、これと表裏一体となって正当化する論理であるといえるであろう。北川広和はさらに、日米韓と北朝鮮の対立だけが朝鮮半島の緊張要因を生み出しているのではなく、むしろその三ヵ国間の利害対立を奇貨として、地下核施設疑惑などの一連の情報を操作し北朝鮮への脅威を捏造することで自国の利益を確保しようとしていることに、朝鮮半島全体の緊張原因があると分析しており、アメリカが金昌里の地下核施設疑惑の情報を流した時期と北朝鮮の「テポドンミサイル発射」の広報を流した時期とが重なっていることに注目をしている（同『北朝鮮バッシング』緑風出版　二〇〇〇年　八六ページ）。

(27)　この時期、日本にテポドンミサイル情報を流したアメリカは北朝鮮側と協議を進めていたが、九月二〇日から訪米した日本政府首脳には「北朝鮮がミサイルを発射した」とする日本側の主張にあえて同意を与えた、その背景には日本独自の偵察衛星開発を断念させること、さらにＴＭＤ構想への参加と導入の推進、新ガイドライン関連法案早期成立を約束させる狙いがあったとみられる（同右　六六〜六七ページ）。

(28)　北朝鮮側の主張によれば、これまで日本からは人工衛星打ち上げにあたって一度も事前通告を受けていないこと、どの国も最初の打ち上げだけは事前通告しないことをあげて、日本政府に反論している（同右　四八〜四九ページ）。

(29)　こうした政治スケジュールを可能にした背景には、政府の対北朝鮮制裁措置や国会の非難決議に加え、民族的排外意識を煽り在日朝鮮人に対するさまざまな嫌がらせ・暴行・殺人事件などの人権侵害が続出し、「反北朝鮮キャンペーン」が一般社会に浸透する異様な状況があった。徐勝は冷戦以後の日本は過去回帰、再評価の右旋回をするファシズム前夜の激変であり、これを批判する世論が日本では弱く、韓国では鈍く、大半は危機の所在さえ意識していないことを指摘している。「この一連の事態は『戦後保守が半世紀間、夢見てきたことを数ヵ月で実現した』とまでいわれ…。北朝鮮の意図と事情はさておいて、米国と日本の保守政治家は『テポドンショック』を十二分に拡大・利用し、政治的経済的な利益を得たことは間違いない」（徐勝《ソスン》「韓日新時代論考―金大中政権の対日政策」『立命館法学』第二六七号　一九九九年　九七一〜九七三ページ）。

(30)　建設費用の総額は四六億ドル、韓国が三二億ドル、日本が一〇億ドル、残りはＥＵが負担することになっている。政府開発援助ではなく輸銀融資を充当するため担保・保証が必要とされ、この返済保証をめぐって理事国であるアメリカと対立している。韓国も同様で融資協定が遅れている原因とされる。

(31)　ウォルツはアメリカがユーゴスラビア崩壊後に発生したボスニアでのジェノサイド戦争に対して、ドール候補が大統領選挙に向けた争点として取り上げるまで無関心でいたこと、それが地域の安定という本来の目的のためではなくヨーロッパにおけるアメリカの指導的地位を維持することにあったこと、そして「アメリカの政策は外部の安全保障上の利害によってではなく、内部の政治的圧力と国家的野心によって動かされたのである」(Waltz, Kenneth, N., *ibid.*, p. 29) ことを指摘している。

(32)　北川広和　前掲書　九八～一〇二ページ。

(33)　日韓条約締結にともなう経済協力金五億ドルプラスαは、日本企業の進出と受注となって日本経済に還流し、日韓の政治経済関係が利権構造化するという見取り図のもとに、なにより強い実力政治家を中心とする政・官・財のエンジンがあった。北朝鮮とのあいだには、そうした政治的ロビーや利益誘導型の利権構造が弱いことも、北朝鮮外交を政策不在のまま迷走させる条件であるといえる。

(34)　黄皙暎「ユーラシアに新天地が開かれる」(『世界』岩波書店) 二〇〇〇年一〇月号　二二四ページ。

(35)　「冷戦後の九〇年代を通じて北朝鮮最高指導部は一貫して在韓米軍問題で現実的な姿勢を維持してきたと言える」(菱木一美「『ならず者国家』ドクトリンの適用と撤回―クリントン米政権の対北朝鮮政策の帰結」『立命館国際地域研究』第一七号　二〇〇一年　四九ページ)。

(36)　韓国政府筋の発表によると、「絶対に撤退しなければならない」と反論する金容淳書記をさえぎり金正日委員長は「軍も (金容淳書記と) 同じ考えをもっているだろう。しかし私は金大統領の説明に同感する面もある」と答えたといわれる。また金正日委員長は、在米韓国系ジャーナリスト文明子とのインタビューで「在韓米軍問題はまず米国自らが判断し、我が民族の統一を積極的に助ける方向で決定しなければならない」と語るなど、この問題に関しては南北首脳間でなんらかの共通認識が形成されたのではないかと思われる（『朝日新聞』二〇〇〇年七月八日、七月一二日参照）。

(37) 社会科学研究所「日韓分析・北朝鮮をめぐる二国間・多国間協議―南北会談後の変化を見据える」（『日韓資料　解説・評論編』）二〇〇〇年七月号　二ページ。

(38) 『朝鮮日報』二〇〇〇年六月二〇日。

(39) 二〇〇〇年五月二七日、ハワイで開催された米韓日対北政策調整監督グループ（ＴＣＯＧ）会議を伝える韓国の『東亜日報』（二〇〇〇年五月二八日付）は、「北―美関係　事実上〝原点〟へ」とする見出しで、「北の核疑惑早期査察が必要」と主張するＪ・ケリー国務省次官補の言葉を紹介した。また同日付の『中央日報』は社説において、アメリカの北朝鮮政策見直しの硬直性を指摘し、クリントン政権の交渉経過を放棄し、継承しないのは国際的ルールをはずしたごう慢さであると非難、そうした政策が朝鮮半島の不安定化に繋がるという批判を防ぐため、強硬策の確定は慎重にするべきと反論している（『朝日新聞』二〇〇一年六月三日転載）。

(40) 深川由紀子「日本から見た北東アジア経済協力―日中韓基軸形成への課題」国分良成・藤原帰一・林振江編『グローバル化した中国はどうなるか』新書館　二〇〇〇年　一一五ページ。

(41) Woo-Cumings, Meredith (Jung-en Woo), *op. cit.* 参照。

(42) Woo-Cumings, Meredith (Jung-en Woo), *ibid.*, p. 184.

(43) 防衛庁防衛研究所編『東アジア戦略概観2001年』によると二〇〇〇年九月金大中大統領が来日し日朝関係の早期改善を要望したとき、森総理は経済支援を行うことは北朝鮮の軍事力増強に繋がるという懸念があるため国民の納得を得ることは難しいこと、そのためには安全保障面での進展が不可欠という考えを述べたとされ、日本の世論は拉致問題に重大な関心を示しており、ノドンミサイルは日本の安全保障に直接的影響を与えるため、これら問題の解決なしに国交正常化は難しいと記述されている（防衛庁防衛研究所編『東アジア戦略概観2001』財務省印刷局　二〇〇一年　一二三ページ）。

（44）中野実『現代日本の政策過程』東京大学出版会　一九九二年　八四ページ。

（45）「これ以外にも国交正常化は、以前には見ることのなかった政治的チャンネルを形成させたという側面において韓日関係を名実共に緊密なものとした。その代表的な例として、『韓日定期閣僚会議』『韓日議員連盟』そして『韓日協力委員会』などをあげることができる。（中略）元来、日本の極右勢力と親韓派集団の根源は、明治維新以後いわゆる征韓論者として呼ばれるようになった西郷隆盛の征韓党と東洋三国同盟論者である頭山満の玄洋社、そして『大アジア主義』の提唱者である内田良平の黒龍会といえるが、これら大陸浪人の右翼志向的体質が韓日国交正常化以後には、児玉誉士夫と岸前首相と続き近年の青嵐会にまで至ったといえる。こうした右翼的政治体質は反共主義と表裏一体の関係を持ち、さきに言及した『韓日協力委員会』や『韓日議員連盟』など、各種の韓日団体に関連する日本の知識人達は、そのほとんどが例外なく右翼志向的政治体質をもっており反共理念が比較的ハッキリとした人物達であったということである」（崔相龍・李元徳・李勉雨『脱冷戦期韓日関係の争点』集文堂　ソウル　一九九八年　三〇ページ）。

（46）『朝日新聞』二〇〇〇年八月二一日。

（裵《ベイ》　敬隆《キョンユン》）

第4章　クリントン政権下の米朝外交関係——紛争と決断の期間——

北朝鮮の位置、面積、人口、経済力を考えると、アメリカがこの国に関心を払うことがなくても許されるかもしれない。事実、一九八〇年代末まで、五〇年代初頭の三年間にわたる「忘れられた戦争」の時代や非武装地帯で衝突が発生した時期を除いて、この国がアメリカの外交政策で重視されることは少なかった。しかしながら、冷戦終結以降、アメリカの外交戦略において、北朝鮮は中東問題についで中心的な位置を占めるようになった。この注目すべき時期のあいだに、米朝両国間の外交関係は九四年の戦争の瀬戸際状態から、二〇〇〇年には現職大統領の公式訪問に関する話が出てくるまで変化している。確かに、クリントン政権の北朝鮮問題への対応は、その外交政策上もっとも優れた業績として記憶されるだろう。

しかし、この間の歴史を概観すると、北朝鮮がなぜ、どのようにしてアメリカの主要な関心事となったのかという問題が出てくる。アメリカの努力はひとえに、北朝鮮の核兵器やミサイル計画を止めさせようとする決意に基づいてなされたものであったのか。あるいは、アメリカの関心を引くような他のより大きな利益があったのか。冷戦が終幕を迎えていたちょうどそのときに、小国家群が世界の注目を集めるようになったのは単なる偶然であったのか。本章の目的は一九九〇年代におけるアメリカの北朝鮮政策を検討することである。クリントン政権がその政策を紛糾から関与に転換した背景には、いかなる要因が働いていたのだろうか。こうした政策転換は、アメリカの北東アジア政策の再考をどの程度示すものなのだろうか。

1　封じ込めと対立（一九九一〜一九九四年）

米朝関係を考えるときには、二つの重要な点（しばしば見落とされる）を考えなければならない。すなわち、その第一は法律上厳密な意味で両国がいまだ戦争状態にあることであり、第二は一九九四年まで両国があらゆる関係において対決していたことである。米朝間の「外交」のほとんどは板門店《パンムンジョム》、つまり五三年に休戦協定が調印された非武装地帯の共同警備区域で行われてきた。くわえて、アメリカは北朝鮮の行動に影響を与えるために、ソ連や中国といった北朝鮮と密接な関係を持つ国を利用した。たとえば、北朝鮮が核保有能力を獲得したという情報が流れた八四年、アメリカはソ連に対して、北朝鮮に核拡散防止条約（NPT）への調印を働きかけるよう要請している(1)。また、ほぼ九〇年代を通して、中国もときどき、アメリカと北朝鮮を取り持つ役割を果たしてきた。

北朝鮮は地域的な脅威と呼ばれてきたが、アメリカが国際政治上の力の観点から北朝鮮を脅威としてみなすようになるのは冷戦終結以後であった。アメリカは一九八〇年代末から北朝鮮が将来的に核保有国になる可能性をつかんでいたが、九一年までその脅威に直接的に対決しようとはしなかった。アメリカは対決するよりも、水面下での外交を頼みとした。レーガン政権の最後の数年間、ウィリアム・ケーシー（William Casey）が北朝鮮高官と秘密裏に会談したことはその一例であった。

北朝鮮側にとって、この時期、ブッシュ政権が最初にとった措置は建設的なものと考えられた。まず、アメリカは朝鮮半島の南半分からすべての核兵器を撤去する決定を行った。この動きはアメリカのグローバルな核戦略の転換に沿っていた。これに対し、北朝鮮はこうしたアメリカの動きに積極的に反応した。すなわち、アメリカが韓国の非核化を宣言した直後、北朝鮮はＩＡＥＡ（国際原子力機関）による核査察を許可することを約束した。そして、一九九一年一二月、北朝鮮は韓国と「南北間の和解、不可侵、交流、協力に関する合意書」に調印した。さらに、九二年一月七日、北朝鮮がＩＡＥＡの保障措置協定の調印に合意したのに対し、アメリカはこの年に予定されていたチーム・スピリット軍事演習の中止を発表することで応じた。

しかしながら、これらアメリカの政策上の変化を、北朝鮮政府と宥和するためになされた単なる慈悲ぶかい試みとしてみなすことはできない。朝鮮半島の南半分から核兵器を撤去するという決定は、アメリカにとってどちらに転んでも都合のよい提案であった。第一に、南から核の脅威を取り除くことで、北朝鮮から核兵器開発を行う大義名分を奪うことができたからである。また、核兵器の撤去は朝鮮半島におけるアメリカの軍事能力の弱体化を意味しなかったし、これによって直近の湾岸戦争で有効性を示した高技術の通常兵器の拡充も可能になった。(2)

チーム・スピリット演習の中止についても同様なことがいえた。アメリカは同演習を年一回の頻度で行うことについて、韓国と交渉していた。コンピュータ技術の進歩に伴う高いコストが生じたために、戦闘演習を年一回ではなく年二回にすべきだという議論が起きていた。また、アメリカと北東アジアの同盟諸国とのあいだでは、他の軍事演習が計画されていた。(3) 米韓両国が一九九三年に演習の予定を組む決定をしたのは、九二年の演習中止の主な目的が必ずしも北朝鮮に宥和するためのものではなく、朝鮮半島問題を超えたより大きな戦略計画の一環であったことを示していた。九二年の軍事演習の中止が北朝鮮にあまりにも肯定的に受け止められたために、九三年における演習の再開は米朝関係をよりいっそう悪化させることになった。

一九九二年五月、北朝鮮は限られた数の核施設に対するＩＡＥＡの立ち入りを許可した。しかし、この時点までに多くの理由から、米朝関係（南北朝鮮関係や日朝関係）が悪化しはじめた。まず二月に、ロバート・ゲイツ（Robert Gates）ＣＩＡ長官がアメリカ議会において、北朝鮮の核施設に関する報告に偽りがあるとの痛烈きわまる証言を行っていた。その後まもなく、北朝鮮のスパイ集団の韓国での活動についての報道がなされ、かつて韓国の国会にまでも浸透したこの集団の四〇〇名にのぼるメンバーが暴露された。

第三は、米朝関係に直接かかわってくることであるが、北朝鮮が韓国の核兵器の収容が疑われている場所に接近する問題である。米朝両国による交渉のあいだ、アメリカは北朝鮮に対し、証拠確認のための元の核施設に対する自由な接近を約束させた。しかしながら、ＩＡＥＡの査察後、今回の接近に向けた北朝鮮の度重なる要求は無視されることになった。この件は、アメリカがその後北朝鮮に対して行った多くの約束のなかで、部分的あるいは全面的に達成されなかったものの最初の例となった。

この両国の交渉から判明した第二の方向性は、アメリカが北朝鮮により安全な技術を提供することを通じて、懸念の対象とされている計画の買い取りを要請するという北朝鮮の戦略であった。一九九二年にIAEAの査察官であるハンス・ブリックス（Hans Blix）が訪朝したときに、こうした試みが最初になされた。このとき、北朝鮮側は自国に軽水炉が提供されれば、核開発計画を破棄することを提案したと、マイケル・マザー（Michael Mazarr）は記録している。しかし、九四年のジミー・カーター（Jimmy Carter）元大統領の訪朝時に再び持ち出されるまで、その北朝鮮の提案は具体化されることはなかった(4)。

北朝鮮の核問題はまさに、ブッシュ政権がクリントン新政権に残した数ある外交政策課題の一つであった。クリントン政権の最初の二年間は、北朝鮮が国際機関の査察に応じるのを条件に、交渉することを約束するというブッシュ政権が採用したいわば「対話よりも圧力を重視する」政策が継続された。他方、北朝鮮は応諾を交渉の条件として利用しようとした。新政権が前政権から引き継いだ最初の外交政策決定の一つは、一九九三年からチーム・スピリット演習を再開するという大統領命令であったが、それによって、北朝鮮は核拡散防止条約の条項からの脱退という脅しをかけるようになった。このアメリカの決定は、九四年に米朝両国を戦争の瀬戸際にまで押しやるという対決の契機ともなった。

北朝鮮のNPT脱退問題にどう対処したら最良かという論争は、制裁を加えるかあるいは対話を続けるかで意見が分かれた。前者の意見（より有力であった）は経済制裁なしでは、北朝鮮が適切な行動をとらないだろうという主張であった。この主張を実行に移すにあたっては、つぎの三つの大きな課題が伴った。第一に、制裁の実行には中国と、日本からの協力が必要であった。中国はこの政策に同意しないし、日本も在日朝鮮人を規制するような政策を実施することには消極的であった。第二には、日中両国とも、そして韓国も、脆弱な北朝鮮経済をハードランディングに追い込み、その結果、北朝鮮から多くの難民が流出するような事態を引き起こしかねないような政策を実行したくなかった。最後の問題としては、北朝鮮が経済制裁を自国に対する侵略行為と解釈することによって、朝鮮半島で再び戦争が勃発することへの強い恐れが、日中韓三国の側にあったことがあげられる。

第二の選択肢は、北朝鮮から協力をとりつけるための報償を与えてでも、交渉を継続すべきだというものであった。カーネギー国際平和財団のセリグ・ハリソン（Selig Harrison）はつぎのように主張して、この政策を支持している。「北朝鮮と交渉する道は、同国側が特定の譲歩を行うのを前提にして、アメリカ側が、綿密な計算のうえで報償を与えるのを約束することである。圧力だけでは北朝鮮国内の強硬派を勢いづかせることになる。(5)」

当初、クリントン政権はこのような穏健な解決法を選択せず、人気のより高い強硬な政策を選択した。この決定がなされたのは、政権発足時に大統領が軍事問題に関して弱腰であるという評判があったことと、何よりも、国内政治において彼の権力基盤が弱かったためであった（結局、彼は国内問題重視の政策を実行した）。また、ベトナム戦争に反対した経歴をもつクリントンは、厳しい攻撃にさらされつつ大統領に就任していった。まもなく、軍における同性愛を支持したことについても攻撃を受けるようになっていた。クリントンが当初北東アジア政策において強硬派に与したのは、一面において自らの政権を強化する試みでもあった。

一九九四年六月初旬までには、戦争勃発の危機が朝鮮半島を覆うようになった。この時点まで、アメリカは北朝鮮に与える報償の細目を明らかにする前に査察を行うとの条件で交渉を続けていた。こうした政策は、自国の軍事施設に対する査察を拒否しているもう一つの「ならず者国家」であるイラクとの交渉においてアメリカがとった政策に不気味なほど類似していた。しかしながら、イラクには首都に爆撃を加えたのに対して、北朝鮮の場合には経済制裁の脅しをかけるのに止まるなど、約束違反の行為に対するアメリカの罰し方に差があった。しかし、北朝鮮は経済制裁の脅しを好戦的な姿勢と決めつけて、韓国の交渉担当者が交渉中に脅し文句を語ったときには、ソウルを「火の海」にすると脅したりする一幕もあったのである。[6]

冷戦後におけるアメリカの北朝鮮外交の第一段階は、「ならず者国家」の核開発計画を終わらせるという単一の動機によって動いていた。この政策は情報の欠如や（核開発計画がどの程度進んでいるのかについて）、アメリカが報償の内容を詳細に説明する前に北朝鮮側の姿勢の変化を求めたことによって阻害された。しかし、北朝鮮側は自国の核開発計画を凍結する条件として、米朝関係の抜本的な改善に至るような交渉を行うよう主張した。くわえて、彼らは原子炉を通じて獲得することが期待されていた分にとって代わるだけの代替エネルギーの供給を求めていた。アメリカが自国の要求のみならず北朝鮮の要求にもかなうような合意をめざして交渉することを選択したとき、米朝関係に最初の転換期が訪れた。

2　紛糾政策から関与政策へ（一九九四〜一九九八年）

もし実際に勃発すれば、日韓両国にとって致命的ともいえる大量の犠牲者や破壊が見込まれるような戦争が差し迫っているという認識によって、多くの人びとは紛争による解決によらない手段を求めるようになった。彼らはそうした手段を交渉のなかに見出したが、このときの交渉はアメリカの要求のみならず、北朝鮮の要求も考慮したものであった。これらの交渉の結果、アメリカが代替エネルギーの供給や北朝鮮の国際社会への参加につながるような将来における高官レベル協議の開催を約束する代わりに、北朝鮮がＩＡＥＡによる査察の立証のもとで核施設を凍結することになった。

この米朝関係における転換点は、カーター元大統領の訪朝のときに現われた。ここで、元大統領は交渉によって危機を終結させるために、北朝鮮の指導者であった金日成と会談した。カーターが北朝鮮の首都訪問に際して主導権をとったという事実は、多くの理由から好ましいこととしてみなければならない。最初に、アメリカ側の条件として、カーターはとくに一九七八年のイスラエル－エジプト和平合意の成立に尽力したように、大統領時代から外交交渉には確固とした実績を有する代表的な政治家であったことがあげられる。また、カーターは核技術者としての経歴をもつがゆえに、北朝鮮の核開発という重要な問題についても実地に基づいた知識を有していた。

他方、北朝鮮はカーターという名声をもった人物が平壌で同国首脳との会談に応じた意味で、ある種の勝利を収めた。また、カーターは一九七六年の大統領選で朝鮮半島から米軍を撤退させる公約を行ったことによって、はからずも北朝鮮から好意を得ていた政治家であった。事実、元大統領はかねてよりたえず平壌訪問の招待を受けていた。カーター－金会談によって、北朝鮮は核開発計画を凍結し、ＩＡＥＡの査察を許可することに合意した。そして、米朝間の合意を確かなものにするための困難な交渉は、政治・軍事問題担当の国務次官補であったロバート・ガルーチ（Robert Gallucci）によって仕上げられた。この意味で、カーターの努力は象徴として決定的であったが、あくまでも象徴的なものであった。(7)

カーター－金会談により得られた合意に対してクリントン政権のメンバーたちが示した怒りが、合意の内容に関するものなのか、あるいはその合意が政権外の人間によって交渉されたという事実に対するものなのかという議論は、現在となっては無用である。重要なのは、同政権が北朝鮮と交渉するためにつくり出された善意を有効に使うだけの良識をもっていたということである。一九九四年八月、米朝両国は去る六月の危機を終わらせるための協定に調印した。北朝鮮側からみれば、その協定の内容は同国のエネルギー・安全保障両面での利益を満たすものであった。第一に、協定はアメリカが、「できるだけ速やかに北朝鮮に対し軽水炉を供給するように準備し、北朝鮮の黒鉛炉に代替するような当座のエネルギー確保に向けた手はずを整える」と規定していた。協定はまた、九一年に北朝鮮が韓国とのあいだに調印した非核協定の規定を遵守する代わりに、アメリカが、「核兵器による威嚇あるいはその使用を行わないことを保証する」ことも規定していた。そして、もっとも重要なのは、北朝鮮が核拡散防止条約の締約国であり続けることに合意したことであった。[8]

その二ヵ月後に調印をみた「枠組み合意」は、両国が協定の精神を実行するために必要な期日や数字などの細目を定めたもので、協定を補強する役割を果した。「枠組み合意」はまた、アメリカが北朝鮮に軽水炉を提供するために朝鮮半島エネルギー開発機構（ＫＥＤＯ）を設立することや、両国が外交関係を正常化するよう努力を継続すること、北朝鮮が韓国との対話に積極的に乗り出すことを求める規定も加えている。さらに、両国は相互に相手国に連絡事務所を設置することにも合意した。[9]

この合意には欠点もあったが、調印に反対の人びとはそうした欠点を明らかにしていた。そのもっとも重大な欠点は、アメリカが第一号の軽水炉を北朝鮮に供給できるような態勢になるまで、北朝鮮が核開発計画を継続するのを黙認する規定があったことである。[10] しかし、北朝鮮がＮＰＴの締約国として止まると同時に、朝鮮半島の非核化に向けて努力するよう要請する規定があることによって、前記の欠点は埋め合わされていた。また、軽水炉供給計画に関する契約が合意され次第、北朝鮮が速やかにＩＡＥＡによる臨時ないし定期の査察の再開を認めることも決められていた。

合意に対する二つ目の批判点は、北朝鮮のミサイル計画を削減する規定が欠落していることであった。この問題はより後になってから懸案事項となるが、一九九四年当時においては論争の対象とはなっていなかった。そもそも、この問題を持ち出してきた人びとの目的は、「隠遁した」北朝鮮と交渉することについての懸念を増大させることにあったのである。要するに彼らは、自分たちが推進してきた疎遠・紛糾政策の代替策として登場した関与政策に反対していたのである。その「枠組み合意」の調印後、クリントンの関与政策に対する反対論は何種類かの形態をとった。そのなかでも有名なものは、「核による脅し」に関与することへの批判である。すなわち、アメリカ自身が調印した条約（NPT）に明らかに違反している国家との交渉を継続しているというものであった。第二の批判形態は、クリントン政権が愚直であると非難するものである。つまり、「同政権は本当に『ならず者国家』が協定上の規定を遵守するのを期待しているのか?」ということであった。[11]

実際には、「枠組み合意」以後の数年間で、そうした批判とは反対の出来事が起きた。北朝鮮を観察する多くの者が、同国は名実ともに協定を遵守していると公言してきたのに対して、アメリカについては同様なことがいえなかった。もっとも重要なことは、アメリカが協定の規定どおりに北朝鮮に対して重油を供給しなかったことであった。また、北朝鮮が重要視していたアメリカとの政治・経済関係の正常化も、ほとんど進展がなかった。アメリカが北朝鮮を通商上敵国とみなす法律を課し続けていたために、米朝間の経済関係は抑制されたままであった。さらに、アメリカは北朝鮮をテロリスト国家のリストから外すのも拒んだ。これら二つのアメリカ側の措置によって、北朝鮮の国際経済への参画が大きく妨げられてしまった。もし、北朝鮮に批判を向けるとするならば、それは韓国との対話に失敗したことであろう。

また、「枠組み合意」調印後に発生したいくつかの障害により、クリントン政権の交渉における推進力が弱まってしまった。第一に、その調印から一ヵ月もたたないうちに、民主党が上下両院に対する統制力を共和党に奪われてしまったことがあげられる。新たに共和党主導となった議会には、反対党の大統領に宥和する意思がなかった。そして、その後まもなく、弾劾裁判にまで発展するクリントンの法律上の問題によって、彼は北朝鮮問題に注意を向けることができなくなったばかりか、それまで有していた自身の影響力の多くを喪失してしまったのであった。さらに、北朝鮮によるミサイル実験や、韓国沿岸での北朝鮮潜水艦の航行、紛争水域での南北両軍による戦闘といった事件が報道されるたびに、クリントン政権の北朝鮮問題への対応能力がますます低下していった。

しかし、アメリカによる不作為の最大の原因は、ワシントンにおいて共和党、民主党にかかわらず、北朝鮮は存続しえず崩壊まぎわにあると広く信じられていたことにあった。事実、「枠組み合意」調印後の五年間、北朝鮮における全般的な経済・政治状況は楽観的見方を許すものではなかった。北朝鮮経済は混乱を極め、国民は飢餓状態にあり、新指導者金正日の権力基盤の確立も困難にみられた。成功を勝ちうるための行動計画は、米朝間につぎなる紛争を引き起こすことだけであった。すなわち、ミサイルの開発とそれを中東の「ならず者国家」に売却することであった。

米朝間外交の第二段階は、アメリカがエネルギー資源や食糧、ドルなど北朝鮮が必要とするものを認知することを通じて、同国に接近するという特徴があった。しかし、アメリカが「枠組み合意」でなされた約束、すなわち合意で規定された北朝鮮への石油供給の約束を守らなかったために、この接近方法には限界が生じてしまった。そして、アメリカ議会が北朝鮮に対する物資の流入を規制する法律を議決したとき、事態がよけいにこじれることになった。それでもこの第二段階のあいだ、アメリカは北朝鮮にとって人道的援助の最大の供給国となっており、その援助の多くが世界食糧計画のような国際組織を通して送られたのであった。しかし、共産主義国家は二一世紀まで生き残れないだろうという期待があったために、アメリカは北朝鮮との関係をつぎの段階に進ませなかったし、自国に課せられた義務をやり遂げることもしなかったのである。

3　北朝鮮に対する関与―ペリーとオルブライトの訪朝

一九九八年八月にウィリアム・ペリー（William Perry）が米朝関係に関する研究を開始してから、二〇〇〇年一一月のマデレーン・オルブライト（Madeleine Albright）国務長官の訪朝までの両国関係を検討すると、両国がこの間、議論を戦わせながらも協調して危機を回避したことがわかる。[12]事実、米朝間の相互関係は協調的な政治上の交渉を示すロバート・アクセロード（Robert Axelrod）のコンピュータ・シミュレーションにほぼ完全に沿ったものであった。[13]以前の危機は核兵器保有に関する疑惑であったが、今回の危機はミサイル実験によって発生した。九八年八月三一日、北朝鮮は明らかに人工衛星を軌道に乗せることを意図して、ミサイルを日本上空通過のかたちで発射させた。目新しい情報は北朝鮮がミサイル開発に取り組んでいたことではなく、この開発計画をそれほどまでに速く進展させたという事実であった。朝鮮半島からの新たな脅威によって、アメリカ議会は北朝鮮政策の大幅な再検討を要請するようになった。まもなく、クリントン政権はペリーに対してこの検討作業に入るよう求めた。そして、九ヵ月後、彼は一八ページの報告書を議会に提出した。

しかし、この報告書が完成する前に、北朝鮮のもう一つ別の核施設が金昌里《クムチャンリ》の地下に建設された疑いが出てきたので、その年の一一月、米朝両国は再び交渉のテーブルにつくことになった。この交渉で、アメリカは査察のためにその施設に直接接近できるよう要求した。これに対する許可は、翌年三月になってようやくだされた。このとき、アメリカが五月以降、その施設に対し多岐にわたる査察を行うことで合意した。また、その合意がなされてから一週間もたたないうちに、アメリカは北朝鮮に人道上の食糧援助の供与を決定した。なお、その援助供与は金昌里の施設に関する交渉とは別途に決められている（オルブライト国務長官はそのように主張している）[14]。

査察は予定どおりに進行し、何らの証拠もつかむことなく終わった。その施設は核を生成する能力をもっていなかっただけでなく、ウィリアム・ペリーの報告によれば、原子炉から生じる核廃棄物の処理にも不適切であったこともわかった[15]。アメリカは査察作業の完了からそれほどの時間をおかず、北朝鮮に報償を与えた。すなわち、数週間のうちに、ペリーの訪朝実施に向けた調整が行われたのである。以上の査察の意義はみすごすべきでない。第一に、査察を実行したのはＩＡＥＡではなく、アメリカ人からなるチームであったことが重要である。米朝両国が外交関係をもたないばかりか、法律上厳密な意味で戦争状態にあったという事実からすれば、この北朝鮮によってなされた譲歩は異例の出来事とさえいえる。これに対するペリーの派遣は約五〇年前の朝鮮戦争勃発以降において、最高位のアメリカ高官の訪朝を意味した。

ペリーの平壌からの帰国後、両国は一連の会談をもったが、一九九九年九月のベルリンにおける第三次会談で、アメリカは自らが望んでいた合意を確保することになった。このとき、北朝鮮は、「関係改善のための交渉が行われる限り、いかなる長距離ミサイルの飛行実験も控える」ことに同意した。その代わりに、アメリカは、「北朝鮮との非軍事面での貿易や金融取引、旅行、外交上の接触などの領域に対して課せられていた制限を停止する」ことを約束した。この合意から一週間もたたないうちに、北朝鮮はミサイル実験計画を凍結する意向を表明した。そして、それからまもなく、アメリカはほぼ半世紀にわたって北朝鮮に課してきた多くの制裁を解除する旨を明らかにした。また、アメリカは北朝鮮に飢饉が発生して以来同国に人道援助を与えてきたが、その援助の量を確実に増やしていくことになった。

案の定、この合意に対する反対は激しかった。批評家たちは再び北朝鮮に対して「核による脅迫」をしているとの非難を浴びせ、アメリカが敵の北朝鮮に「目的達成のための手段を与えてしまっている」と主張した[16]。クリントン政権で国家安全保障問題担当の補佐官を務めたサミュエル・バーガー(Samuel Berger)は、アメリカが「北朝鮮のミサイル計画を一時的に禁止するのを」勝ちとる代わりに、北朝鮮の人間が「コカコーラ」を得るようなものだとして、合意においてアメリカが北朝鮮に行った譲歩を小さいものとして位置づけた[17]。ウィリアム・ペリーは、合意が「包括的なもの」ではなく、「北朝鮮が協力を取り止めてしまえば終わってしまうような段階的な進歩」である点を強調した[18]。

またこのとき、彼は「ペリー報告」の内容の要約を提出している。なお、同文書自体はその内容の多くが機密事項にかかわっているために公開されることはなかった。とくに、現政権が北朝鮮との関係をつぎのレベルに引き上げる必要性を認識する理由に関して、彼はつぎの二点を強調していた。第一に、過去五年間（ジュネーブにおける「枠組み合意」成立以来）の現状は現時点で満足のいくものであるが、この現状が近い将来においておそらく維持できなくなることであった。第二には、より重要なこととして、北朝鮮の体制が崩壊の瀬戸際にあると決めてかかるべきでないと認識していることであった。したがって、アメリカは「自らが期待する形ではない、現状のままの北朝鮮」と交渉しなければならなかった[19]。この一つの文書のなかで、ペリーは北朝鮮と交渉することなく脅迫によって同国を封じ込めようとする政策の失敗をほぼ認めていたのであった。

金昌里での査察の結果、核兵器の存在を否定する結論が出て、米朝両国が北朝鮮のミサイル計画に関して合意に達したとの報道がなされたのち、つぎつぎと建設的な外交活動が二〇〇〇年から二〇〇一年まで続くことになる。アメリカが北朝鮮に対する制裁解除を表明した二日後、韓国大統領の金大中が、自らの任期中に韓国は北との冷戦を終結させると述べて、アメリカの動きに応じた[20]。これと同時期、日本も北朝鮮との交渉を再開することと、前年のミサイル発射に際して発動した制裁を終わらせることを約束した。また、北朝鮮は人工衛星の発射に対する助力を得るかたちで、年間一〇億ドルまでの額でアメリカにミサイル計画を売却することを提案した。六〇〇億ドルの費用が見込まれるミサイルシステムを開発するよりも、人工衛星を発射するほうがはるかに安価で確実な選択であったのである。

その合意はまた、楽観的な朝鮮ウォッチャーでさえも仰天するような、二〇〇〇年六月における金大中大統領の北朝鮮への公式訪問にいたるかずかずの驚くべき出来事の実現に道を開いた。韓国大統領が金正日と会談するために北朝鮮の首都を訪問することによって、国際社会の多くの国々が北朝鮮との外交関係を求めるようになった。これまで、欧州連合の多くの加盟国やその他の国々がすでに外交関係を樹立したか、あるいは、近い将来においてそうするべく交渉を行っている。こうした外交活動が行われるなかで、同年一〇月に趙明録《チョウミョンロック》が訪米した後、一一月にオルブライトが訪朝して、米朝両国は高官レベルの相互訪問を実現させた。この国務長官訪朝の目的の一つは、大統領自身の訪朝の可能性を探ることであった。

この二年間で、もっとも楽観的な観察者でさえも想像がつかなかったような米朝関係の確実な前進がみられた。両国は一九九四年の合意の精神を実現する方向に向かいつつあるが、依然としてこの文書におけるすべての規定を満たしているわけではない。連絡事務所の職員を交換し合うという課題もいまだに達成されていない。また、欧州諸国やカナダをはじめとするアメリカの同盟諸国との関係正常化を実現するなど、北朝鮮がつぎつぎと外交上のイニシアティブをとってきたにもかかわらず、米朝間の関係正常化の話し合いは緩慢なペースでしか進んでいないのである。

おわりに

二〇〇〇年一二月三〇日、クリントン政権はほぼ戦争状態の日々から両国高官の相互訪問が実現するまで、八年間にわたる起伏の激しい対北朝鮮外交の歴史の幕を下ろした。このとき、大統領は自らが北朝鮮を公式に訪問する時間が残されていないこと、米朝関係をつぎなる段階に引き上げていく作業を次期政権に託すことを表明した。

一九九三年当時におけるアメリカの外交政策の状況と現在のそれを比較すれば、クリントン政権がその任期中、米朝関係を目覚しく進展させたことの真の意義を理解できる。同年一月、退陣を控えたブッシュ政権は次期政権に手に余るほどの多くの紛争多発地域の問題を残していった。北朝鮮の核問題に加えて、新大統領は中東やソマリア、北アイルランド、ユーゴスラビアにおける不安定な状況に直面することにもなった。二〇〇一年の時点で、このクリントン政権もブッシュ新政権に手に余るほどの多くの問題を残しているが、これらの問題は潜在的に困難を伴うことがあっても、交渉を継続することによって解決可能なものである。北朝鮮問題での進展に加えて、大統領は交渉を通じて北アイルランド和平のみならず、イスラエルとパレスチナの和平をも前進させた。しかし、一九九三年に比べて二〇〇一年においては世界がより平和にはなったが、慎重に見守っていかなければ、この平和は脆くも崩れ去ってしまうだろう。

むろん、ブッシュ政権がその任期中、アメリカの対北朝鮮外交をどの方向へ導くかについて予想を立てるのは時期が早すぎよう。しかしながら、大統領就任宣誓の後における最初の新大統領の声明や彼が行った閣議決定には、懸念すべき要素がある。確かに、ブッシュがこれまでの交渉を押し進めるよりも、成功を収めたと見なされるジュネーブの「枠組み合意」を含めてクリントン政権の外交活動に再検討を加えることを公約したのはおそらく、いかなる新大統領も行うことが予想される慎重な決定であろう。しかし、対処を間違えれば、この再検討は前政権がつくり上げてきた相対的に協調的な米朝関係を終わらせるとのシグナルを、北朝鮮に送ることになりかねない。第二に、ブッシュが本土ミサイル防衛（ＮＭＤ）システムを明確に支持していることによって、中国やロシア、北朝鮮が自分たちの軍事力の無力化を狙ったこのシステムに抗議するべく連携し、その結果として、冷戦終結時から現在までみられなかったような緊張関係が北東アジアで再び発生することもありえる。

一方、ブッシュ政権が、北朝鮮との交渉が緩慢で腹立たしく、同国からの挑発をともないながらも、成果を生み出してきたことを認めて、クリントン政権の外交政策を継承することもありうる（支持層からの強い反発に抗するかたちで）。クリントン政権のスタッフが米朝関係を現在の状態にまで転換させた成果は、彼らの有能さの賜物である。他方、対決的な政策が失敗することは、イラクとの交渉において望ましい成果を上げられなかったことで、もっともよく証明されている。この一〇年間で北朝鮮がある一つの主張を示してきたとするならば、北朝鮮は自らの国家主権を犠牲にするかたちで誘導されることはないということであった。北朝鮮は自国の必要とするものが議題に上がると感知したときには、進んで交渉のテーブルにつき、重要な譲歩も行う。もし、自国の要求が無視されたと感じた場合、北朝鮮は破壊寸前まで自らを追い込むチキン・ゲームを行うこともいとわない。その意味で、こうした行動は脅迫を交えた要求に屈服して他国に従属する危険を冒すよりも、自己決定権を確保するような意を決することを選ぶ政策、すなわち北朝鮮の「主体」外交の本質である。

冷戦後のアメリカの外交政策については、二正面戦争を行う能力が必要不可欠であると考えられている。この戦争がもっとも発生しやすい地域は世界でも重要な二つの地域、すなわち、アメリカが石油確保の点から重視する中東と、経済的利益を有する北東アジアである。これらの地域での米軍駐留を正当化するためには、紛争発生の可能性があるがゆえに、米軍が駐留する必要があることを説明しなければならない。冷戦終結後において、米軍駐留を正当化する役割を担ったのは北朝鮮であった。米朝両国が二国間問題の解決に向けて動くことが、北東アジアにおける米軍のプレゼンス低下につながっていかないのである。つまり、米朝間の平和協定締結や関係正常化でさえ、在韓米軍の撤退に必然的に結びつくわけではないということである[21]。米朝間の良好な関係が、地域の平和を保つものとされてきた駐留米軍の役割を再検討することにつながっていくのか、それとも、この地域に住む人びとの頭上を危険な雲で覆うために、アメリカがつぎなる地域的な脅威の対象を求めていくのかということが、今後の問題となろう。

注

（1）Michael J. Mazarr, *North Korea and the Bomb: A Case Study in Nonproliferation*, New York, St. Martin's Press, 1995, pp. 40–41.

（2）*Ibid*., p. 59.

（3）ジョン・スウォームリーは、一九九三年八月から九四年一月までの米軍によって、ないしは米軍と日本の自衛隊、あるいは韓国軍（ときには両方との）との協力によって行われた多くの軍事演習について詳述している（John M. Swomley, "North Korea: The Land Americans Aren't Permitted to

Know," *Humanist*, May 1999)。

（４）最近、北朝鮮がこの戦略に則って、アメリカに自国のミサイル計画を買い上げさせようとしている。

（５）Leon V. Sigal, *Disarming Strangers: Nuclear Diplomacy with North Korea*, Princeton: Princeton University Press, 1998, 61のセリグ・ハリソンの発言から引用。シーガルの論文は、一九九四年一〇月の「枠組み合意」に至る交渉についての最良の研究業績の一つである。

（６）この脅迫は多くの主要紙に大きく取り上げられ、北朝鮮の無分別を示す一例として報道された。レオン・シーガルはこのときの脅迫を、韓国がアメリカによる制裁の可能性に言及したことに対する反応としてなされたものと記述している（*Ibid.*, pp. 214-215)。

（７）カーター元大統領自身の訪朝に関する所見については、Jimmy Carter, "Report of Trip to North Korea," *Korea Report*, Fall 1994: 8-10を参照のこと。カーターが金日成と結んだ合意はいかなる意味においても拘束力がないために、カーターの努力は「象徴的」なものとして位置づけるのが妥当であろう。たとえカーターの訪朝がホワイトハウスから承認を受けていたとしても、彼は一市民として訪朝したのであり、政府の信任状をもっていなかったのである。彼の訪朝の意義は、その後ロバート・ガルーチと姜錫柱の交渉によってジュネーブの「枠組み合意」が作られる道を開いたことであった。

（８）この合意の本文については、*Ibid.*, p. 11とLeon V. Sigal, *op. cit.*, pp. 261-262を参照のこと。

（９）L. V. Sigal, *op. cit.*, pp. 262-264において、シーガルはこの「枠組み合意」の写しを掲載している。

（10）北朝鮮がこの規定の明記を主張したのは、歴史的な背景があったようだ。ジミー・カーターの語るところによれば、一九七〇年代末にソ連が類似の原子炉を北朝鮮に供給することを約束したが、ソ連側の指導者交代の後、その約束が履行されずに終わったという。Jimmy Carter, *op. cit.*, p. 9を参照のこと。

(11) こうした北朝鮮側の信頼性を疑問視する見解の一例として、ジョン・マッケイン（John Maccain）上院議員のつぎのような発言がある。「この合意が失敗すると信じている。北朝鮮が自分たちの自由意思で受け入れた核拡散防止条約上の義務を果たさず、この取引に至る過去二年間に八回も同条約の違反を行ったことを見れば、北朝鮮は今回の合意も遵守しないと考えられる」（Leon V. Sigal, *op. cit.*, p. 198）。

(12) この間の経緯を適切に概観したものとしては、一九九九年九月一七日のウィリアム・ペリーによる状況説明があげられる（"Transcript: Albright, Perry September 17 Briefing on North Korea," ***USIS Washington File***, September 17, 1999）。

(13) Robert Axelrod, ***The Evolution of Cooperation***, New York: Basic Books, 1985. また、レオン・シーガルは、一九九一年九月二七日から九四年六月一五日までの米朝間における同様な激しい言葉の応酬のパターンを検証している（L.V. Sigal, *op. cit.*, pp. 257–259）。

(14) "US–DPRK Agreement on Inspection Underground Facilities," ***Pyongyang Report*** 1, April 1999.

(15) "Transcript" を参照のこと。

(16) Carol Glacomo, "U. S. N. Korea Sanctions Decision," ***Reuters News***, September 19, 1999.

(17) Jim Wolf, "Berger Says U. S. gave Little to Korea for Missile Ban," ***Reuters News***, September 20, 1999.

(18) "Transcript" を参照のこと。

(19) ***Ibid.***

(20) "S. Korea's Kim Vows to End Cold War With N. Korea," ***Reuters***, September 19, 1999.

(21) 事実、あらゆる現象から判断して、米軍が現在の水準で駐留を継続すると考えられるが、北朝鮮でさえもこのことに同意している。

（マーク・カプリオ／若月秀和 訳）

第5章　包容（太陽）政策の内容と展開の過程

一九九八年二月に出帆した金大中政権は、北朝鮮に対する太陽政策と呼ばれる包容政策を実施している。この北朝鮮に対する太陽政策は、相互不信に満ちた南北朝鮮の対決姿勢を和解と協力関係に切り替え、交流と協力をとおして北朝鮮を改革と開放に導く環境づくりを提供することによって、戦争を抑止し、平和統一の基盤を整えることを目標とする政策である。

太陽政策とは「強風よりも穏やかな太陽の日差しが旅人の外套を脱がす」というイソップ物語に由来するもので、韓国の北朝鮮強硬論と穏健論という相対する概念のうちの穏健論を象徴するものである。このような穏健論は、一九九三〜九四年に北朝鮮の核兵器開発疑惑がクローズアップされ、朝鮮半島に軍事的危機が高まった際、対決ムードに満ちていた北朝鮮を戦争ではなく、平和と和解の場に導き出すには軍事的対立に象徴される「強風」よりは経済協力に象徴される「太陽」のほうが有効だと主張したのである(1)。

金大中大統領は、北朝鮮に対する包容（太陽）政策の三大原則を就任演説でつぎのように述べた。第一は、平和を破壊する一切の武力挑発を許さないという原則である。第二は、北朝鮮に危害を与える行為、または北朝鮮を吸収するかたちでの南北統一は進めないという原則である。第三は、北朝鮮を開放と変化の道に導き出すため、「南北基本合意書」に基づいて南北間の和解と協力を積極的に推進するとの原則である。[2] なかでも三番目の原則が包容（太陽）政策の核をなすものである。

1　包容（太陽）政策の内容

金大中政権が進めている包容（太陽）政策の主な内容は、第一に、過去の冷戦構造のもとでの軍事的対決と断絶の象徴であった北朝鮮を、冷戦が終焉した現在は協力の対象とするというものである。第二は、南北朝鮮間の非軍事的な部門から交流および協力を拡大し、それを土台として軍事および政治部門にまで交流と和解を成立させることを目的として追求する。第三には、政経分離に基づいた相互主義の原則をとる。第四は、アメリカや日本など、朝鮮半島周辺各国が北朝鮮との関係改善を求める場合、韓国はそれを妨げず、むしろ積極的に協力していくという国際共助主義を推進することである。

(1)　冷戦終焉と北朝鮮の孤立状況

包容（太陽）政策は、冷戦終焉以降の北朝鮮が深刻な経済危機に陥っており、国際的な孤立状態がいっそう進行していることから、これまでのように韓国の競争相手になりえないという認識を前提としている。実際、北朝鮮は一九九〇年代初めから経済はマイナス成長を示しており、深刻な食糧・エネルギー不足に直面している。困難な状況に陥っている北朝鮮の突発的な崩壊を未然に防ぎ、将来予想される南北統一の後遺症を和らげるには、北朝鮮の現体制を改革と開放の方向に誘導し、漸進的な南北関係の改善と統一を進めていくのが最善の策と思われる。しかし、困難に直面している北朝鮮に対して、体制の崩壊を前提とした封鎖政策を進める場合、軍事的緊張ムードが高まる恐れもある。したがって、韓国が包容(太陽)政策を実施することで、北朝鮮が経済難の克服と自ら抱え込んでいる当面の課題を解決できるように積極的に支援しなければならないのである(3)。

北朝鮮体制を漸進的な改革と開放へ誘導しなければならない理由は、大きく二つに分けられる。第一に、近い将来に北朝鮮がにわかに崩壊する場合、その衝撃による社会的な大混乱と統一にかかる膨大な費用を韓国だけでは解決することができないとみられるからである。第二に、北朝鮮の改革と開放は、本来北朝鮮自らが進めていくべき課題ではあるが、外部からの支援がない場合、自らが抱える内在的な限界を乗り越えることができないとみられ、北朝鮮が独自の改革開放路線を選択するとは考えにくい。このような状況のなかで、北朝鮮が変化と開放に対して抱いている不安と憂慮を解消させ、北朝鮮自らが変化の道を選択するように環境を整えるのが、対北朝鮮包容政策なのである。すなわち、北朝鮮に対する包容(太陽)政策は、南北間の交流や経済協力を進めていくなかで、北朝鮮の変化と開放を促し、突発的な困難な事態を避けるかたちで北朝鮮をソフトランディングさせる政策ともいえる。

金大中政権が北朝鮮を吸収するかたちで統一を追求する考えはないということを強調している理由は、改革開放と南北関係の改善が体制の崩壊と吸収統一をもたらすのではないかという北朝鮮の懸念を晴らす必要があるためである。それでこそ、北朝鮮が進んで開放と改革の道を選択する可能性が高まる。すなわち、「より多くの接触」「より多くの対話」「より多くの協力」を進めていく過程で、相互信頼と共同体意識が回復することは、北朝鮮の変化を誘導するのに大きく役立つものとみられる。北朝鮮を平和と協力の場に誘導するには、南北関係が北朝鮮体制に及ぼす「否定的な影響」について北朝鮮が抱いている憂慮を払拭し、利益を増進する方向を模索しなければならないだろう。[4]

金大中政権は、冷戦終焉後の北朝鮮が、ますます悪化している国際的な孤立状態からの脱皮を図っており、包容（太陽）政策を北朝鮮が受け入れる可能性が高いと推測している。北朝鮮は対外開放に向けた外交を進めるなかで、外部からの経済支援をとりつける一方、国際社会への仲間入りを進めている。北朝鮮が韓国の包容（太陽）政策を受け入れ、朝鮮半島での南北和解が進展し、軍事的な緊張状態が和らげば、北朝鮮とアメリカや日本など西側諸国との関係改善も可能だという考えだ。したがって、包容（太陽）政策による南北関係の改善は、北朝鮮の外交的な孤立からの脱皮に役立つほか、国際社会の仲間入りに向けた北朝鮮自らのイメージ改善にも大きく役立つと主張する。[5]

北朝鮮包容政策によると、朝鮮半島における南北朝鮮の対話と交渉だけでは冷戦構造の解体を実現できないため、一定レベルまでの北朝鮮に対する政治、経済、軍事、外交的な譲歩案の提案が避けられないと主張している。世界を東西に分けていた冷戦状況がソ連の崩壊によってアメリカが勝利するかたちでまとまり、欧州では東西ドイツの分断が西ドイツによる吸収統一で収拾したが、朝鮮半島では韓国主導の冷戦解体が実現するとは限らない。北朝鮮への包容（太陽）政策が進められるなかでは、北朝鮮が韓国に対してさまざまな部門で譲歩を求める場合でも、韓国はそれらに対して可能なかぎり前向きに対応する構えであり、北朝鮮が要求する譲歩の内容は韓国の国家保安法廃止、大量の食糧および経済援助の要求、北朝鮮経済制裁の解除、在韓米軍の撤退、米朝平和協定の締結、アメリカおよび日本と北朝鮮の国交正常化などが含まれるものとみられる。

金大中政権は、北朝鮮内部の状況を考慮する場合、包容(太陽)政策が成功する可能性が高いと主張する。北の金正日体制は、一九九四年に金日成主席が死亡して以来、いわゆる先軍領導体制という歪んだ危機管理体制から正常な体制への転換を図っており、これは北朝鮮の対内的な問題解決にも役立つとしている。金日成の後継者である金正日国防委員長にとっては、対内的な権力基盤の安定を標榜し、正常な体制への転換が急がれるが、包容(太陽)政策を受け入れることによって、南北関係の改善と対外的な開放外交路線を成功させ、対内的にも金正日委員長自らを含め北朝鮮上層部の権力基盤を固めることができるであろうと分析されている[6]。

(2)　機能主義的な拡散による交流拡大

包容(太陽)政策において、先易後難（まずは簡単なことから解決して、難しいことは後に回す)、先経後政（まずは経済問題から取り組んで、後に政治問題に臨む)、先民後官（まずは民間が乗り出して、つぎに政府が追随する)、先供後得（先に提供して後から受け取る）という機能主義的な拡散原理が南北間の交流と協力においても適用されるものとみられる。

機能主義的な拡散原理とはまず非軍事的な部門から交流と協力が進めば、自然に軍事および政治レベルにまで交流と和解が成立するという肯定的な拡散効果が生まれ、南北基本合意書の履行の再開と平和体制構築が可能になるとの期待に基づく。

北朝鮮包容政策が、相互不信と敵対感を和らげると思われる背景には、「より多くの対話と交流」の拡大が望まれること、その手段として、南北朝鮮当局間の対話、広範囲な民間交流があげられる。民間レベルでの南北経済協力と交流が活発に進めば、相互の不信を取り払い、信頼を築き上げる重要なきっかけとなり、民間交流は南北関係の改善において重要な礎になるものとみられる(7)。

すなわち、民間レベルでの幅広い交流と協力の実現は、南北朝鮮間の信頼回復を増大させ、当局者同士の対話の可能性を必然的に高めるほか、たとえば進展中の対話環境にもプラスの影響を与える。したがって、民間交流は当局者同士の関係が敵対的な状態であっても、双方に対する脅威を和らげ、ひいては互いを対話の場に導く雰囲気と基盤を確立する。結局、南北間の自主的で広範囲にわたる民間交流は、南北間の緊張を緩和し、和解と協力の関係に向けた重要な役割を担うことになると指摘したい(8)。

金大中大統領が就任して、金剛山観光の実現など、民間レベルでは過去に例のない活発な南北交流が進められてきた。離散家族の再会事業も非公開のチャンネルを通じ急速に進展している。一九九八年には、生き別れになった南北の離散家族が再会を実現した。韓国から北朝鮮を訪れて再会した家族が一組など、合わせて年間一〇八組が、中国東北地区などで非公開に再会し、文通も年間四六九件にのぼっている。

民間レベルでの活発な交流と並行して、同期間中には、公式、非公式合わせて二度の次官級会談が実現した。会談の結果は満足するものではなかったが、このような試みは過去に比べて目を見張るほどの進展といえる。

一九九八年の次官級会談は、北に対する肥料支援問題と離散家族の再会事業をめぐる議題を中心に交渉が行われた。翌年の次官級会談は、北朝鮮軍の船舶が韓国西海岸の沖合に侵入して韓国海軍と衝突した事件で決裂した。しかし当時の非公開の接触が、南北間で一定の合意をみたなかで開かれたことは、それまでより南北関係が一歩前進したことを裏付けるものとして評価される(9)。

包容(太陽)政策の一例として、北朝鮮が、金剛山観光事業を通じて実利を得られるということを体験し、南北間の経済取引当事者に互恵関係が成立、ひいては信頼が深まれば、今後南北間で起こりうるさまざまな交流に前向きな影響を及ぼし、南北間の信頼回復にも肯定的な影響を及ぼすものと期待される。

また、経済協力など、民間レベルの交流が、責任のある当局者間の対話と協力へと結実することを期待したい。民間交流が南北間の敵対関係を取り払い、民族の同一性を回復させる役割を果たすものとみられ、このような民間交流は平和と互恵的な関係を制度化するための南北政府当局の対話に前向きな役割を担うものと期待されている(10)。

(3)　政経分離

金大中政権は、南北間の和解と協力を進めていく原則として、政経分離を通じた非連携的な相互主義を適用している。政経分離は南北関係において、政府レベルと民間レベルを分離して扱うことを意味する。これは民間部門を中心に、さまざまなレベルで広範囲な交流を実現することで、南北間の和解と協力を求め、北朝鮮の変化を自然なかたちで誘導することを狙う戦略である。「連携的な相互主義」とは、政治・軍事部門と非政治・軍事部門を連携させ、北朝鮮政策を運用することを指している。(11)

包容（太陽）政策の立案者は、従来の南北間の和解が進展しなかった理由として、政治と経済が分離されず、絡み合ったかたちで行われていたからだと批判する。(12) すなわち、従来の南北関係が交流・協力と対峙・反目の悪循環を繰り返してきた根本原因は、北朝鮮体制の矛盾した構造と密接に関係しているが、韓国側の政経連携政策も、このような悪循環を深めてきた原因だと指摘している。「七・四南北共同声明」以降の南北朝鮮は、数回にわたって交流・協力の突破口を見出す努力を重ねてきたが、北朝鮮が軍事的に挑発し、韓国はこれに対して政経連携的に厳しく対応してきたことから、せっかくの交流・協力の実現可能性が白紙に戻ってしまうことの繰り返しであった。これでは、南北朝鮮間の不信を深めるばかりで、新たな交流と協力の土台をつくり上げるまでには、膨大な費用と時間が不可欠だった。金大中政権は、金正日唯一独裁体制が存続するかぎり、北朝鮮内部の区画化された政策決定の構図、忠誠競争と機関本位主義、そして政治・軍事と経済・社会部門間の矛盾した政策が持続するとの認識から、南北対話を進めるうえでの政経分離──政治・軍事と経済・社会の連動の断絶──を重視している。

これまでの南北対話の経験では、北朝鮮と対話を進めるうえで、政治的な懸案を議題とする場合、対話そのものが成立しなかったり、形式主義にこだわった平等原則の要求、または個別同時的な相互主義の適用を要求するなど、対話そのものの進展を図ることができなかった。南北関係の特性から、相互主義を適用したとしても、市場で簡単に物を交換するように、物事を簡単に運ぶことはできない。ときによっては、「先に提供して後に受け取る」方式のいわゆる時間差のある相互主義が必要な場合もある。

一九九九年六月、北朝鮮海軍の艦艇が朝鮮半島の西海岸沖で南北間の海域境界線の南側を侵入し、韓国海軍がこれを撃退する過程で交戦が発生した。このような事態はあったが、金剛山観光は中断することなく継続された。これまでの北朝鮮による挑発には、潜水艦侵入事件、武装スパイの遺体発見事件、人工衛星打ち上げ事件などがある。金大中政権は、これらの挑発があるたびに、韓国内の世論の非難を浴びつつも、北朝鮮包容（太陽）政策路線を一貫して進めてきた。西海岸沖での交戦が発生したときも、金剛山観光事業を続けたのは、政経分離政策の代表的な例を示したものである。政経分離政策に対する批判は皆無ではないが、金大中政権は政経分離を通じ、信頼の構築に努力を傾注し、究極的には北朝鮮の変化を誘導して平和と公平さに基づいた南北共通の制度的基盤を整えたいという強い意志を示している。

(4)　国際共助主義

国際共助主義は、朝鮮半島をめぐる国際的な環境を改善し、南北間の交流や協力を拡大して緊張緩和の転機を迎えるという政策的な意図を意味する。(13) 金大中政権は、過去の政権とは異なり、北朝鮮が国際社会との接触を図り、より多くの国が北朝鮮との関係正常化を実現することが朝鮮半島での冷戦構造を解体するのに役立つという立場をとっている。

北朝鮮包容政策を主張する見解によれば、北朝鮮は経済危機の克服に向けて、アメリカや日本との関係改善を模索しているものとみている。北朝鮮は、アメリカによる北朝鮮経済制裁の解除を求めており、外国からの経済援助の増大などを通じた経済建て直しをはかっているとみられるからである。しかしアメリカと日本は、北朝鮮が現在は無理な諸条件を交渉の場で主張していることから、実質的な関係改善という外交面での結実を得るにはかなりの時間を要するとみている。

国際共助主義の運用原則は、二つの要素からなっている。一つは、韓・日・米三国の共助を通じて北朝鮮を国際社会の孤立状態から脱却させると同時に、南北朝鮮とアメリカ、中国を含む四者協議および日本とロシアまでを含む六者協議の多国主義的な外交ルートを通じて、朝鮮半島の平和体制構築を図るというものである。(14) 金大中大統領は、一九九五年五月五日にＣＮＮ放送が主催した第一〇回世界言論人国際会議の基調演説で、朝鮮半島での冷戦構造の解体に向けた五大課題を示した。

五大課題とは、南北朝鮮間の和解と協力関係の実現、アメリカと日本の北朝鮮に対する関係正常化、北朝鮮の開放を実現する環境づくり、朝鮮半島における大量破壊兵器および軍備統制の実現、そして休戦体制の平和体制への転換である。(15)

運用原則のもう一つの要素は、世界銀行、ＩＭＦ、そしてアジア開発銀行など、国際金融機関の経済支援を含め、民間の海外投資を北朝鮮に誘導することで、北朝鮮体制の開放と経済の建て直しを直接、間接的に支援するという考えだ。国際共助主義の基本的な趣旨は、南北朝鮮関係改善とは、両者だけの努力では実現しがたい問題であり、周辺諸国と国際機構の介入と仲裁を通じ、朝鮮半島の平和環境を整え、これを十二分に活用して南北朝鮮の交流・協力と平和体制構築のきっかけをつくるという意味合いだと理解することができる(16)。

朝鮮半島問題の国際化は、金大中大統領の基本的な見解の一つである。金大中は、一九七一年の大統領選挙当時、野党の大統領選挙候補として、二（南北朝鮮）プラス四（日・米・ソ・中）方式による朝鮮半島の平和に向けた四大国保障論を主張した。そしてこのような彼の考えは、九七年の大統領選挙でも公約として謳われ、大統領就任後、一〇〇大国政課題としても定められた。そして九八年二月に訪中した自民連の金鍾泌名誉総裁を通じ、江沢民国家主席に「東北アジアの平和と安定に向けた六ヵ国宣言」を発表することを求めた。また九八年一〇月の訪日、そして翌九九年五月の訪ロの際、金大中大統領は小渕総理やエリツィン大統領に、六者協議を支持しているという立場を示した経緯がある。

金大中政権は、過去の政権と同じく、南北朝鮮およびアメリカが直接の当事国になる平和体制の構築に反対している。これは、南北朝鮮の平和協定と韓米同盟関係を分離させるという韓国のこれまでの主張と変わらない。統一後にも、在韓米軍を継続して駐屯させるとの金大中大統領の発言も、この見解と同じ立場である。

金大中政権は、南北朝鮮が主導し、日・米・中・ロなどの周辺各国が保障・支持する朝鮮半島の平和体制構築に力を入れている。四者（南北朝鮮および米・中）協議は、金泳三政権当時の一九九六年に提案され、金大中政権がこれを受け入れるかたちで朝鮮半島における平和体制の構築と緊張緩和の手段として活用している。四者協議の場合、第三次と第四次の本会談で、朝鮮半島における平和体制構築に向けた分科委員会と緊張緩和に向けた分科委員会の新設と運営手続きを設けることで合意し、制限されたかたちではあるが少なからぬ進展がみられた。しかし九九年四月二四～二七日に開催された第五次四者協議は、北朝鮮側が在韓米軍の撤退を主張したことと、韓米間の軍事的な信頼構築の主張とが対立し、何ら成果を得ることができなかった。同年八月に開催された六次本会談も、北朝鮮の米朝平和協定の締結および在韓米軍の撤退を求める主張の一点張りで決裂した。四者協議は、このような制限された枠のなかでの会談ではあるが、平和体制と緊張緩和に向けた南北間の対話の窓口が存在するという点で、大きな意味合いを持つものといえる。

金大中政権は現在、四者協議が制限はあるものの活用されており、アメリカが対北朝鮮問題における主導権を握っているという点を考慮し、朝鮮半島問題を懸案とする六者協議の実効性について、それほど大きな期待を寄せていない。しかし六者協議構想が、東北アジアにおける多国間安保協力構想と連携し、新たな東北アジアの平和構築に向けた議論、そして実現に向けた手段として活用されるとすれば、六者協議構想は朝鮮半島の平和に大きく役立つ可能性があるとの期待を寄せている。(17)

2　包容（太陽）政策の成果と南北首脳会談

金大中政権が推進している包容（太陽）政策における代表的な成果が、二〇〇〇年六月に平壌で開催された南北首脳会談である。金大中大統領は、金正日総書記との首脳会談の実現という希望を九七年に大統領に就任以来、追い求めてきた。金大中は当選直後（一九九七年一二月一九日）に「南北間の交流と協力に向けて特使の交換を再開し、必要であれば金正日総書記と首脳会談を開きたい」と提案した。大統領就任演説（一九九八年二月二五日）では「南北基本合意書を実行に移すための特使の交換を提案し、首脳会談を開催する用意もある」とした。また、ＣＮＮ放送とのインタビューでは「北朝鮮の金正日とは、時間や場所にこだわらず、いつでもどこでも会合する準備は整っている」（一九九八年六月一三日）。「韓国は北朝鮮に武力を行使することもなければ、北朝鮮を転覆する考えもない」とし、「互いが交流に協力すれば、両者にとって利益になる」と述べた（同年一一月二三日）(18)。

また金大中は一九九九年一〇月一九日、南北経済共同体の新設を提案している。このような北朝鮮に対する和解に向けたメッセージは、二〇〇〇年三月一〇日に発表された「ベルリン宣言」で、より具体化された。ベルリンを訪問した金大中大統領は、朝鮮半島における冷戦構造の解体と恒久的な平和の定着および離散家族問題の解決、そして南北間の和解と協力のための政府当局間の対話を提案した。また、金大中は政府レベルの協力事業の一環として、本格的な経済協力の実現に向けた道路、港湾、鉄道、電力、通信などのインフラ整備、投資保障協定と二重課税防止協定などの民間企業が安心して投資できる環境づくり、食糧難の解決に向けた肥料支援、農耕機械の改良、灌漑施設の改善などを提案した。[19]

金大中政権の北朝鮮包容政策は、北朝鮮の挑発的な行動による深刻な国内外の試練に直面しているなかでも、一貫性をもって進められた結果、北朝鮮の信頼を得ることができた。金大中政権が発足した初期の一九九八年四月、北京で開かれた南北次官級会談の主議題だった肥料交渉が相互主義原則の問題と絡んで決裂したことから、国内では金大中大統領の包容(太陽)政策が北朝鮮の好戦的な実態を無視した非現実的な政策との非難が浴びせられた。その後、同年八月の北朝鮮のテポドンミサイル発射事件、翌九九年六月の朝鮮半島西海沖での交戦は、国内外的に金大中大統領の北朝鮮包容政策の如何について試金石となる事件だった。このような試練のなかでも、金大中政権は包容(太陽)政策を継続して推進した。金剛山観光、民間レベルの南北経済協力、南北社会・文化交流などの政策的な支援、外国に対する包容(太陽)政策のあるべき姿についての説得と協調の要請、そして北朝鮮当局との絶え間ない接触の試みなど、多角的な努力を展開してきた。[20]

金大中政権発足以来、拡大を続けてきた南北間の民間交流と協力は、南北朝鮮すべてに体系的な法律・制度面での整備を求め、これに向けた政府当局者間の対話が欠かせないものとなり、これはのちの南北首脳会談の実現に役立ったと評価された。すなわち、南北間の交易は、一九九八年に二億ドル余りから翌九九年には三億三四三万ドルに増加した。北朝鮮に対する経済協力でも、現代《ヒョンデ》グループの金剛山開発および西海岸工業団地建設事業、三星《サムスン》電子の家電製品下請加工およびソフトウェア共同開発事業、平和《ピョンファ》自動車の自動車修理および組立工場建設事業、国際トウモロコシ財団の新品種トウモロコシ開発事業などが進められた。社会・文化交流においても、二〇〇〇年二月末の時点で、合わせて九五九九人が北朝鮮を訪れ、これは金大中政権発足前までの約九年間に訪朝した二五八二人の四倍にのぼっている。このような民間交流と協力の拡大が政府当局者間の対話を促す要因となっている[21]。

北朝鮮が金大中政権による首脳会談開催の提案に対して前向きに反応した対内的な背景には、経済再建の必要性と体制の結束に対する自信があり、対外的な環境としては外交面での脱皮の必要性がある。しかしなによりも、北朝鮮が金大中政権による包容（太陽）政策に対し信頼を与えたことが重要な要素とみられる。

金大中大統領は、二〇〇〇年六月一三日から三日間、平壌を訪れ、金正日国防委員長と会談し、つぎの五項目についての共同宣言を発表した。第一に、統一問題の自主的な解決、第二に、南北朝鮮それぞれの統一方案の共通性に依拠して朝鮮半島の統一を推進する、第三に、離散家族の相互訪問実現および非転向長期囚問題の解決、第四に、経済協力および交流の拡大、第五に、当局者間の対話再開である。

これら合意事項を中心にした首脳会談の意義はつぎのとおりである。第一に、首脳会談はこれまで続いてきた南北朝鮮間の不信と対決の悪循環を断ち切るきっかけを提供した。首脳同士の出会いは、対決構造を清算し、相互信頼を構築する意思の表現とみなされるからである。互いに敵対感情を抱いている者同士が不信の関係を断ち切り、緊張緩和と信頼構築の基盤を確立するうえでもっとも重要なのは最高責任者の政治的な意志である。南北首脳会談の実現は、金大中大統領が進めてきた北朝鮮の包容(太陽)政策に対する北側の贈り物であり、この首脳会談を通じて相互信頼構築の基盤を整えたという点で、南北の首脳は南北相互の不信と対決の構図を打ち破ろうとした[22]。

第二に、首脳会談は南北関係の進展を南北の当事者が主導するきっかけを提供した。これまで北朝鮮は、アメリカとの平和協定の締結を主張し、韓国との当局間対話を避けてきた。しかし首脳会談を機に、統一問題をめぐる議論、経済協力および交流の活性化を通じた南北関係の発展を確認し、南北朝鮮当局の対話を開催することに合意したことで、南北関係の正常化に向けた基盤が整った。これについて一部の学者は、首脳会談の結果によって「朝鮮半島問題の解決をめぐる朝鮮半島化」が促進するという展望を示している[23]。

第三に、首脳会談の結果、採択された共同宣言は、残念ながら軍事的な対決構造を和らげる軍備統制措置の実現については一言も示していない。首脳会談以降、軍事境界線では、それまで続けられていた相互誹謗放送がなくなったが、軍事的な対決構造を実質的な平和体制に転換する際に貢献しうる多様な信頼構築措置(Confidence Building Measures)の履行についての内容が含まれていない。また、これまでの数年間、朝鮮半島を緊張させた原因の核とミサイルを含める大量破壊兵器(Weapons of Mass Destruction)問題についてもなんら合意事項がない[24]。

第四に、南北関係が改善の兆しをみせているにもかかわらず、朝鮮半島問題の範疇には、大量破壊兵器問題、平和体制構築問題、在韓米軍問題など、国際的レベルの諸問題が山積している。朝鮮半島の周辺各国である日本、アメリカ、中国、ロシアは自国の利害関係を念頭においたうえで、南北首脳会談以降の朝鮮半島情勢に関心を示すものとみられる。

3　包容（太陽）政策と日本の安保

日本は、金大中政権が進めている包容（太陽）政策と、その代表的な成果である南北首脳会談が朝鮮半島の軍事的な緊張状態を和らげるものと期待している(25)。包容（太陽）政策と南北首脳会談は朝鮮半島をめぐる周辺情勢にも多大な影響を及ぼしており、米朝関係、日朝関係および韓日米の共助体制にも重大な転機をもたらす可能性が高い。南北首脳会談以降、米朝関係は進展し、日朝国交正常化に向けた会談も開催された。このように、南北首脳会談は基本的には、朝鮮半島の周辺情勢にプラスの影響を及ぼしている。

日本は、南北関係の進展と日朝関係は別途の問題であり、日朝間には固有の問題が残存していることを熟知している。南北間の対話の進展が朝鮮半島において軍事的な対立を和らげ、日本の対外関係にどのような影響を及ぼしているかは、つぎのような点を考慮すれば明確になる。

第一に、今回の南北首脳会談で、南北間の政治的な信頼関係はいっそう高まったが、軍事的な信頼関係はつくられていない。金大中政権の任期内には、人道的かつ社会的なレベルから、南北関係が進展する可能性は高い。しかし、軍事面での信頼関係構築と緊張緩和に向けた具体的な措置について、北朝鮮は対米交渉のなかで解決することを望んでおり、南北間の交渉だけでは解決は望めない。

北朝鮮は、アメリカとのあいだで、朝鮮半島平和協定をめぐる交渉を希望しており、アメリカとのミサイル交渉で、より多くの補償を狙おうとする姿勢に変わりはない。北朝鮮は、韓国との和解を通じて得た基盤を最大限に活用し、対米および対日交渉の過程で、できるかぎりの利益を狙う姿勢を崩していない。日本には、米朝ミサイル交渉では、大陸間の射程距離が問われる弾道ミサイルのテポドンだけがとりあげられ、日本に脅威を与えるノドンミサイルや通常兵器は含まれないという懸念がある。

北朝鮮に対する軍事的な信頼関係が構築されないかぎり、韓米同盟と日米同盟を核とする韓日米三国の北朝鮮への抑止体制は維持されるべきで、北朝鮮の軍事的な挑発にも万全の警戒体制を備えるべきである。南北間の関係改善を一方的に進展させる場合、北朝鮮の抑止体制の維持という側面での韓日米の共助体制が均衡を崩すおそれがあり、これを日本は憂慮しているのである[26]。北朝鮮に対して韓国は平和的なアプローチを示しており、日本とアメリカは好戦的な体制を整えているかのように映りうるからである。

なかでも長期的な観点から、南北関係が進展し、米朝関係も進展される場合、韓米同盟の調整、そしてその中心となる在韓米軍の役割と任務、規模が改められる可能性もある。在韓米軍はアメリカの東北アジア戦略において、在日米軍と連携を保っているため、結果としては南北関係の進展が日本とアメリカの同盟関係にも影響を及ぼすことになるのである。

第二に、南北関係の進展が、日朝関係において、日本が解決を望んでいる懸案について悪影響を及ぼすおそれもある。これまで日本は一貫して南北対話の進展を要求し、韓国の包容（太陽）政策に対する支持も表明してきた。したがって、南北関係が進展すれば、日本も北朝鮮との関係を進展させなければならないという政治的な圧迫感が生じることになる。たとえば、南北関係の改善を背景に、韓国は日本に対して北朝鮮との関係正常化を強く要求している。北朝鮮の経済再建を本格的に推進するには、日朝国交正常化にともなう日本からの経済援助が不可欠であり、再三にわたって日本に北朝鮮との国交正常化を早期に推進することを求めている。

金大中大統領は二〇〇〇年九月に訪日し、日朝関係改善は、韓国の国益、安全、発展に大きく役立つもので、一刻も早く実現することを希望すると表明した。これに対して当時の森総理は、将来は社会基盤施設の面で協力する考えはあるが、現状では北朝鮮に対する経済支援は軍事力の増強につながるおそれがあるので日本国民が納得しない旨、明らかにした。これは南北関係を実質的に進展させる目標に向け、日本の豊富な資金力に期待を寄せていた韓国に対して、日本が経済支援を行うには、まず安全保障の進展が不可欠だという点を強調したことにほかならない(27)。

北朝鮮と日本の関係に絞れば、二〇〇〇年四月には日朝国交正常化に向けた第九次会談が八年ぶりに再開し、八月には第一〇次会談が開催されたが、国交正常化に向けた両国関係の進展では成果がなかった。北朝鮮は、日本との関係正常化を進めるには、まず過去の清算問題が解決されるべきだとの当初の主張を繰り返している。一方の日本にとっては、北朝鮮のミサイル問題、日本人拉致疑惑などが先決の課題であり、この問題の解決なくしては関係進展を図るのは無理な状況である。そのうえ、日本国内の政治状況を考慮する場合、拉致疑惑とミサイル問題を棚上げしたまま、日朝関係改善をはかるには、強力なリーダーシップを兼ね備えたリーダーが国民世論を説得しなければならないが、いまの三党連立体制ではその実現は乏しいものとみられる。

第三に、北朝鮮問題を解決するには、韓日米三国の協調体制の維持が重要である。北朝鮮問題は韓日米三国にとって、安保面での脅威的な要素となっており、北朝鮮政策を進めていくうえでは、三国の協調体制を維持するということは、特定の国だけの利益に絡むのではなく、三国に共通して関連する利害をもたらすのである。

しかし、北朝鮮が絡んでいる諸問題に対処する過程で、これら三国には優先順位の面で差があり、対北朝鮮政策の遂行において期待する役割も各国ごとに差がある。金大中政権は北朝鮮との交流協力、対話および平和共存などに重点をおいており、アメリカは核と長距離ミサイル、国際テロ、そしてブッシュ政権発足後は北朝鮮の通常兵器の配置などの諸問題について、解決を望んでいる。日本の場合、ミサイル、拉致問題などを中心に、北朝鮮との国交正常化に向けた交渉の過程で解決することを求めている。韓日米の協調体制について北朝鮮は、南北関係を改善していくことで、韓日米による北朝鮮への包囲体制を弱めていきたい狙いもありうる。

このように、韓日米三国が個別に推進している北朝鮮交渉は、北朝鮮を国際社会に仲間入りさせ、戦争を抑止するという戦略的な目標では一致しているが、このような個別の交渉が同時並行的に進められる場合、優先順位や期待や役割が異なることから、北朝鮮の意図とは関係なく、三国間の分裂が生じるおそれもある。

そこで、三国調整グループ（TCOG：Trilateral Coordination and Oversight Group）のような政策調整の場が設けられたのである。

4　包容（太陽）政策の成功に向けた展望

金大中政権が進めている包容（太陽）政策は、朝鮮半島に平和をもたらし、南北朝鮮間の和解と協力を実現するのが最終の目標である。しかし、これらの目標が実現するには、つぎのような条件が不可欠であり、二〇〇一年五月の時点では、包容（太陽）政策が意図している朝鮮半島での平和体制の達成が、容易には実現できないという観測が強い。

第一に、北朝鮮が包容（太陽）政策に対して前向きに対応し、その成功に向けた協調が不可欠である。朝鮮半島の平和を実現するには、韓国だけの努力ではとうてい無理である。紛争当事国間で、信頼と協調、そして不可侵という平和原則が成り立ってこそ平和体制の構築は可能になるのである。しかし北朝鮮は、いまもこれといった変化の兆しを示していない。むしろ思想・軍事面での強盛大国を建設する方針を打ち出し、大量破壊兵器の開発と保有、長距離ミサイルの開発と輸出に力を入れている。このような挑発的な政策を直ちに中断しないかぎり、朝鮮半島における平和体制の構築は実現されない。そのうえ、西海の北方境界線南側への進入でもみられる通常の戦力部門における軍事的な挑発は、南北間の不信と反目を深め、平和体制の定着を妨げている。したがって、朝鮮半島における平和体制が構築される条件は、新しいアイディアの創出ではなく、北朝鮮の変化と協力を誘導することにあると断言できる。

包容(太陽)政策によって北朝鮮の体制が変わりつつあるという分析もあるが[28]、金正日政権の特徴から、体制変化を拒んでおり、開放も避けていると指摘したい。まだ包容(太陽)政策を進めてきた歴史が浅いことから、明確な結論を出すことはできないが、北朝鮮が交流・協力の拡大に向けて前向きに協力していると断言できる裏付けは十分ではなく、軍事・政治部門の硬直性も変化していないと分析したい。このような評価から、南北朝鮮間の機能主義的な拡散原理（1(2)でみた）が十分に作動するには、限界があるという指摘を謙虚に受け止めざるをえない状況だといえよう。

ほとんどの韓国民は、朝鮮戦争を仕掛けた金日成に対して否定的なイメージを抱いており、その息子の金正日体制についても否定的な認識を拭えてはいない。金正日体制が、韓国民から心よりの信頼を取り付けるまでには、韓国も国民の北朝鮮不信感に配慮せざるをえないだろう。

金正日政権は、金日成遺訓統治の延長線上におかれており、体制の改革や開放について恐れているものと分析される。金正日政権は、基本的に対外的開放と改革が短期的には利益をもたらすかもしれないが、長期的には体制の不安を招かざるをえないとの懸念を抱いているのである。したがって北朝鮮が、南北朝鮮および対外関係の改善を進めるには限界があり、包容(太陽)政策に対する前向きな協調は体制の特質上、難しいものとみられる。

第二に、アメリカが包容(太陽)政策に協調してこそ対北朝鮮包容政策は成功しうる。一九九三年以降、北朝鮮は一貫して、いわゆる「通米封南」政策を基本とし、アメリカとの二国間交渉を最優先に行い、韓国を孤立させようとしてきた。しかし九八年末から、韓日米が協調し、南北対話が再開されないかぎり、米朝・日朝関係の改善はありえないとの原則を明確に伝えた。このような原則は十分に遵守され、これがきっかけとなって北朝鮮は南北対話の席に着かざるをえなかったと分析される。米朝関係については、九九年九月にアメリカ政府が北朝鮮に対する制裁の一部を一方的に解除し、北朝鮮も米朝会談が進められる期間中にはミサイル発射を中断する考えを発表するなど、進展はあった。また二〇〇〇年一一月、オルブライト国務長官がアメリカ国務長官として初めて訪朝し、金正日委員長との会談を行った。

しかし、共和党のブッシュ大統領が二〇〇一年一月に就任して以来、米朝間の根本的な関係改善は、ほとんど進展をみていない。ブッシュ政権は、アメリカの利益と同盟関係を重視し、国家ミサイル防衛計画（Missile Defense）を推し進めており、北朝鮮に対する姿勢も厳しく、中国を戦略的な競争者としてみなしている。

ブッシュ政権の朝鮮半島政策は、いまも再検討が続いているが、二〇〇一年五月の時点では発表されていない。しかし同年三月、ワシントンで開かれた韓米首脳会談に前後して発表されたブッシュ政権の立場をまとめると、つぎの三つの基調が根幹になるものとみられる。第一に、北朝鮮関与政策の継続である。ブッシュ大統領は金大中大統領の包容(太陽)政策に対して支持を表明しているが、これは北朝鮮の協調を前提にしたものである。第二に、厳格な相互主義の適用である。パウウェル国務長官は、上院の聴聞会で「北朝鮮が政治、経済、安保問題などについて、誠意を込めた措置を示してこそ、対北朝鮮関与政策は継続する」と述べ、徹底した相互主義のもとで北朝鮮政策が進められていく方針を明らかにした。第三に、北朝鮮関係での検証（verification）手続きを強めるべきである。

ブッシュ大統領は、金大中大統領との首脳会談後の記者会見で、「北朝鮮の大量破壊兵器の開発および輸出は中断すべきであり、北朝鮮が中断すると発表しても、それを検証する手続きが必要だ」と強調した。また、ブッシュ大統領は韓米首脳会談で、「北朝鮮が各種の通常兵器を輸出していることに懸念の意を表し」、「北朝鮮の通常兵器による脅威が早急に解消されるべきだ」と述べた。これはアメリカの共和党政権が、朝鮮半島における通常兵器の軍縮問題にも注目していることを意味している。

これによって北朝鮮は、ミサイル問題の解決のほかに、通常兵器の削減までも求められることとなった。このようなブッシュ政権の北朝鮮政策の基調は、金大中政権の包容（太陽）政策にある種の試練をもたらす可能性が高い[29]。

第三の条件は、韓国内部での包容（太陽）政策に対する批判的な世論である。包容（太陽）政策が長い目でみた場合、北朝鮮の改革と開放を誘導するという前向きな評価はあるものの、北朝鮮がこれを誠実に受け止めず、軍事的な挑発を繰り返したり、韓国に対して過度に譲歩を要求し続ける場合、包容（太陽）政策に対する国民の支持は弱まることになる[30]。

包容（太陽）政策は、朝鮮半島における冷戦構造の解体方案に対する世論の分裂を引き起こす恐れがある。韓国内での保守的な見解は、包容（太陽）政策を北朝鮮の態度を考慮しない一方的な融和主義と決めつけ、北朝鮮に対する韓国の安保体制を揺るがせており、いっこうに変化の兆しをみせない北朝鮮を変わらせようとする根拠のない楽観主義に基づいたものだと非難する。包容（太陽）政策は、一部の進歩陣営からも「北朝鮮のコートを脱がせようとするのは韓国による吸収統一の発想をあらわにしたものだ」という批判を受けてもいるのである[31]。

注

（１）李鍾奭「対北朝鮮包容政策一八ヶ月、評価と課題」（『国家戦略』一九九九年秋／冬）七三〜七四ページ。
（２）「南北基本合意書」とは、一九九二年二月、盧泰愚政権当時、南北朝鮮の首相が、南北間の和解と不可侵および交流、協力について合意し、署名した文書を指す。
（３）李鍾奭　前掲誌　六〇〜六一ページ。
（４）東北亜細亜平和研究会『国民の政府、対北包容政策』（ソウル：ミレニアムブックス）一九九九年九七ページ。
（５）同右　七二〜八三ページ。
（６）同右　六五〜六八ページ。
（７）同右　九七ページ。
（８）李鍾奭　前掲誌　四四〜四五ページ。
（９）同右　六三ページ。
（10）同右　七七ページ。
（11）同右　九八ページ。

(12) 同右　四三〜四五ページ。
(13) 白鶴淳「米朝・日朝関係改善問題」（『国家戦略』一九九九年秋／冬）一〇五〜一〇六ページ。
(14) 文正仁「金大中政権と朝鮮半島平和体制の構築」（『国家戦略』一九九九年秋／冬）一六二ページ。
(15) President Kim Dae-Jung's satellite address, *Tenth Annual CNN World Report Conference*, Atlanta, May 5, 1999.
(16) 文正仁　前掲誌　一六二ページ。
(17) 同右　一六ページ、四〜一六九ページ。
(18) 亜太平和財団（The Kim Dae-Jung Peace Foundation）『南北首脳会談：理解と解説』ソウル　二〇〇〇年八月二五日　一七ページ。
(19) 同右。
(20) 同右　一八ページ。
(21) 同右。
(22) 韓昇洲「南北首脳会談と北東アジア情勢」（『ＩＲＩレビュー』二〇〇〇年冬）七〜八ページ。
(23) 安秉俊「南北首脳会談以後の韓国の対話政策」（二〇〇〇年一〇月一二〜一三日、ソウルにて世宗研究所・ホンダ財団主催の〝韓日指導者フォーラム〟における発表論文）
(24) イ・ソハン「南北首脳会談以降の国際環境変化と新しいパラダイム」（『国家戦略』二〇〇〇年秋）七〜一三ページ。
(25) 『防衛白書』（平成一二年版）四四ページ。
(26) 倉田秀也、添谷芳秀、高木誠一郎、河野雅治「座談会：動き出した北東アジア」（『外交フォーラム』二〇〇〇年一一月号）一九〜二一ページ。

(27) 防衛庁防衛研究所編『東アジア戦略概観2001』財務省印刷局二〇〇一年　二七ページ。
(28) 金大中大統領は、南北首脳会談以降の金正日総書記に対して、開放を追い求めており、変化しているると主張しているが、金正日自らが北朝鮮体制の開放と戦争放棄を言明したことはない。
(29) 金聖翰「米国ブッシュ政権の対北朝鮮政策」（韓国国際政治学会、春季学術会議発表論文、二〇〇一年四月四日）。
(30) ペク・ジョンチョン「朝鮮半島における冷戦構造の現況と課題」（『国家戦略』一九九九年秋／冬）二六～二七ページ。
(31) 李鍾奭　前掲誌　六五ページ。

（金《キム》　浩《ホ》燮《ソプ》）

第二部　北朝鮮経済の歴史と現状

第6章　北朝鮮における社会主義経済建設の展開
―自立的民族経済論の形成との関係において―

二〇〇〇年六月一三日から一五日にかけて北朝鮮の首都である平壌において、一九四五年以来の朝鮮の南北分断史上初めて、双方の最高首脳である金大中大統領と金正日国防委員長の会談が行われたことは、おそらく今後永らく朝鮮民族史の一ページに記録されるであろう特筆すべき事件であったことは間違いないはずである。とくにこの首脳会談をきっかけとして、困難な問題を孕みながらも南北朝鮮間の交易・協力事業が増大しつつあることなど、最近の一連の情勢を通じてのみ北朝鮮をみるのであれば、これまでのきわめて硬直した同国の政治体制に今後なんらかの変化が現われることを期待できるようにも思われるのである。

一方、歴史的にみた場合、分断以来南北朝鮮を隔てる北緯三八度線付近の軍事境界線は、長きにわたり米ソ冷戦体制の最重要の火点とされ、これを挟んで南北朝鮮国家が互いに朝鮮半島における権力の唯一正統性を主張し合う状態が続いてきた。一九五〇年六月からまる三年以上にわたり全面戦争として戦われた朝鮮戦争はこの対立を決定的なものにするとともに、これ以来、南北朝鮮の対立は米ソ両国を基軸とした世界的規模での冷戦体制の構造的変化とも複雑に絡み合いつつ、南北朝鮮それぞれの政治経済体制を大きく規定してきたといえる。金日成政権の成立に果たしたソ連の決定的役割などに示されるように、もともと外部からの強いコミットメントを受けていた北朝鮮の場合、五〇年代中盤以降より千里馬《チョンリマ》運動に象徴されるような北朝鮮独自の社会主義建設が全面的に推し進められていくようになる。さらに北朝鮮は、六〇年代初頭に始まる中ソ対立の激化や韓国における朴正熙政権の成立など周辺環境が激変するなかで、外部からの影響が北朝鮮内部に及ぶことを阻止することを目的として、いわゆる自主独立路線を本格的に推進していくようになっていった。そして、北朝鮮の独自性を強調する自主独立路線が展開されるにあたってもっとも重要な理論的支柱となっていったのが、この自立的民族経済論だったのである。自立的民族経済論は、五〇年代後半以降、北朝鮮独自の社会主義路線を正統化する手段として次第に理論的体系化がはかられるようになり、その後もたえず理論的精緻化の作業が進められ、やがて六〇年代後半に金日成の権威を絶対的なものとするために確立されたいわゆるチュチェ思想の中核に据えられるとともに、以後今日まで北朝鮮における最高指導思想の根幹を占めるようになるのである。

自立的民族経済論が形成されてくる過程は、今日における北朝鮮社会主義の諸特性が形成されてくる過程でもあった。その意味において、自立的民族経済論の形成過程を考察することは、現在の北朝鮮を分析するうえでも不可欠である。とくに自立的民族経済論が現在においても北朝鮮の経済建設における基本路線として堅持され続けている以上、それは最近の米朝和解・南北朝鮮関係の改善など、北朝鮮を取り巻く一連の情勢が大きく進展するなかで、今後、政策的変更へと向かう重大な過渡期にあると考えられる今日、同国の対内外政策を理解するために必須のものであるといわねばならない。

そこで本章では、この自立的民族経済論について、第一に北朝鮮においてそれがいかなる歴史的過程を経て同国の建設の中核に据えられたかについて述べ、また第二に、そうした自立的民族経済路線を堅持する北朝鮮経済の現実と、自立的民族経済論が現時点での北朝鮮を取り巻く国際環境においてどのような意味をもつか考察することとしたい。

1　自立的民族経済論の淵源

(1)　社会主義化の開始

一九四五年八月、日本の統治から解放された朝鮮半島は米ソ両国によって直ちに南北に分割統治されることになる。本来この分割統治は、将来における朝鮮の国家独立に向けての過渡的措置とされていたはずであった。しかし米ソを基軸とした冷戦体制が次第に苛烈さを増していく国際環境のなかで、南北の分断状態も決定的なものとなる。そうしたなか、とりわけ米英ソ三国外相会議（一九四五年一二月）に基づき南北の統一政府を樹立することを目的として開催された米ソ共同委員会（一九四六年三〜五月）がほとんど進展をみないままに決裂するに及んで、北朝鮮はソ連型社会主義体制の導入を開始した。金日成は、南朝鮮での民主主義革命を支援する基地として北朝鮮に根拠地を建設するといういわゆる基地路線を打ち出し(1)、具体的な措置としては、四六年三月の土地改革に始まり、同年八月の重要産業国有化法令の発令へと、経済を計画に従って管理、運営、指導する一連の社会主義化が進められた。[2]

金日成は党と政府機構の権力を掌握するとともに、朝鮮戦争中には戦争遂行のためにすべての権力を集中させた軍事委員会の委員長に就任するとともに、軍最高司令官、党委員長、内閣首相を兼任し、絶大な権力を保持したまま、休戦を迎えた。

(2)　朝鮮戦争後の復興をめぐる路線問題

一九五三年七月における朝鮮停戦協定の成立後、北朝鮮が直面した最大の課題は、戦争で著しく荒廃した国家の再建をいかに進めるかという問題であった。[3]しかし北朝鮮指導部のなかでは復興の方法において対立が生まれ、それはスターリン死後のソ連における経済建設路線の変化、つまり消費財生産重視を旨とするいわゆるマレンコフ路線の登場とも密接に関係していた。[4]ここでのもっとも重要な争点は、国家復興に向けての基軸を北朝鮮一国だけでの社会主義建設をめざした重工業優先に据えるのか、それとも人民の生活向上を企図した消費財生産（軽工業）重視に据えるのかという対立であった。金日成は停戦直後に開催された朝鮮労働党第二期第六回会議（一九五三年八月）において当初重工業優先路線を主張したものの、これは容易に党の基本路線となることはできず、二つの主張は北朝鮮内部で進退を繰り返すこととなる。だが五四年一一月からの農業協同化の急速な推進とともに金日成が再び党内主導権を掌握し、「一九五五年人民経済計画」の採択を機に重工業優先路線の定着化に成功するようになった。[5]

こうした北朝鮮の戦後経済復興路線をめぐる党内の対立、すなわち重工業優先か、あるいは消費財重視かという対立にはソ連との関係における路線の正統性という次元の問題が密接に関連しており、消費財重視派＝金日成反対派の主張がその理論的根拠をマレンコフ路線、すなわちソ連理論において いた以上、この当時の金日成にとっては北朝鮮の戦後経済建設に対するソ連の影響をいかに排除していくかが重要な課題として提起されていたといえる。そしてその問題はすなわち、ソ連の動向に左右されずに北朝鮮の経済建設を推進していくために、北朝鮮独自の社会主義理論体系の確立を要請していたともいえる。こうしたなかで金日成は一九五五年春以降、教条主義批判というかたちで北朝鮮内のソ連派批判を本格的に開始するとともに北朝鮮独自の社会主義理論の構築をはかりつつ、同年末には後に「自立的民族経済」の思想的背景をなすことになる、「主体」を提起するのである。

(3)　社会主義理論の確立と「主体」の提起

このように当時のソ連と北朝鮮の関係において、金日成は北朝鮮独自の革命理論を構築する必要性に迫られていたといえるが、国内的状況からしても、一九五四年一一月より、農業協同化が本格的に推進されるようになり、これを基礎として北朝鮮の社会主義改造が現実化するにつれて、現時点での朝鮮革命の段階をいかに規定するかが重要な問題として浮かび上がるようになっていた。翌五五年四月一日から四日まで開催された党中央委員会総会は、こうした議論の行方に決着をつけ、その後の北朝鮮の国家建設を方向づけた重大な転機となった(6)。すでに重工業優先路線を経済建設の基本路線に据えることに成功していた金日成は、この会議を通じて北朝鮮の社会主義的改造に全面的に取り組むことを明確に宣言したのである。この金日成による規定は、以後の北朝鮮の国家建設における一大転換期をなすものとなった。

このように一九五五年四月における党全員会議において北朝鮮独自の革命段階が規定され、それが以後の北朝鮮における社会主義建設の実践上の拠点となるべく用意されたものであった以上、教条主義、なかんずくソ連の経験に実践上のよりどころを求めようとする行動に対して批判が開始されるのは必至であったといえる。またこれに加えて、北朝鮮独自の革命段階のもとで、いかなる思想的拠点のもとに社会主義建設を推進していくのかという問題も重要な問題として提起されていた。この時期の北朝鮮における教条主義批判の核心は、ソ連の経験をそのまま機械的に北朝鮮の経済建設に適用しようとする動きを一掃し、北朝鮮型のマルクス・レーニン主義、換言すれば、社会主義建設の方法論の決定権を北朝鮮内部に確立させようとすることにあった。そうした状況は、同年一二月に、より積極的に北朝鮮の自主性を主張する「主体」について金日成が提起することにつながっていくことになるのである（いわゆる主体演説）。

この金日成による「主体」の提起は、先述した一九五五年四月における社会主義革命の宣言と一対をなすものであったといえる。つまり、北朝鮮の独自の革命段階について規定した四月の宣言の内容を、「主体」が遂行すべきものとして位置づけられていたものといえるのである。

一九五三年七月の朝鮮戦争終了後から五五年末までのあいだの北朝鮮の政治経済は、いかにソ連とそれに理論的背景をもつ国内の金日成反対派の影響を排しつつ、国内建設における独自路線とそのための理論的・思想的拠点を構築するかに最大の焦点があったといえる。さきにみたように、この時期に金日成は党内反対派との闘争で優位な立場にたつようになり、戦後の経済復興における重工業優先路線の優位性を獲得し、これは後に確立される「自立的民族経済」の理論的基軸に据えられることになる。また金日成は、北朝鮮独自の社会主義革命の理論化と教条主義批判によって、そしてさらにこの「主体」の提起によって、北朝鮮独自の社会主義建設を展開していくための国内的権威を確立したのであった。

しかし同時につけ加えて指摘しなければならないことは、一九五五年末時点での金日成による「主体」の提起自体は、あくまでも北朝鮮独自の社会主義建設を展開していくための金日成の国内的権威を確立したにとどまるものであったということである。この当時の北朝鮮は、農業協同化＝北朝鮮社会の大部分を占める農村の社会主義化に本格的に取り組み始めたばかりであり、生産関係全体の社会主義化の完成までにはいまだ程遠い状態にあった。つまるところ後発社会主義国であった北朝鮮では独自の社会主義建設理論を構築可能とするに足るだけの背景的条件、すなわち生産関係における社会主義化がいまだ達成されていなかったのである。金日成が提起した「主体」の必要性とは、北朝鮮独自の社会主義建設理論を構築することの必要性を痛感しながらも、それを可能とする背景的条件をもつことができないでいる金日成自身のジレンマの表現であったともいえる。北朝鮮が自国の状況を具体的に反映した独自の社会主義建設理論を構築するためには、既成事実としての北朝鮮経済の社会主義化がどうしても必要であった。したがってこの「主体」の提起以降、後述するように、金日成は数数の障害にぶつかりつつも、北朝鮮における生産関係の完全な社会主義化をめざして全力で取り組んでいくことになる。

2　自立的民族経済論の定式化

(1)　社会主義化の時代的背景

一九五五年末の「主体」の提起によって、金日成は北朝鮮独自の社会主義建設を推進するための国内的権威を確立したが、国外においては立ち上げられたばかりの金日成の権威を貶めかねない動向が起きていた。五六年二月、ソ連共産党第二〇回大会においてフルシチョフはスターリン個人崇拝批判を行うとともに、アメリカとの平和的共存を旨とする平和共存政策を打ち出した。このフルシチョフの二つの言動は、北朝鮮の内部事情とも密接に関係する問題であり、北朝鮮としては絶対に認めることができない言動であった。まず個人崇拝批判については、それはそのまま前年一二月に確立されたばかりの金日成の権威を否定することにつながっていた。南北分断体制における政権維持のために、北朝鮮は強力なカリスマ的支配体制を必要としていたこと、また後発社会主義国である北朝鮮が急速な社会主義化をはかるためには、金日成という指導者の権威がどうしても必要であったのである。また平和共存政策は、朝鮮の分断状態をそのまま固定化することを意味しかねないものであった。このフルシチョフによる二つの政策は、金日成に強い葛藤を感じさせたことは間違いない。これ以降、北朝鮮は独自の社会主義路線を全面的に展開するとともに、これを阻害する要因を徹底的に排除していくようになる。五四年以降本格化しつつあった農業協同化について、金日成はソ連共産党第二〇回大会直後に開かれた朝鮮労働党第三回大会（一九五六年四月）の席上、第一次五ヵ年計画期間内に農業協同化を完成させる方針を打ち出し、運動にさらに拍車がかけられ、五八年八月に農業協同化は完成されたと称されている(7)。

また、もともと小農経営と小商品生産は直接的関係をもっていたことから、私営商工業の社会主義化も同時並行的に進められ、農業協同化と同じく、一九五八年八月に完成されたと言われている。こうしてすでに朝鮮戦争前の段階で社会主義化が完成していた工業部門とともに農業部門でも社会主義化が完成し、北朝鮮では社会主義的生産関係の全一的支配が確立されるようになった(8)。

一方、こうした北朝鮮を社会主義化させる具体的作業とともに、金日成反対派を権力の中枢から放逐する作業も着々と進められ、一九五六年八月の党中央委員会全員会議で金日成への個人崇拝や重工業優先路線を非難した尹公欽《ユンゴンフム》らは党から除名された（いわゆる「八月宗派事件」(9)）。さらに崔昌益《チエチャンイク》と朴《パク》昌玉《チャンオク》からは党中央委員職を剥奪し、彼らは内閣からも解任された(10)。こうした一連の粛清作業によって、金日成反対派の党内および政権内基盤は一挙に崩壊していったのである。これ以降、金日成反対派に対する締めつけが一段と強化されるようになり、五八年に確定する第一次五ヵ年計画は、金日成の路線、すなわち重工業優先路線を全面的に体現するものとして登場することになるのである。

⑵　朝鮮労働党第一回代表者会と第一次五ヵ年計画

一九五八年三月三日から六日にかけて朝鮮労働党第一回代表者会が開催された。当時の党規約第四一条によれば、「党代表者会は四年に一度開催される党大会と党大会の間、必要によって召集する」

ようになっており、「党代表者会は党の政策と戦術上で緊急な問題を討議する」ものと規定していた。[11] 党の歴史上、この党代表者会が開催されるのはこれが初めてのことであり、そのことはこの会議の重要性を暗示していた。

会議では、①「朝鮮民主主義人民共和国人民経済発展第一次五ヵ年計画（一九五七～一九六一）について」、②「党の統一と団結をさらに強化するために」という議題が討議された。[12] 国家計画委員会委員長李鐘玉《リジョンオク》が第一次五ヵ年計画について報告し、党副委員長朴金喆《パククムチョル》が「党の統一と団結をさらに強化することについて」という題目で報告するとともに、最後に金日成が結語を述べた。まず②について、朴金喆は報告で五六年八月の党中央委員会全員会議以降続けられてきた「反党宗派分子」の徹底粉砕について総括したが、ここでとくに重要な点は崔昌益、朴昌玉などの金日成反対派を「反党反革命分子」に規定したことであった。[13] これは戦後以来経済建設路線の方向性をめぐって重工業優先路線に反対し続けてきた党内の金日成反対派を「反革命分子」に規定することによって、彼らの路線の正統性を完全に抹殺することを企図していたものと考えられる。会議では、「延安派」の支柱的存在であった金料奉《キムドゥボン》、崔昌益、「ソ連派」の中心的人物であった朴義琓《パクウィワン》がその党籍を剥奪された。同年八月の党中央委員会全員会議以来進められてきた金日成反対派最高幹部の粛清は、ここで反対派幹部の完全な政治的抹殺となって現われた。こうした結果、金日成の党内基盤はほぼ完全なものとなり、党内多元主義の存在を示す金日成反対派の拠点は完全に崩壊し、もはや金日成の路線に異議を唱えるための足場は完全に失われた。

さらに北朝鮮の歴史上、いっそう重大な意味をもっていたのが①に関する部分であった。この会議での第一次五ヵ年計画に関する李鐘玉の報告、そしてそれを補足するかたちで金日成が述べた結語の内容を総合してみると、北朝鮮の経済建設路線に重大な規定が行われたことを明白に読みとることができる。「党第一回代表者会決定書」として採択された李鐘玉の報告は、「第一次五ヵ年計画期間に社会主義的工業化の土台を確固として築き上げることによって、わが工業の植民地的跛行性と技術的立ち遅れを完全に一掃し、民族経済の自立的土台をさらに強固なものにし、（…中略…）農業協同化は勿論、個人商工業の社会主義的改造も完成させることによって、人民経済の全ての分野で社会主義的経済形態の唯一的支配を保障しなければならない」(14)と指摘した。「自立的民族経済」という表現が初めて定式化され、その内容は「社会主義的経済形態の唯一的支配」と同一の意味をもつようになった。さらに金日成は大会の結語においてこれを補足するかたちで、「われわれが現在めざしているのは、（…中略…）工業の植民地的跛行性を完全になくし、自立的で近代的な社会主義的工業をきずこうということであります。自主的で自立的な経済を建設するということは、われわれがすべてを自らの働きで暮らしていける国をつくるということ、つまり自給自足できる国をつくることを意味します」(15)と表明した。

ここに初めて「自立的民族経済」という表現について具体的な定義が与えられたのである。金日成がこれまで経済建設の方向性をめぐる問題を含めて自己の路線に反対してきた「反党宗派分子」の徹底粉砕を総括し、自らの権威を党内にいっそう強固なかたちで確立させるために開催した会議の場で、「自立的民族経済」を北朝鮮の社会主義経済建設の総路線として闡明化させたことは、北朝鮮の歴史上、重要な意味をもつものであったといえる。また、「自立的民族経済」という独自型理論の登場は、金日成が一九五五年末の段階では「主体」という漠然としたかたちでしか提起しえなかった北朝鮮社会主義のあるべき「独自性」に、経済理論的角度から初めて具体的な定義が与えられたことを意味していた。その意味において「自立的民族経済」の提起は、五五年末の「主体」の提起に対する金日成自身の解答であったともいえる。そしてそれを可能としたのは、第一に金日成が反対派を押し切るかたちで推進し、ようやく間近に迫ってきていた農業と個人商工業の完全な社会主義化、すなわち北朝鮮経済における社会主義の全一的な支配の完成であり、第二に金日成の経済建設路線すなわち重工業優先路線に反対していた勢力の政治的抹殺であった。

この後、「自立的民族経済」の定式化の流れは一気に加速した。党第一回代表者会に引き続き、最高人民会議第二期第三回会議が六月九日から一一日まで開催され、党第一回代表者会の決定を受けて練り上げられてきた第一次五ヵ年計画の内容がここで正式に法令として採択された(16)。その中身は、計画期間中工業生産は二・六倍、そのなかで生産手段生産は二・九倍、消費財生産は二・二倍にそれぞれ成長すると想定し、投資総額のうち工業の比重が五五%以上、さらに工業のなかで重工業の比重は八三%以上を占めると計画された重工業偏重路線であった。この第一次五ヵ年計画で重工業優先路線が長期経済計画において初めて完全に確立されたのであった。さらに特筆すべきことは、この法令がまた、「第一次五ヵ年計画はわが革命と客観的社会発展法則の要求を正確に反映する科学的な計画であり、われわれの力で実現することのできる現実的な計画である」と規定したことである。ここで金日成の路線は北朝鮮経済の「法則」と定義され、これ以降北朝鮮社会主義の独自性が徹底的に追求されるようになり、そこでは以下に述べる千里馬運動がそれをもっとも象徴していたといえるのである。

(3)　千里馬運動──北朝鮮型社会主義の原型

戦後復興三ヵ年計画の終了とともに、ソ連など社会主義諸国からの北朝鮮に対する援助は激減するようになり、くわえて一九五八年一〇月に朝鮮戦争後の北朝鮮の復興に大きな役割を果たしてきた中国人民志願軍が撤退したことは北朝鮮の経済建設にとって大きな打撃となった。こうしたことなどから、この時期の北朝鮮としては経済建設にあたって自国の内部資源をいかに効率的なかたちで経済建設に動員するかが焦眉の問題となっていたのである。

一方、金日成は「自立的民族経済」という北朝鮮独自の経済建設理論を登場させていたが、そこではそうした北朝鮮型経済建設の方法論の内容を明確に具体化させる必要があった。つまり北朝鮮型社会主義の建設を担う理想的な人間像を提示する必要があったといえる。そしてその具体的作業が、集団的革新運動に始まりやがて千里馬運動として全面的に展開されるようになった、以下に述べる一連の過程であった。一九五八年九月に開催された全国生産革新者大会で行われた職業総同盟中央委員会委員長韓相斗《ハンサンドゥ》の報告の内容には、北朝鮮型社会主義運動として展開され始めた集団的革新運動の特徴が集約されていた。

「社会主義建設を促進させるために威力のある手段の一つであり、大衆の創造的積極性の表現である集団的革新運動は、労働者の創意性を最大限に引き出し、彼らの革命的熱意を高度に高揚させることを要求している。

なぜならば、それは社会主義競争の新しい高い段階として大衆の創意性に基づいた愛国的で自発的な運動であるからである。

集団的革新運動は上からの指示や行政的命令の方法では、決して高い成果を達成することはできない。もっぱら、広汎な労働者が党の経済政策の正当性を深く把握し、その遂行に思想的に動員される場合においてのみそれは不断に拡大発展することができる。

集団的革新運動をさらに発展させ、大衆の高揚した革命的気勢を引き続き堅持するためには、社会主義建設のすべての分野で消極性と保守主義を徹底的に克服しなければならない。

消極性と保守主義は労働者大衆の無尽蔵の創意性と革命的熱意を窒息させ、われわれの前進運動を妨害している。

保守主義と消極性、それは古く沈滞的なものの具体的な表現であり、大衆の愛国的創意性と革命的威力を信じず、荘厳な現実をありのままに見ようとしないのである。」[17]

つまりこの「集団的革新運動」の本質は、精神的に労働者大衆を高揚させる手段を使って、彼らの創意性、自発性を最大限に発揮させ、それを集団次元の労働生産性の拡大につなげていくことを目的とするものであった。その後、一九五八年九月の党中央委員会全員会議をきっかけとして、この運動はさらに高い段階、つまり千里馬運動へと引き上げられていくのである。千里馬運動は生産の不断の拡大と労働生産性の成長を第一義的目的にしており、それは労働者の思想意識が生産性向上のために積極的意義をもつという考え方に基づいていた[18]。ここでは労働への「物質的誘因」よりも、むしろ「政治的・精神的誘因」のほうが重視されていたのである。千里馬運動における最大の目的の一つは、生産力の拡大をめざして人民の思想意識を共産主義的に改造することにあったのであり、それを根本から保障するために、単に生産活動の側面にとどまらず日常生活のあらゆる分野で共産主義的関係を確立することにあった[19]。そしてさらに重要なことは、北朝鮮型共産主義の建設を担う具体的な人間像のありかたが、金日成が主導したとされる抗日パルチザンの革命伝統へと結びつけられていったことであった。

経済建設に取り組む北朝鮮人民のあるべき姿の模範を金日成が主導したとされる抗日パルチザンの革命伝統に求めるようになったこと、ここに北朝鮮型社会主義の新たな展開が生まれたのであった。北朝鮮の経済建設の場で今日叫ばれている「生産も学習も抗日遊撃隊式に！」というスローガンは、その淵源をここにもつものであるといえる。

一九六〇年八月に開催された全国千里馬作業班先駆者大会では運動が中間総括され、さらに人民経済のすべての部門で技術革新運動を全面的に展開し、千里馬作業班運動を拡大発展させることが討議された[20]。金日成は演説で「千里馬騎手たちはわが時代の英雄であり、党の赤い戦士である」と規定しながら、運動を「工業部門のみならず、農業、建設、運輸、商業、教育、保険、科学、文化、芸術など経済と文化のすべての分野」にまで拡大するように促し、さきに述べたような思想的基盤を背景としながら、やがて運動は全社会を巻き込んで展開されるようになった[21]。こうして千里馬運動は、北朝鮮における社会主義建設の総路線の地位にまで格上げされ、やがて運動の論理は北朝鮮の全社会に貫徹されるようになるのである。

(4)　千里馬運動の意義

千里馬運動は北朝鮮型社会主義を体現するものとして発動されたものであった。そしてそれを構成する論理は、金日成による抗日パルチザンの革命伝統などに象徴的に現われているように、今日の北朝鮮においても変わることなく堅持されているものといってよい。千里馬運動の意義を考えるうえでもっとも留意すべき点は、この運動が一九五〇年代末の北朝鮮を取り巻く特殊な背景的条件のもとで展開されたものであるということである。そしてその背景的条件を整理するならば、つぎのようにまとめることができるものと思われる。

まず国内的要因としては、①金日成が朝鮮戦争終結以後、経済建設路線の方向性をめぐって対立してきた政治的反対派の粛清によって、党内の政治的基盤を確立させるとともに、自己の路線＝重工業優先路線の定着化に成功し、さらにこの路線を社会レベルで貫徹していくために人民を自己に忠実なものにする必要があったこと、②第一次五ヵ年計画の樹立が大幅に遅延し、計画の遂行自体を短期間に行わなければならず、生産で革新が必要となっていたこと、③金日成が党内反対派をほぼ一掃し、自らの政治的基盤の確立に成功したことが彼の歴史を唯一革命伝統として北朝鮮そのものの歴史にまるごと定着させることを可能としていたこと、④農業協同化と個人商工業の社会主義化が完了し、すでに戦前の段階で社会主義化がほぼ完了していた工業部門と併せて北朝鮮の生産関係の社会主義化が完了したことが、あらたな次元で北朝鮮型社会主義を担う具体的人間像のありようの提示を求めていたこと、などがあげられる。

さらに国際的要因としては、⑤戦後復興三ヵ年計画が終了した一九五七年以降、社会主義諸国からの援助が激減するなかで、生産を拡大していくために、人的資源を含めた北朝鮮の内部資源を最大限に動員する必要があったこと、⑥同時期に行われた中国人民志願軍の撤退が北朝鮮における労働力の減少を意味し、これを補う必要があったこと（この点は⑤に同じ）、⑦同じく中国人民志願軍の撤退が北朝鮮の安全保障の不安定要因となっていたことから、これを国内的引き締めによって補う必要があったこと、⑧ソ連から「大国主義的圧力」が北朝鮮に加えられるなかで、北朝鮮としては自国の経済建設にあたって自己の内部資源に依拠するよりほかになく、これを最大限に動員する具体的契機をつくり出す必要があったこと、などがあげられると思われる。

これらの背景的要因が互いに絡み合いながら、ワンセットのかたちで千里馬運動展開の背景条件を醸成していたということである。千里馬運動はそうした一九五〇年代末における北朝鮮を取り巻く特殊な政治経済的状況のなかで推進されたものであり、したがって運動自身のなかにそれらの背景的要因がひとつひとつ色濃く反映されていたといえる。その結果として、千里馬運動は他のどこの国にもないまったく独自の特徴をもった北朝鮮型社会主義運動として現われてくることになった。

そのおもな特徴としては、①金日成の抗日パルチザン闘争を内容とする唯一革命伝統の強調、②それに基づいた北朝鮮ナショナリズムの強調、③金日成の生産部門に対する頻繁な現地指導、④金日成の指示の絶対化、⑤党など上部からの指示に対する無条件的絶対的忠誠の要求、⑥それに自発的に応じる人民の革命的姿勢、⑦運動を通じた人民の生活のあらゆる面に対する統制、⑧集団主義的生活の確立、などがあげられる。

こうした一連の特徴は、以後の北朝鮮社会主義の内容を大きく規定することとなり、これらひとつひとつの特徴がいずれも今日の北朝鮮の社会主義体制を支える論理的枠組みの構成要素となっていることが指摘されねばならない。ソ連をはじめとする社会主義国からの援助の減少が北朝鮮独自のナショナリズムの発露＝北朝鮮独自による社会主義理論の構築を促進する状況にあったことは事実であるが、とりわけ重要なことはそこでの理論構築における金日成の役割である。千里馬運動が展開される過程において金日成の伝統が強調されてくるのは、それまで着実に進められてきた延安派などの金日成に対抗する勢力の除去を基本的背景としていたが、千里馬運動はこれをいっそう高い段階へと推し進め、北朝鮮内部において金日成の伝統とは相容れない異質的要素を徹底的に排除していくものであった。

そしてこうした条件のもとに、千里馬運動以降、北朝鮮国家の安全保障と金日成体制が同一の次元で語られるようになっていくことになるのである。これらの点において、千里馬運動は「自立的民族経済」の根幹にあり、また北朝鮮型社会主義の原型というべきものといいうる。そしてこうした千里馬運動の論理は、運動の延長線で確立されることとなった農業部門における「青山里《チョンサンリ》方法」、また工業部門における「大安事業方式」など、経済建設における新たな指導体系の内容にも例外なく貫徹されていくのである。

3　チュチェ思想と自立的民族経済論

(1)　自力更生主義の深化

一九五〇年代を通じて北朝鮮は自力更生主義、すなわち国内完結的自給自足主義に基づく自立的民族経済論を自国の経済建設路線の中核に据える作業を進めてきたが、その最大の目的は、ソ連からの政治的な干渉を排しつつ北朝鮮の政治的な独自性、つまり北朝鮮内部で確立された金日成体制の独自性を確保していくことにあったといえる。そして千里馬運動の展開により、独自の社会主義体制をもつ国家として登場した北朝鮮においては、この運動以降、国際情勢の変化のなかでいっそう自力更生主義が強調されるようになり、自立的民族経済論はその自力更生主義における最大のシンボルとされ、その理論的精緻化がはかられるようになる。

一九六〇年代に入り、北朝鮮を取り巻く国際情勢は劇的に展開しはじめた。キューバ危機・中印国境紛争の激化（一九六二年）、部分的核実験停止条約の締結（一九六三年）などにともなって激化した中ソ対立は北朝鮮を含めた社会主義諸国を大きな混乱に陥れた。さらに韓国において成立した朴正煕政権は、北朝鮮に対抗するかたちで韓国の経済開発を本格的に開始するようになる。こうした状況のなか、北朝鮮ではいわゆる四大軍事路線の採択に示されるように自力更生主義が以前にも増して強調されはじめた。北朝鮮が自力更生主義を促進させた具体的要因は、第一に経済開発を開始した韓国との対抗関係、第二にソ連との関係悪化による援助の減少から自国の内部資源をさらにいっそう動員する必要があったことなどにまとめられるが、とりわけ重要なことはソ連が提起していた「社会主義国際分業」との関連である。

一九六二年以降ソ連はCOMECONの拡大をはかりはじめた。ソ連が提起した「社会主義国際分業」は、「世界社会主義体制は、その発展の新段階にはいった」との認識のもとに、「社会主義諸国の国民経済計画を総合的に調整しつつ社会主義諸国の経済発展水準の差異を克服し、分業による生産の専門化と協同化によって社会的生産の効果を引上げること」をその理論的骨子としていた。[22] ソ連がこの時期にCOMECONの拡大をめざしたのは、当時激化の一途をたどっていた中ソ対立のなかで、自国が主導するCOMECONに北朝鮮を含めたアジアの社会主義国を取り込み、これを軸としたひとつの対中国包囲網を形成するという戦略によるものだと思われる。しかしながら、前述したように北朝鮮はすでに非外部依存型の自立的民族経済論を自国の経済建設の中核に据えていたのであり、理論的にみた場合、それは「社会主義国際分業」とは根本的に対立するものであった。[23]

建国以来、ソ連から自国に加えられる政治的圧力をいかに排除するかを模索してきた北朝鮮指導部にとって、「国際分業」によって自国の命運がソ連の意思に委ねられる可能性をみすごせるはずはなかったのであり、北朝鮮としてはより積極的なかたちで「社会主義国際分業」に対抗する自立的民族経済論の正統性を主張することを迫られたのである。また中ソ紛争が激しくなる当初において北朝鮮が中国を支持したことは、ソ連の北朝鮮に対する経済援助の停止という事態を招来した。ここにいたり、北朝鮮は従来の自立的民族経済論をいっそう精緻なかたちで理論化しつつ、その正統性を強調するようになり、なおかつその内容も次第に変化するようになるのである。

金日成は党・政府などの重要会議における演説のなかで、北朝鮮独自の「自立的民族経済」の具体的内容とその建設方途について明らかにするようになり、とくに一九六二年一〇月に開催された最高人民会議第三期第一回会議で北朝鮮の経済建設に関する原則の詳細を明確に提示した(24)。この演説の内容においてとくに指摘すべきことは、金日成が、北朝鮮における経済建設の最初の段階として、まず「自立的民族経済」を建設しなければならず、その完成後におけるつぎの段階で「社会主義国際分業」に参加すべきだとする見解を打ち出したことである。彼はきわめて消極的なかたちながらも北朝鮮の経済建設論のなかに「社会主義国際分業」を取り込むことで、ソ連との対立が明確化するのを避けようとしたが、これらは実質的には「社会主義国際分業」に対する明確な拒絶宣言であった。

一方、北朝鮮はこれより以前の一九六〇年に平壌で出版した『政治経済学参考資料』のなかで「社会主義国際分業」についてつぎのような見解を示していた。

「社会主義体系における国際分業は、平等な兄弟的協調と社会主義的相互援助に基づいて進められ、これは資本主義から引き継がれた経済的落伍性と一面性の清算を容易なものとし、社会主義工業化のための有利な条件を醸成し、経済的自立性を強固なものとし、人々の物質的福利を急速に向上させることが出来るものである。

社会主義国際分業は、社会主義陣営を構成する各国をして最も有利な自然的条件、経済的条件、生産経験および幹部を持つ、その部門の発展に自己の力量と資金を集中させることを可能とし、その国の経済発展のテンポをさらに促進させるのである。わが党はかつて戦後経済建設の総路線を提示し、わが国の工業の偏頗性と一面性を一掃し、その多面性と自主性を保証するために、わが国の人民経済に要求されるそのすべてのものを全部我々の手で作り出さなければならないとするものではないと指摘した。わが党第三回大会決定と一九五六年八月全員会議決定においても、わが国に有利な自然経済的条件を充分に動員利用することのできる工業の部門を発展させるようにすることを規定したことなどは、国際分業の有利性を考慮に入れた、わが国工業の発展のために賢明な措置であった。

このように社会主義国際分業は、社会主義陣営に属する国々のあいだの経済協調をさらに発展させる手段となっている。」(25)

これを先に指摘した金日成の演説と比較すると、一九六二年における彼の演説では「社会主義国際分業」に対する肯定的な解釈がはるかに後退したことがみてとれる。こうして北朝鮮は、自国の経済建設論の支柱たる自立的民族経済論を理論的に精緻化させるなかで、「自立的民族経済」の建設を第一義的課題に位置づける方向性をこれ以降もさらに強めるようになっていくのである。

(2)　自立的民族経済論の絶対化

一九六五年以降、北朝鮮をめぐる外部環境はよりいっそう激しく展開しはじめた。まず六五年六月に日韓基本条約が締結され、米日韓が政治的に一体化するようになるとともに、これ以降韓国は日本からの外資導入によって急速な経済発展を遂げるようになった。また六六年八月ごろから中国では文化大革命が本格的に推進されるようになり、これとともに中朝関係も悪化するに至った。

こうして外部環境が激変するなかで、北朝鮮は自国があくまでも自主路線を堅持し、もはやいかなる外部からの政治的影響にも左右されないための体制を構築しはじめるのである。金日成は一九六六年一〇月に開催された朝鮮労働党第二回代表者会において、北朝鮮が中ソ両国からの干渉を排除し、独自の革命原則、対外対内政策を決定・実行するという自主路線の貫徹を宣言した(26)。そしてその直後六七年五月に開かれた党中央委員会第四期第一五回会議では、金日成を中心とする党の唯一思想体系を確立することが決定され(27)、ここにおいて金日成の革命路線が絶対化されるに至った。党の唯一思想体系の確立は、朝鮮労働党の内部で政策の方向性をめぐる路線闘争が発生しうる可能性を完全に封殺した。そしてそれはまた、外部からの影響が北朝鮮内部で発現することを封殺することをもめざすものであった。

一九五八年三月の党第一回代表者会で党内の金日成反対派の粛清が総括され、反対派の主張していた経済建設路線は「反革命」に規定された。直後に行われた第一次五ヵ年計画の法令採択以来、経済建設において金日成の路線が北朝鮮経済の「法則」の位置にまで高められてきていた。唯一思想体系の確立はこの段階をさらに高め、金日成のイデオロギー・革命路線いっさいを北朝鮮の外部からも内部からも操作不可能なものとし、それを彼岸化するところに狙いがあったといえる。さらに同年一二月に開催された最高人民会議第四期第一回会議で金日成は、朝鮮民主主義人民共和国政府一〇大政綱を発表し、チュチェ思想が北朝鮮政府のすべての政策と活動の指針であると位置づけた(28)。そして同時に「政治における自主」「経済における自立」「国防における自衛」というチュチェ思想を支える三つの原則のなかで、「経済における自立」が基底にあるという認識を示し、チュチェ思想の根幹の最深部にあるものが「自立的民族経済」の堅持であることを表明したのである。

そしてチュチェ思想と唯一思想体系という、ソ連や中国とも決定的に異なる体制の中核に据えられた自立的民族経済の堅持は、後に南北対話が開始されるなかで、自己の体制の正統性を表現する手段として制定された、いわゆる社会主義憲法にも条文として盛り込まれるとともに、以降北朝鮮体制の正統性を主張するための最大の根拠として、今日まで北朝鮮の経済建設路線において綱領的役割が与えられ続けている。

4　「自立的民族経済」の現実

(1)　自立的民族経済における経済運営

以上に述べてきたように、一九五〇年代後半以降北朝鮮において自立的民族経済は一つの論として確立され、やがて北朝鮮の経済建設における絶対的な原則へと昇華するとともに今日まで一貫して堅持され続けているのであるが、ここにおいて特徴的なことは北朝鮮の経済建設においては、政治的な要因からくる影響がきわめて強いということである。

一方、一見したところでは、北朝鮮の経済体制は「自立的民族経済」という絶対的な原則に貫かれているものともいえるが、今日に至るまでの現実はけっしてそうではないことを示している。言葉の厳密な意味において「自立的民族経済」を建設するということは、金日成の言葉にもあるように、

「国を富強にし、人民生活を向上させるのに必要な重工業および軽工業製品と農産物を基本的に国内で生産し保障することができるように、経済を多面的に発展させ、現代技術で装備し、自己の強固な原料基地をきずきあげて、すべての部門が有機的にむすびついた一つの総合的な経済体系を形成すること」[29]を意味し、原料から完成品の加工に至るまで生産から消費に至るすべての循環システムが北朝鮮一国内部で完結する体制をつくることを意味するはずである。しかし実際において、北朝鮮は自立的民族経済の原則を堅持しながらも対外貿易そのものを否定することはしなかったし、ソ連や中国からの経済援助を確保することにも努めるとともに、一九七〇年代には西側諸国から借款の導入をはかったこともある。

さきに指摘したように、自立的民族経済の確立が強調された一九六〇年代においては、北朝鮮の対外貿易は社会主義国が中心であり、その規模も限定されたものであった。ところがこうした状況はその後変化し、北朝鮮は七〇年代前半より西欧諸国から借款を導入し、機械やプラントなどの大規模な輸入をはかった。当時の北朝鮮がこれに踏みきった理由としては、①生産設備の老朽化や西側の先進技術の導入、②ソ連や中国からの援助の減少、③急速な経済開発を進めていた韓国に対する対抗、などがあげられる。しかし七三年に始まるいわゆる石油危機によって、北朝鮮は自国の輸出商品の中心であった鉛や亜鉛などの非鉄金属の国際価格が暴落するなどの事態に直面し、輸出代金の支払い不能に陥った。そうしたなかで、西側諸国だけでなく社会主義国からの借款も望めなくなった北朝鮮は、膨大な対外債務を抱えることになるのである。

その後一九八四年に北朝鮮は「合弁法」を制定し、外国企業との合弁による直接投資を誘致することによって外国から技術・経営技法の導入をはかり、九一年末にソ連が崩壊するのとほぼ時を同じくしていわゆる羅津・先鋒経済特区を創設し、現在に至るまで外国からの投資は停滞しているものの、そこでは一〇〇％の外資導入を認めるまでに至った。まず西側諸国から借款の導入をはかり、その後外国企業との合弁による直接投資を目的とした「合弁法」を制定したこと、そして羅津・先鋒経済特区の設置にまでたどり着いた北朝鮮による一連の経済開放政策は、それぞれの経済開放政策を導入した同国がそれぞれの政策の効用と限界をふまえたうえで慎重に導入していったものと解釈することも可能である(30)。たとえば、合弁事業の不振もしくは失敗などに示される九〇年代初頭における北朝鮮の経済開放政策をめぐる一連の状況が、社会主義市場の崩壊や豆満江《トゥマンガン》地域開発などの北朝鮮外部での動向に絡み合うかたちで、新しい経済開放政策としての羅津・先鋒経済特区の導入に結びついていったというのが事実であると考えられるのではないか。

またいずれにせよ、こうした西側諸国との経済関係の拡大や外資の導入は、自立的民族経済は外国との経済協力を排除しないという北朝鮮側の見解から正当化されたものと考えられるが、しかしだからといって、自立的民族経済がその定義どおりに実現可能かどうかという問題が、北朝鮮にとって常に副次的な問題であったというわけではない。北朝鮮が自立的民族経済の実体化をめざして取り組んだ例としては、エネルギー政策があげられる(31)。かつて北朝鮮は自国内に多く埋蔵されていた石炭を中心とするエネルギー供給構造をつくり上げた。しかし次第に世界のエネルギー消費構造は石油を中心とするようになり、外国から輸入した機械などは石油を必要としたことから、北朝鮮の石油消費量は大幅に増大した。北朝鮮は一九八〇年代末において原油輸入の約三分の二をソ連と中国に依存してきたが、九〇年よりソ連と中国が北朝鮮に対して原油代金のハードカレンシーでの決済、および国際市場価格での引き上げ（石油の供給を国際市場価格より安い価格で取引する、いわゆる友好価格の廃止）を要求したことから、北朝鮮の原油輸入は激減するに至り、北朝鮮はたちまち深刻な経済危機に見舞われた。つまるところ、ここにおいても理論と現実との乖離が大きく露呈されることになるのである。

(2) 北朝鮮国家の存立基盤としての自立的民族経済論

北朝鮮においては自立的民族経済の堅持が強調され続けているものの、先述したように、厳密な意味において北朝鮮が経済的自給自足に徹したわけではないし、仮に北朝鮮が自立的民族経済の厳格な運用に徹すれば、エネルギー面をはじめとして国家そのものの運営に重大な支障をきたすはずであった。

だがここで改めて指摘すべきことは、北朝鮮において「自立的民族経済」という言葉に与えられている意味合いの問題である。さきに考察したように、金日成の唯一思想体系の確立にともなって成立したチュチェ思想はその根幹に「自立的民族経済」を据えており、その後、金日成の神格化がさらに進められるのにしたがって、「自立的民族経済」はさらに絶対化されるようになっていった。さきにみたように、「自立的民族経済」は、その出自からして金日成の思想と強く結びつけられており、仮に北朝鮮が「自立的民族経済」を一部修正または放棄するような場合、それは直ちに金日成の思想やその体系であるチュチェ思想が一部修正または放棄されることへとつながる構造になっているのである。したがって、北朝鮮にとっての「自立的民族経済」は、けっしてただ単なる一つの経済建設論なのではなく、金日成の思想を体現する国家の存立基盤としての絶対的な役割が与えられている存在であるといいうる。

一九九四年七月の金日成死去後、九七年一〇月になって、ようやく金正日が党総書記に就任し、建国五〇周年にあたる翌九八年九月には最高人民会議第一〇期第一回会議を開催し、そこでは従来の憲法が大幅に修正・補足されて採択された。金日成の死去後、政治や社会のすべての分野において、金日成とその思想を保持し、その価値をいっそう高めようとする動向が顕著にみられるが[32]、この憲法の修正・補足はそうした動向を象徴するものであった。

この憲法はその序文において、「朝鮮民主主義人民共和国は偉大な領袖金日成同志の思想と指導を具現したチュチェの社会主義祖国である。偉大な領袖金日成同志は朝鮮民主主義人民共和国の創建者であり、社会主義朝鮮の始祖である」[33]と規定した。これは北朝鮮が今後も金日成の思想や路線をあくまでも堅持していくことを宣言したものといえるが、そもそも金正日体制が、金日成の思想を強化・発展させるなかから成立してきた経緯を考えれば、金正日体制にとって、金日成の思想、とくにその支柱である「自立的民族経済」建設路線を堅持することは必定の前提となるはずである。

また、このように金日成の正統性が強調され続けている背景には、北朝鮮における政治経済が常に韓国との対抗関係にさらされており、経済的停滞状況のなかにある北朝鮮が、韓国に対する優位性を朝鮮民族史上における金日成の「思想」の正統性に求めていることも一因にあるものと考えられる。

こうして北朝鮮は、その経済の著しい沈滞状況から、経済体制の抜本的な改革が要請されているのとは裏腹に、自国の体制を維持するために、その存立基盤たる「自立的民族経済」の正統性をよりいっそう強調しなければならない状態に陥っているともいえる。

しかし北朝鮮を取り巻く国際環境は大きく変化しつつある。まず一九九四年一〇月のいわゆる米朝ジュネーブ合意を皮切りに、冷戦体制のもとで厳しい対立を続けてきた北朝鮮とアメリカは対話を重ねるうちに徐々に信頼関係を構築し、二〇〇〇年一〇月には両国間の「敵対関係の終結」を宣言する共同コミュニケを発表するまでに至った。また本章の冒頭でも指摘したように、同年六月には史上初めての南北朝鮮の最高首脳会談が実現し、南北関係は緊張を孕みながらも和解の方向へまったく新たな次元に突入しつつある。これらの事実はまた、かつて北朝鮮が自立的民族経済論を自国の経済建設論の中核に据える条件の一つとなったアメリカ、および韓国などとの対決という厳しい周辺環境的条件が、大きく崩れつつあることをそのまま物語っているといえる。さらにこうした朝鮮半島をめぐる「雪解け」のなかで、今後も北朝鮮がみずから積極的に韓国を含めた周辺諸国・地域と和解を推し進めるならば、そこからは資本・技術が得られるはずであり、北朝鮮がとりうる経済体制再建のための選択肢は確実に増大するに違いない。現時点において北朝鮮、そして周辺諸国がとりうる選択肢がなんであり、その限界はなんであるのか、北朝鮮を含めた東北アジアの冷戦を真に終結させるために、常に最善の方法を構想することは、また日本を含めた周辺諸国の責務であるといわねばならない。

注

（1）小此木政夫編『北朝鮮ハンドブック』講談社　一九九七年　九七〜九八ページ。

（2）同右　一〇〇ページ。

（3）朝鮮戦争における北朝鮮側の被害については不明な点が多いが、北朝鮮当局の公式の発表によれば、人命の損失はもちろんのこと、北朝鮮の経済的損失総額は約四二〇〇億ウォン（旧貨幣）に及び、大小八七〇〇余りの工場、三七万町歩の農地、総面積二八〇〇万㎡に達する六〇万余戸の住宅、五〇〇〇余りの学校建物、一〇〇〇余りの病院および診療所、二六七の劇場および映画館、数千の文化施設が破壊または焼失されたとされている（『朝鮮中央年鑑　一九五四-五五年版』朝鮮中央通信社　平壌　五一ページ）。

（4）復興のための主な資金源はソ連から提示された一〇億ルーブルにも及ぶ巨額の援助であり、その使用のために北朝鮮はソ連側との調整を必要としていた。この対立に関する詳細については、小此木政夫「北朝鮮における対ソ自主性の萌芽一九五三―一九五五」（『アジア経済』一九七二年　七号　アジア経済研究所）を参照。

（5）小此木政夫「北朝鮮共産主義の誕生」松本三郎・川本邦衛編『ベトナムと北朝鮮』大修館書店　一九九五年　四二〜四七ページ参照。

（6）同右　四八〜六〇ページ参照。

（7）金漢吉『現代朝鮮史』外国文出版社　平壌　一九七九年　三八四ページ。

（8）同右　三八七ページ。

（9）「八月宗派事件」の経緯については、林隠『北朝鮮王朝成立秘史─金日成正伝』自由社　一九八二年　二〇七〜二一三ページ、または、柴田穂『金日成の野望　中巻─粛清の歴史』サンケイ出版　一九八四年　一六八〜一七五ページなどを参照。
（10）高峻石『金日成体制の形成と危機』社会評論社　一九九三年　一五五ページ。
（11）「朝鮮労働党規約」『朝鮮労働党第三回大会文献』外国文出版社　平壌　一九五六年　四五四ページ。
（12）『政治用語事典』社会科学出版社　平壌　一九七〇年　四八〇ページ。
（13）朴金喆『党の統一と団結をさらに強化することについて』朝鮮労働党出版社　平壌　一九五八年　二九ページ。
（14）李鐘玉「朝鮮民主主義人民共和国人民経済発展第一次五ヵ年計画（一九五七〜一九六一）について」金俊燁・金昌順・李一善・朴寛玉編『北韓研究資料集第三輯』高麗大学校亜細亜問題研究所　ソウル　一九七八年　四四八〜四六二ページ。
（15）金日成「第一次五ヵ年を成功裏に遂行するために─朝鮮労働党代表者会議での結語─」『金日成著作集』（第一二巻）外国文出版社　平壌　一九八三年　一〇〇〜一〇一ページ。
（16）金俊燁・金昌順・李一善・朴寛玉編　前掲書　四九一〜五二五ページ。
（17）同右　三二一〜三三一ページ。
（18）徐東晩「北朝鮮における社会主義体制の成立　一九四五─一九六一」東京大学博士論文　一九九五年　五三一〜五三三ページ参照。
（19）同右　五三三ページ参照。
（20）社会科学院歴史研究所『朝鮮全史　29』科学百科事典出版社　平壌　一九八一年　一八四〜一八五ページ。

(21)　同右。
(22)　「国際社会主義分業の基本原則」(『プラウダ』一九六二年六月一七日)。邦訳は外務省国際資料部監修、欧ア協会編『中ソ論争主要文献集』日刊労働通信社　一九六五年　八七〜九七ページ。
(23)　関寛治・高瀬浄編『朝鮮半島と国際関係』晃洋書房　一九八二年　二四四〜二四八ページ参照。
(24)　金日成「朝鮮民主主義人民共和国の当面の課題について—最高人民会議第三期第一回会議でおこなった演説—」『キム・イルソン著作選集　3』外国文出版社　平壌　一九七一年　三九七〜四四八ページ。
(25)　『政治経済学参考資料』朝鮮労働党出版社　平壌　一九六〇年　五一四ページ。
(26)　金日成「現情勢とわが党の任務—朝鮮労働党代表者会議でおこなった演説」前掲『金日成著作選集　4』(第二版)三五六〜三五七ページ。
(27)　社会科学院歴史研究所『朝鮮全史　28』科学百科事典出版社　平壌　一九八一年　二八〜二九ページ。
(28)　金日成「国家活動のすべての分野で自主、自立、自衛の革命精神をいっそう徹底的に具現しよう—朝鮮民主主義人民共和国最高人民会議第四期第一回会議で発表した朝鮮民主主義人民共和国の政綱—」前掲『金日成著作選集　4』(第二版)五四一〜六〇二ページ。
(29)　金日成「朝鮮民主主義人民共和国の当面の課題について—最高人民会議第三期第一回会議でおこなった演説—」前掲『キム・イルソン著作選集　3』四二四〜四二五ページ。
(30)　申志鎬「北朝鮮の経済開放—合弁事業から経済特区へ—」(『法学政治学研究』一九九八年　三六号　慶應義塾大学)参照。
(31)　梁文秀『北朝鮮経済論—経済低迷のメカニズム—』信山社　二〇〇〇年　二四四〜二五九ページ参照。

(32) 徐大粛／安部誠・有田伸訳『金正日の北朝鮮』岩波書店　一九九九年　九ページ。
(33)『朝鮮民主主義人民共和国社会主義憲法』外国文出版社　平壌　一九九八年　一ページ。

（今泉良太）

第7章　南北経済交流・協力の過去と現在

二〇〇〇年六月、金大中大統領と金正日国防委員長との歴史的「南北首脳会談」を契機として、南北関係は以前より緊密となり、離散家族の相互訪問を筆頭に、政治、経済、文化など、さまざまな分野で活発な交流が行われている。南北関係史上、もっとも積極的な交流・協力が行われているのである。ようやく、半世紀にわたった分断と敵対の緊張関係が決別を告げようとする瞬間が近づいてきたようにもみえる。それは、南北それぞれによる、あるいは外部からの圧力による対北・対南政策や南北双方の努力が積み重ねられてきた結果であろう。とくに、経済交流・協力は、南北関係の和解を促進する重要な役割をもっており、その過去と現在を探ることによって、南北関係進展における歴史的背景を理解することが可能であろう。

本章では、南北経済交流・協力の意味を考察し、その歴史的展開および現況、また南北経済関係の問題点をあげ、その課題と今後の展望について考えてみる。(1)

1　南北経済交流・協力の経済的意味

(1)　韓国の立場

一九六〇〜七〇年代の「漢江《ハンガン》の奇跡」と称された韓国の経済成長後、韓国ではアメリカ市場に依存してきた輸出主導型工業化が限界に至り、新たな商品市場の獲得が求められていた。韓国における労働集約型軽工業製品は品質や技術水準など、資本外の面では国際競争力を維持しているが、労働費用、土地などの資本費用面では競争力が弱化していた。韓国は競争力の劣る産業を、東南アジアや中国などに移転させ、先進国から最先端産業を受け入れなければならなかった。岐路に立っていた韓国企業にとって、低賃金労働や地理的近接を活用することができる北朝鮮への投資は、新しい戦略として注目された。もちろん、韓国企業にとって、北朝鮮が魅力的な投資地域であるとは一概にはいいきれない。韓国企業よりさきに北朝鮮への進出を試みた在日朝鮮人企業の場合、大きな成果を上げることなく、失敗に終わった経験が残されているからである(2)。「大安事業方式(3)」と「朝朝合弁」の衝突、不十分なインフラ、市場経済への無知、北朝鮮情報の不足などの問題により、九六年現在、合弁会社の廃業率は四八％にも達しているという(4)。朝朝合弁の失敗事例は、韓国企業の投資意欲を低下させ、南北経済協力への不信を拡大した。

しかし、短期間に利益を上げるという観点から離れて、中長期的観点からみれば、南北経済協力は企業や国民に利益を与えうるであろう。たとえば、韓国の企業は南北経済協力を通じて北方進出の橋頭堡を築くことが可能となる。今後、ロシア、中国、モンゴルなど、東北アジア地域の潜在的な成長力を勘案する場合、北朝鮮との経済協力に基づいた東北地域への進出は、韓国企業のイメージを高め、その基盤を築くことができるだろう。また、南北経済交流・協力の拡大によって、南北対話の機会が増え、南北和解ムードを徐々に高めることも期待できる。そして、南北統一の可能性と関連して、七七〇〇億ドルから三兆五五〇〇億ドルと推定される莫大な統一費用の節減効果も得ることが可能となり、経済統合過程における摩擦も軽減できるであろう。(5)

(2)　北朝鮮の立場

現在の北朝鮮経済には、自立的民族経済建設や重工業優先という経済政策上の誤りが生んだ必然的な結果として、工業・農業・インフラといった各産業部門におけるさまざまな問題が山積している。産業間の不均衡は深刻になり、経済成長は鈍化しつつある。こうした苦しい状況を打開するため、対外経済関係の改善策として、一九八四年に「合弁法」を制定し、九一年には「羅津・先鋒経済特区」の設立を通して外国からの資本・技術導入を試みた。しかし、低い国際信用度、インフラの不備などの劣悪な投資環境、北朝鮮の消極的・制限的な開放政策のため、実際に大きな成果を得ることはなかった。九〇年代初め、ソ連、東欧の社会主義市場の崩壊によって、対外貿易の主な相手国を失った北朝鮮は、貿易量の激減はもちろん、ソ連・中国から輸入する原油・原資材に対して現金決済が要求されるようになった。結局、北朝鮮は慢性的貿易収支の赤字が改善できず、マイナスの経済成長率を記録した。九三年一二月、北朝鮮側は第三次七ヵ年経済計画の事実上の失敗を認め、今後三年間を緩衝期として経済の立て直しを図る必要があることを明らかにした。八〇年代には五〇億ドルを上回っていた主要な輸出品（武器）が九三年には三億ドルへ転落するなど、[6]「苦難の行軍」と名づけた経済悪化の時期に直面した北朝鮮は、国際社会に穀物援助まで要請せざるを得なくなった。さらに、エネルギー・中間財の不足によって産業の生産性は低下し、一般消費財の購入を求める消費者によって闇市場が蔓延している。北朝鮮の住民たちは闇市場での取引を通じて生活必需品や消費財の絶対的不足をある程度解消している。

現状では、市場経済に従って利益のみを追求する他国との経済関係は困難が多く、同民族の応援なしの経済回復は期待できないが、さりとて在日朝鮮人の力量には限界がある。経済的不安を解消しながら、政治的基盤を維持するためにも、南北経済関係を拡大する必要があるだろう。北朝鮮は南北協力の可否ではなく、どのような戦略で参加するかを論じる時期が迫ってきているのである。

2　南北経済関係の歴史的展開

(1)　冷戦下における経済交流断絶期（朝鮮戦争〜一九七一年）

朝鮮戦争以後、米ソ中心の国際的冷戦体制は、その縮小版として朝鮮半島にも現われていた。韓国と北朝鮮は、休戦協定が成立してからもゲリラ戦をたえず行うほど、軍事的対策に力を注いでいた。当時の対立関係は軍事的目的で三八度線を越えた双方のゲリラ作戦からも伺うことができる。たとえば、朝鮮戦争以降、韓国から北朝鮮に派遣され、北朝鮮で逮捕、あるいは失踪・死亡した「北派工作員」は七七二六人にも達するという。とくに、六〇年代以後から七二年「七・四南北共同声明」の直前まで、二一五〇人の北派工作員の失踪が確認された[7]。言い換えれば、一二年間毎年一八〇人の韓国工作員が北朝鮮に派遣され、要人拉致および殺害、軍事施設の破壊、秘密書類の収集などを行ってきたことになる[8]。こうした軍事的衝突が懸念された時期に、南北政府からの南北経済交流・協力の提案は、宣伝の手段として使われていた。

南北経済交流に関する最初の提議は一九五四年四月に北朝鮮からなされた。韓国は応じなかったが、北朝鮮は統一実現のための必要な条件として、南北間の経済・文化・通行ならびに郵便の交流を推進するための「全朝鮮委員会」を設置することを提案した。その後、六〇年金日成主席の「光復節《クァンボクチョル》」記念辞で、「物資交易及び経済建設の協力」のために南北実業界代表からなる経済委員会を設置することを主張した。また、六四年最高人民会議第三期三次会議では南側へ経済的援助を行うことを提議した[9]。もちろん、韓国は北朝鮮の提議を受け入れなかった。韓国では、平和的南北関係を求める一部の野党勢力、宗教・学生団体、海外同胞からの呼びかけが多かったが、政府は同民族である北朝鮮を「敵」とみなす反共政策をとり、「勝共統一」を主張しながら、南北交流・協力は「時期尚早」だという見解を下した。

(2) 対話と競争の時期（一九七二年「南北共同声明」～一九八七年）

一九七〇年代に入って米ソの平和共存の模索、米中の対話開始、ニクソン・ドクトリンによる在韓米軍撤収の問題など、東北アジアは雪解けムードへと急変した。それにともなって、朝鮮半島の情勢も転換した。急速な経済成長を遂げた韓国は在韓米軍撤収の問題に対処しなければならず、また、北朝鮮は中央統制・計画経済による経済状況の悪化のため、双方は軍事力の凍結はもちろん、対話の道を模索しなければならなかった。こうした背景のもと、七二年五月に韓国の中央情報部長の李厚洛《イフラク》が平壌を訪問し、金日成首相と会談、七月には北朝鮮の副首相朴成哲《パクソンチョル》がソウルを訪問した。その際、「南北共同声明」が発表され、自主的・平和的統一を成し遂げるために相互の緊張状態を緩和し、多方面における交流実施などの内容を合議した。南北経済関係において実際の成果を上げることはできなかったが、共同声明の合議によって設置・運営された「南北調節委員会」で、南北経済交流への提案を論議した。分断以後、南北経済交流についての最初の論議であった。

南北間の経済交流は、一九八四年九月、北朝鮮が韓国の水害に対し救援物資を提供したことで始まった。それは同年一一月に「南北経済会談」が開かれる背景にもなった。「南北経済会談」は同年一一月から翌八五年一一月まで五回にわたって開催され、南北経済交流・協力に関する幅広い問題が論じられた。しかし、八五年一月および翌八六年一月に、米韓合同軍事演習「チーム・スピリット」の実施を理由に、北朝鮮は南北経済対話の延期を通告した。それ以後、北朝鮮は主に政治・軍事会談を提案し、軍事的緊張関係を解消してから経済交流を増大させる「先協力・後交流」の方策を主張した。一方、韓国は南北経済会談、赤十字会談、国会予備会談など、非軍事的会談を優先しながら、交流の拡大から相互信頼を回復することによって政治・軍事的交流を進めていくという「先交流・後協力」を強調した。双方とも、異なる「政経連携」の交流・協力方策を主張していた。

(3) 経済協力と政治衝突の時期（一九八八年「七・七宣言」～一九九七年）

北朝鮮政策において大きな変化が現われたのは、一九八八年盧泰愚政権が登場してからのことである。全斗煥《チョンドファン》軍事政権を引き継いだ盧泰愚政権は軍事政権と決別し、新たな正統性を構築する必要があった。東欧諸国、ソ連、中国などとの国交樹立、経済交流の開始および拡大といった「北方政策」を通じて、転換期における韓国の政治状況を一変させようとした。その延長線として北朝鮮との対話を求め、南北経済交流・協力を提議したのである。(10) その結果として現われたのが、同年七月七日、「民族自尊及び統一繁栄のための特別宣言」（七・七宣言）とその後の措置である。実質的な物資交流の形態で南北間に経済交流が開始され、南北住民間交流、観光・交通分野などの経済部門関連の交流が増加し、このような交流を通じて韓国企業の北朝鮮経済協力事業が本格的に論議された。実際に、八九年一月、韓国を代表する大手企業の「現代グループ」名誉会長鄭周永が訪朝し、金日成主席と会談し、その席で、北朝鮮の「大聖《デソン》銀行」とのあいだで金剛山共同開発事業に関する議定書を交換した。九一年に入って、南北経済交流は南北高位級会談とあいまって急速に拡大した。南北高位級会談は、九〇年九月から九二年九月まで八回の会談が開催され、その過程で「南北基本合意書」およびその他「付属合意書」、「南北交流・協力付属合意書」などが採択された。九一年末、南北間最初の委託加工事業が始まり、九二年には「大宇《デウ》」、「高合《ゴハップ》物産」の民間人が訪朝した。こうした北朝鮮政策の転換には、南北関係での主導権の確保、北朝鮮開放の誘導、統一後における韓国側の経済的負担の軽減の意図なども含まれていた。盧泰愚政権による北朝鮮政策が、関係改善の目的および背景はともかく、北朝鮮を和解と共存の同伴者として認識し始めた点は大きく評価することができる。

ところが、一九九三年に発生した北朝鮮の核問題といった政治的案件によって、南北経済関係は萎縮した。金泳三政権は、発足とともに南北交流・協力推進の意思を表明したが、経済協力の呼びかけと経済制裁の強化を結ぶ「核連携政策」といった北朝鮮政策を堅持し続けた。たとえば、北朝鮮にとって核兵器は安全保障のための手段でもあるが、九三年八月一五日、光復節の演説[11]で金泳三政権はそれを逆に利用して、南北交流・協力に対する規制強化を表明した。北朝鮮側では、金泳三政権の「核連携政策」への反発が強かったため、韓国との交渉を避け、会談の相手として認めようともしなかった。

一九九四年一〇月、「米朝枠組み合意」（「ジュネーブ合意」）で北朝鮮の核問題が軽水炉支援という方式で解決されると[12]、南北経済関係は再び活力を取り戻した。同年一一月、「南北経済協力活性化措置」がとられ[13]、韓国企業は一二月から訪朝し、本格的に経済協力事業を開始するようになった[14]。しかし、南北経済交流・協力が軌道に乗る前の、九六年九月には北朝鮮潜水艦の領海侵犯事件が発生し、韓国は対北支援および投資を凍結する強硬な姿勢をみせた。同年一二月、北朝鮮の謝罪声明の発表によって、対北支援および投資の凍結は解消されたが、九七年末の韓国の通貨危機によって、再び南北経済交流・協力は沈滞の途を辿った。中小企業はもちろん、大企業さえ破産に追い込まれるなかで、韓国は自国経済の回復に力を注がざるを得なかったため北朝鮮で新しい事業を開始する資金の余裕はなかった。

(4) 韓国の積極的協力と南北和解の時期（一九九八年〜現在）

金大中大統領は、一九七〇年代から漸進的平和統一方策を主張し、南北首脳会談を呼びかけるなど、南北和解に積極的な人物である。こうした背景から、大統領選挙で当選が確定した時点から、彼の北朝鮮政策はある程度予測可能なものであった。九八年、金大中政権が登場してから、武力挑発否定、吸収統一排除、和解・協力の積極推進など、「対北政策三原則」を発表し、政経分離原則と民間企業の自律性尊重という二大原則に立脚して南北経済協力拡大を推進した。同年四月には南北経済交流・協力拡大のための画期的な措置をとった[15]。韓国の「包容(太陽)政策」は、交流・協力を通じて北朝鮮の改革・開放を誘導し、朝鮮半島における冷戦構造を解体し、平和共存および南北関係改善を実現することをその目標とした。南北経済交流・協力は、こうした「包容(太陽)政策」の影響と韓国の経済状況の回復につれて、韓国企業の訪朝が増加し、協力事業への関心も再び高まってきた。

南北経済協力にもっとも積極的な「現代グループ」の場合をみると、一九九八年六月と一〇月の二回にわたって鄭周永名誉会長が牛一〇〇〇頭、自動車二〇台を北朝鮮に提供した。また、同年一一月には、金正日と会談を行い、金剛山観光事業を具体的に協議した。急速に進展した同観光事業は、同年一一月一八日にその歴史的出発をした。南北経済関係にさらに拍車をかけた出来事は、二〇〇〇年六月における「南北首脳会談」の開催である。会談以後、南北における人的・物的交流のための「京《ギョン》義線《ウィソン》」復元および道路連結工事が九月に着手された。また、二回にわたる南北経済協力実務協議において、投資保障協定、二重課税防止協定などの、制度的措置がつけ加えられ、今後のより活発な南北経済交流・協力に期待がもてるようになった。

3　南北経済交流・協力の現況

南北経済協力とは、「物資交易」、「委託加工交易」などの交易事業と、北朝鮮現地に投資する「協力事業」に分けられる。「物資交易」とは、広い意味では南北交易の全体を指しているが、一般的には売買契約による商品取引のことをいう。南北間の物資交易は取引当事者の関係によって「直接交易」と「間接交易」に分けられる。現在、交易の八五％以上が第三国を通じた「間接交易」の形態で行われている。「委託加工交易」は北朝鮮が韓国から原資材を搬入し、北朝鮮の国内で完成品あるいは半製品に加工して搬出する交易である。言い換えれば、韓国の資本・技術と北朝鮮の労働力が結合されるものである。最後の「協力事業」とは北朝鮮に投資法人を設立する形態であるが、北朝鮮では南北が共同投資・共同経営する「合弁事業」と、南北が共同投資はするが北側が単独経営あるいは南側が単独投資・単独経営する「合作事業」とに分けられている。

(1) 物資交易

現在に至るまで、物資交易の規模は大きくはないが、南北経済交流に占める割合はきわめて大きい。持続的な経済交流を支える制度的しくみが存在せず、政治的対立がたえず影響を与える状況にあっても、今まで積み上げてきた物資交易の成果を無視することはできない。

南北物資交易が開始されたのは一九八八年のことである。同年の一一月に、「大宇」が陶磁器（一〇万四〇〇〇ドル）の搬入承認を受け、八九年一月には、「暁星《ヒョソン》物産」が二〇〇トンの電気銅を搬入し、「現代商社」が五〇〇〇着のジャンパーを搬出した(16)。最初は一八七二万ドルというわずかな規模

表7-1　南北物資交易の推移

（単位：1000ドル）

年度	韓国からの搬出(A)	韓国への搬入(B)	交易収支（A－B）	合　計	増加率（%）
1989	69	18,655	－18,586	18,724	—
1990	1,187	12,278	－11,091	13,465	－28.1
1991	5,547	105,722	－100,175	111,269	726,4
1992	10,563	162,863	－152,300	173,426	55.9
1993	8,425	178,166	－169,741	186,591	7.6
1994	18,248	176,298	－158,050	194,546	4.3
1995	64,435	222,855	－158,420	287,290	47.7
1996	69,638	182,399	－112,761	252,037	－12.3
1997	115,269	193,069	－77,800	308,338	22.3
1998	129,679	92,264	37,415	221,943	－28.0
1999	211,832	121,604	90,228	333,436	50.2
2000	272,775	152,373	120,402	425,148	27.5

出所：KOTRA HP（www.kotra.or.kr/main/info/nk/static/sub11.php3）より作成。

で出発したが、南北朝鮮の国連同時加入や「南北基本合意書」が採択された九〇年代初頭には、合計一億ドルを超える急速な成長をみせた。量的拡大はその後も続いて、九五年に二億ドル、九七年には三億ドルを上回ったが、九三年、九六年は、北朝鮮の核問題と潜水艦侵入事件によってそれぞれわずかな増加率とマイナスを記録した。南北朝鮮の政治的状況が南北交易に与える影響は大きいのである。

一九九七年末、韓国における通貨危機の影響を受け、九八年の物資交易規模は前年より二八％減少し二億二一九四万ドルに止まった。減少の主な要因は、韓国側の搬入の縮小であるが、韓国からの搬出はむしろ前年より増加している。これは、鄭周永名誉会長の訪朝により金剛山観光事業の推進や無償支援の増加に起因する。九九年における交易規模の拡大は、韓国の経済が回復しつつあることによって実質交易が増加し、金大中政権の積極的な包容（太陽）政策を背景にした非営利的交易、たとえば、金剛山観光事業、軽水炉事業などの協力事業における物資搬出や政府・民間団体による物資支援が増加したからである。また南北交易に参加した企業数は、九八年末の三七八社から五八一社となり、交易品目の数も九八年の四八六から五二五品目へ増加した。[17]

南北物資交易をもっとも特徴づける点は、韓国側が常に交易収支の赤字を示していることである。物資交易が活発になる一九九一年から九七年までの交易収支は平均一億一八四六万ドルという赤字を示している。同期間の北朝鮮全体の貿易バランスは完全にマイナスを示し、平均六億ドル以上の大幅な赤字を記録しているにもかかわらず、韓国との交易では有利な取引を行っている。九八年からは、交易収支が韓国の黒字に転換したが、無償支援など非営利的交易を除く交易収支はやはり北朝鮮の黒字である。実質交易のみの統計をみると、北朝鮮は、九八年には四〇六〇万ドル、九九年には九〇二三万ドルの黒字を記録しているという。[18] こうした韓国における赤字の原因としては、北朝鮮の外貨不足のため、韓国の商品に対する購買力が欠けているからである。また、韓国からの搬入に対する北朝鮮の消極的な姿勢を指摘することもできる。

(2)　委託加工交易

委託加工交易は、一九九一年、韓国の繊維・ファッション部門の代表的企業である「コーロン商社」が鞄の委託加工交易を始めたのが最初の事例である。その後、九四年一一月に発表された「南北経済協力活性化措置」により、南北経済関係の新しいパターンとして定着するようになった。九二年の合計八四万ドルから、二〇〇〇年には一億二九一九万ドルにまで伸び、急激な拡大をみせてきた。

表7-2　南北委託加工交易の推移

（単位：1000ドル）

年度	韓国からの搬出(A)	韓国への搬入(B)	交易収支(A－B)	合　計	物資交易で占める割合（%）
1992	200	638	－438	838	0.5
1993	4,023	2,985	1,038	7,008	3.8
1994	11,342	14,321	－2,979	25,663	13.2
1995	24,718	21,174	3,544	45,892	16.0
1996	38,164	36,238	1,926	74,402	29.5
1997	36,175	42,894	－6,719	79,069	25.6
1998	29,617	41,371	－11,754	70,988	32.0
1999	45,883	53,736	－7,853	99,619	29.9
2000	57,224	71,996	－14,772	129,220	30.4

出所：表7-1と同じ。

物資交易で占める委託加工交易の比重は、九二年の〇・五%から二〇〇〇年には三〇・四%にまで上昇した。委託加工交易の増大は、韓国からの搬出拡大、すなわち北朝鮮の搬入拡大とも直結している。そのため、北朝鮮で苦しい経済状況が続き、正常な生産が不可能であった時期には、生産に必要な委託加工用原料が入超を示していた。

一九九八年には、全体的な経済交流の沈滞を反映して、前年より一〇・二%減少した。ドルの上昇は委託加工において高いコストがかかり、活発に行われていた事業も萎縮せざるをえない状況になったのである。ところが、九九年以後、委託加工交易は再び拡大され、南北間実質交易の回復に寄与している。委託加工交易の参加企業も九八年の七二社から一三二社に増えた。九九年には、大企業の委託加工交易が減少した反面、中小企業の参加が広がり、委託加工地域も平壌、南浦《ナムポ》から新義州《シンウイジュ》、羅津、先鋒へと拡大している。

委託加工交易は、韓国と北朝鮮の利害関係に適する経済協力方策といえる。韓国は、賃金上昇によって価格競争力が弱まっている繊維、縫製、製靴部門の生産基地を移転しうる。また、生産品を韓国内へ搬入する場合は、非関税取引が可能である利点も得られる。一方、北朝鮮は、一九八〇年代、日本などから輸入した繊維生産設備による繊維製品の生産および貿易拡大を試みたが、社会主義市場の崩壊以降、貿易パートナーを失い、経済危機も深刻となったため、その設備を十分活用することができなかった。韓国との委託加工交易は、こうした設備を活用し、外貨獲得および技術習得を図ろうとする北朝鮮の必要性と一致している。

(3)　交易品目の現況

a　韓国からの搬出

交易開始の初期には、韓国は北朝鮮に農業用のビニールなど、石油化学製品を主に搬出し、一九九二年、委託加工交易が開始されてからは、繊維類の搬出が増加した。九五年、九六年には搬出品目の五〇％以上を繊維類が占めるほどであった。それにともない、化学製品、電気機器、衣類付属品など、委託加工用の原料搬出も急速に増加した。最初、委託加工交易の品目としては、熟練度をさほど必要としない鞄、玩具が中心であったが、次第にセーター、ジャケットなどの衣類分野へ拡大した。九六年以後は、電子・電機、機械類、運搬用機械などへ多様化してきた。

ＫＥＤＯ（朝鮮半島エネルギー開発機構）の軽水炉事業が開始された一九九五年からは重油の供給が増え、非金属鉱物の品目が増加の傾向をみせた。九七年からは「大韓赤十字社」を通じた支援物資が増加したため一次産品の搬出が増加し、九八年以後、金剛山観光事業と関連した機械類の搬出が急増した。搬出品目は八九年の一品目から九八年には三八〇品目へ多様化しているが、繊維類、化学製品、電機製品、機械などの加工品、完成品が中心となっている。

交易品目の年度別推移（表7−3）をみると、品目によって異なるが、その増減が激しいのが交易初期の特徴である。一九九四年まで、繊維類を除いた各品目は大幅に増減しているのである。交易総額の変動より、各品目における変動の差が大きいのは、南北交易においては事業の失敗率が高く、一時的に進められた事業が多いということであろう。九五年以後は、品目の増減変動も減少し、ある程度安定的な拡大をみせている。それは、ＫＥＤＯの軽水炉事業、金剛山観光事業といった巨額の事業が進み、委託加工交易事業も徐々に拡大することによって、南北交流事業が持続性をもつようになったからである。

b　韓国への搬入

搬入品目の構造をみると、韓国は北朝鮮から金、亜鉛、銀、圧延コイルなどの鉄鋼金属・鉱産物、農林水産物などの一次産品を主に搬入している。鉱産物と鉄鋼金属は、搬入総額の平均三〇％を超える占有率をみせていたが、北朝鮮の国内生産性の低下により、一九九〇年代後半からは減少傾向をみせている。農林水産物は交易初期から安定的に増加し、九九年には搬入総額の四〇％を占めている。九四年以後、南北の活発な委託加工交易により、ジャケット、ズボンなど繊維類の規模が拡大し、九二年の三三九万ドルから、二〇〇〇年一二月現在、五三七〇万ドルへ増加した。全体的に韓国への搬出品目は、対外貿易における北朝鮮の主要輸出品目と一致しており、北朝鮮の対韓貿易依存度が高い

表 7-3　韓国からの搬出品目構造

（単位：1000ドル）

年度	農林水産物	化学製品	非金属鉱物	繊維類	鉄鋼金属	機械電子	その他	合計
1989	—	—	—	69	—	—	—	69
1990	10	—	—	83	—	1,095	—	1,188
1991	1,607	1,819	1,392	66	—	447	216	5,547
1992	64	5,214	135	717	1,957	22	2,454	10,563
1993	69	920	1	5,581	260	584	1,012	8,427
1994	3,317	1,499	79	12,077	274	216	786	18,248
1995	10,754	906	11,363	34,986	199	1,810	4,417	64,435
1996	6,715	2,506	13,666	36,340	290	3,132	6,989	69,638
1997	17,047	2,877	30,399	33,970	3,948	16,416	10,612	115,269
1998	19,944	5,054	21,467	28,543	9,475	34,418	10,779	129,680
1999	17,834	42,691	50,542	36,286	16,953	34,292	13,233	211,831
2000	25,896	95,528	20,497	43,433	13,995	60,197	13,229	272,775

出所：『南北韓経済社会相比較』統計庁，2000年12月　114ページ。
KOTRA HP（www.kotra.or.kr/main/info/nk/static/sub04.php3）より作成。

表 7-4　韓国への搬入品目構造

（単位：1000ドル）

年度	農林水産物	鉱産物	鉄鋼金属	繊維類	化学工業品	機械電子	その他	合計
1989	2,352	1,094	15,072	5	104	—	28	18,655
1990	5,572	58	4,529	—	1,730	—	390	12,279
1991	10,818	21,520	67,303	—	5,732	—	346	105,719
1992	16,906	43,866	83,514	3,385	13,064	4	2,126	162,865
1993	12,015	87,277	64,647	8,477	1,528	80	4,144	178,168
1994	15,250	75,468	63,069	18,515	1,246	—	2,750	176,298
1995	22,319	86,562	81,629	28,833	347	6	3,159	222,855
1996	23,455	64,807	44,260	44,460	555	1,697	3,167	182,401
1997	27,326	48,313	47,946	47,091	15,677	3,140	3,573	193,066
1998	21,798	765	20,254	38,794	2,427	3,518	4,708	92,264
1999	47,868	2,462	16,120	45,513	2,494	2,838	4,309	121,604
2000	71,934	517	11,747	53,693	1,538	8,254	4,688	152,371

出所：表 7-3と同じ，113ページ。
KOTRA HP（www.kotra.or.kr/main/info/nk/static/sub03.php3）より作成。

ことを意味する。委託加工交易の拡大が予測されるなか、今後の搬入品目に大きな変化はないと思われる。

(4)　協力事業

南北経済協力事業は、一九八九年一月に鄭周永名誉会長が訪朝した際、金剛山共同開発事業について協議したことをきっかけに論議され始め、「南北交流・協力付属合意書」(一九九二年)の採択によって、北朝鮮投資への本格的な準備が進められた。ところが、北朝鮮のインフラ不足、法的制度の未整備などの問題や、核問題といった経済外的要因のため、経済協力事業に大きな進展はみられなかった。実際、核問題が発生した九三年とその翌年の二年間、南北経済協力事業者として承認された事業者は一社もなかったのである。その後、核問題が解決され、「南北経済協力活性化措置」(一九九四年)が発表されると、南北経済協力事業は急速に拡大された。

一九九五年、「大宇」(シャツ、鞄、ジャケットなど、投資規模五一二万ドル)が最初の北朝鮮経済協力事業者として承認を受け、北朝鮮へ一三名の技術者を派遣し、北朝鮮勤労者の教育、南浦工団への施設投資など、活発な事業を推進してきた。「大宇」は九六年に、北朝鮮の「三千里《サムチョンリ》総会社」と最初の南北合弁会社「民族産業《ミンゾクサンオプ》総会社」を設立し、同年八月から紡織工場の稼動を開始した。しかし、「民族産業総会社」の赤字を理由に、北朝鮮の「三千里総会社」は「大宇」へ南浦工団事業を一方的に破棄すると通告し、九九年からは「大宇」経営者たちの訪朝を許していない[19]。

一九九七年以後、中小企業の北朝鮮投資への参加が増え、大手企業と中小企業との共同投資形態が現われた。同年一〇月、「LG商社」と「三千里自転車」の共同投資、「LG商社」と「泰瑛《テヨン》水産」の帆立貝養殖の共同投資が、経済協力事業者として承認されたのである。中小企業は大手企業より有利な業種と技術をもっているにもかかわらず、莫大なコストと高いリスクのため、北朝鮮進出を躊躇していた。ところが、大企業がその窓口の役割を果たすことによって、中小企業にも北朝鮮投資へのチャンスが高まってきた。

通貨危機以後、協力事業承認を受けたケースは、不動産、自動車、農業など多様な分野へ広がり、中小企業の独自進出も目立つ。一九九八年、韓国の不動産開発会社「コリアランド」は、北朝鮮の「妙香《ミョヒャン》経済連合体」と六〇万ドルを投資して、「朝鮮不動産《チョソンブドンサン》総会社」を設立し、平壌高麗《ピョンヤンコリョ》ホテル、柳《ユ》京《ギョン》ホテルなど、ホテル・付帯施設の賃貸・分譲など、不動産開発およびコンサルティング事業への進出を計画している。また、離散家族交流契約締結および協力事業の承認を受け、インターネットを利用した離散家族のウェブ上の対話も推進している。「泰昌《テチャン》」は、北朝鮮の「陵羅《ヌンラ》八八八貿易総会社」と金剛山ミネラルウォーターの開発に協力し、二〇〇〇年三月工場建設を完成、同年の七月からミネラルウォーターの販売を開始した。「緑十字」は血栓症治療薬の工場を九月に竣工し、試験生産を始めた。「平和自動車」は自動車修理・改造工場を完成し、同年一〇月から主力工場の建設事業に着手、二〇〇六年まで年間一万五〇〇〇台の自動車組立ておよび生産工場を建てる計画である。「国際トウモロコシ財団」は、トウモロコシ開発事業のために九八年に協力事業の承認を受け、二〇〇〇年末まで一六回も訪朝するなど、円滑に準備が進められている。(20)「三星電子」は、「大同江《デドンガン》テレビ工場」でテレビ、電話機などを委託加工・生産し、二〇〇〇年六月から韓国においてその販売を開始した。

二〇〇一年六月現在、協力事業者承認を受けた企業は四一社であり、協力事業の承認を受けた企業は一八社に達している。全体の事業規模は四二億六二七四万ドルに至っているが、軽水炉建設関連事業（四〇億八〇〇〇万ドル）と「現代」の金剛山観光開発事業（一億四八八〇万ドル）(21)を除いた民間企業の投資は三三九四万ドルに止まっている。このなかで、「大宇」をはじめ、「アザコミュニティー」、「美興《ミフン》食品」、「白山《ベクサン》実業」は事業中止の状態であり、「ドゥレマウル」、「泰瑛水産」も成果をあげることなく、進展のない状況である。確かに、南北経済協力事業はいまだにモデル事業に止まっているといえる。

一方、二〇〇〇年八月二二日、韓国の「現代牙山《ヒョンデアサン》」と北朝鮮の「アジア太平洋平和委員会」は、「開城《ケソン》産業団地及び陸路観光事業合意書」に署名した。二〇〇〇万坪の規模を有する開城産業団地は、三段階に分けて建設計画が進められる。第一段階（二〇〇一年九月まで）は、一〇〇万坪規模の工業団地を建設し、靴、繊維、電子など、軽工業産業の進出を図る。第二段階（二〇〇二〜二〇〇四年）は、自動車部品、機械、電子、コンピュータ産業を三〇〇万坪の団地に誘致する計画である。第三段階（二〇〇五〜二〇〇八年）は、四〇〇万坪の団地に先端産業分野を誘致するという(22)。開城団地は、中国の「深圳経済特区」のように、国際自由経済地帯に指定され、製造業・金融業・商業・観光事業など、競争力をもつ経済特区に開発される予定である。建設主体の「現代牙山」は八年後、一六万人の雇用創出と、年間二〇〇億ドルの海外輸出を期待しているという。地理的には板門店からわずか一

表 7-5　南北経済協力事業承認現況

企　業	事業相手	事業内容	金額(万ドル)	承認日
大宇(合弁)	三千里総会社	シャツ，鞄，ジャケット(南浦)	512	95.5.17
泰昌(合弁)	陵羅888貿易総会社	金剛山泉水開発(江原道)	580	97.5.22
韓国通信	逓信部	軽水炉建設通信支援(新浦)	—	97.11.6
韓国電力	原子力総局	軽水炉建設支援(南浦)	4,500→	97.8.16
			5,346(変更)	98.10.16
韓国外換銀行	軽水炉事業対象局	軽水炉事業敷地内銀行開設(琴湖)	—	97.11.6
緑十字(合作)	光明星総会社	医薬品(平壌)	311	97.11.14
アザコミュニティー(合弁)	金剛山国際観光総会社	印刷物，テレビ広告制作(平壌)	250	98.2.18
美興食品(合弁)	朝鮮鐵山貿易総会社	水産物採集，加工(南浦，元山)	47	98.3.31
国際トウモロコシ財団	農業科学院	品種開発など(平壌)	22→	98.6.18
			110億ウォン	99.3.25
ドゥレマウル	羅鋒経済協助会社	合弁農場設立(羅津，先鋒)	200	98.7.27
泰瑛水産／LG商社(合弁)	光明星総会社	帆立貝養殖，生産(羅津，先鋒)	65	98.8.28
コリアランド(合弁)	妙香経済連合体	不動産開発(平壌)	60	98.8.28
現代商船・現代建設	朝鮮アジア太平洋平和委員会	金剛山観光事業	9,538→	98.9.7
現代牙山			10,033(変更)	99.1.15
			(単独投資へ)	99.4.16
白山実業(合弁)	先鋒郡温室農場	きのこ生産，輸出(羅津，先鋒)	81	98.10.28
韓国電子産業	金剛山国際観光総会社	通信協力事業(金剛山観光地域)	13	98.11.11
韓国通信，オンセ通信				
韓国電力公社		軽水炉建設事業工事	408,000	99.12.15
平和自動車(合弁)	朝鮮リョンボン総会社	自動車修理・組立て(南浦)	666	2000.1.7
三星電子	朝鮮コンピューターセンター	S/W共同開発(北京)	72.7→	2000.3.13
			154(変更)	2000.6.16

出所：KOTRA HP（www.kotra.or.kr/main/info/nk/base/main23-b.php3）より作成。

二キロメートルの近距離（ソウルからは七〇キロメートル）にあるため、物流費用が低くて済み、投資家には有利な地域である。また、インフラ施設が不十分な北朝鮮にとっては、道路・鉄道、用水、電力などの韓国からの受給も可能となって、短期間での開発効果も期待できる。

開城団地が既存の経済特区ともっとも異なる点は、北朝鮮政府が、特定事業者に投資機会および利益を提供し、その特定事業者が投資企業の活動を保障することで、北朝鮮への投資率を高めようとすることである。韓国や外国企業からの投資が増加すると、深刻な資本不足問題は解決できる。また、進出した企業からの技術移転効果、雇用および所得増大、国際収支改善、産業構造の改編など、その効果はきわめて大きい。韓国の企業に開城団地の事業権を委譲するのは、まさに重大な投資誘致政策の転換を意味するとともに、既存の南北経済協力における限界を北朝鮮も認識していることを示すものであろう。

(5)　新たな協力事業

最近、南北経済協力事業における新たな分野として、「情報技術産業」（ＩＴ産業）が登場し、韓国の大手企業やベンチャー企業と北朝鮮のソフト開発機関とのパートナー関係が注目を浴びている。韓国の有名な電子企業メーカーである「三星電子」は、一九九九年一一月から北朝鮮の「朝鮮コンピューターセンター（ＫＣＣ）」[23]とソフトウェア開発プロジェクトを開始し、二〇〇一年には共同開発したソフトウェアを販売する計画である。また、二〇〇〇年一二月には、韓国のソフト会社「シスゼン」が一〇〇％独自投資で北京に創設した「北京系利城軟件開発有限公司」が、北朝鮮の「汎太平洋朝鮮民族経済開発促進協会」からソフトウェア開発の依頼を受け、委託契約を締結した。北朝鮮が韓国企業にソフトウェアの開発を依頼した最初のケースである。二〇〇一年五月に開始した「ハナプログラムセンター」（中国丹東、資本金五〇万ドル）は、韓国の「ハナビズドットコム」が「金剛山国際グループ」と手を結び、北朝鮮の「民族経済協力連合会」・「平壌情報センター」と結合した最初のIT合作会社である(24)。韓国IT企業は北朝鮮へ進出し、ソフトウェア委託開発事業の推進などを計画しており、七月からは、丹東経由で南北間の電子商取引が始まることになる。また、韓国の「エントラック」と北朝鮮の「光明星総会社」は「高麗技術開発製作所」を平壌に設立し、韓国IT企業の進出を受け入れている。

なぜ、IT産業が南北経済協力の新しい分野として登場したのか。それは双方におけるIT産業の積極的な奨励政策およびその成果が結びついた結果である。北朝鮮の金正日委員長がIT産業に強い興味を示していることは、すでに知られている事実である。二〇〇〇年五月と二〇〇一年一月に金正日委員長が訪中した際、彼はIT産業団地の視察を怠らず、その成果にも関心を表明した。実際、北朝鮮は国家情報力の強化という目的をもってIT産業に力を入れてきたため、ワード、翻訳、ゲーム、音声認識プログラムといった各種ソフトウェア開発はもちろん、テポドンミサイル、光明星人工衛星開発など、軍事技術分野において高い水準をほこっている。共産圏輸出統制委員会（COCOM）とそれを引き継いだワッセナー協約(25)によって先端技術や設備の導入が規制されている悪条件にもかかわらず、北朝鮮が高いIT技術力を確保することができたのは、金日成総合大学、金策《キムチェク》工業総合大学、金正淑《キムジョンシュク》師範大学などで養成された多くの人材が、「朝鮮コンピューターセンター」「平壌情報センター」などの開発機関へ投入され、その真価を発揮しているからである。

韓国においても同様の様相を窺うことができる。一九九七年末、多くの大手企業が倒産に追い込まれ経済危機に直面した韓国は、経済回生の一環としてIT産業を集中的に育成した。国家的産業インフラといわれる「超高速インターネット通信網」に基づいたIT産業の急成長は、ベンチャーを中心とするIT企業を南北経済協力の新しい主役として登場させた。北朝鮮のIT人材は、韓国におけるIT人材の不足や高い離職率を解決する対策の一つとなり、他分野の委託加工産業と比べて、設備投資や物流費用が不要となるため、企業にとっては高い収益率を期待することができる。韓国の技術・マーケティングと北朝鮮のIT産業人材を結びつけたIT協力事業は、沈滞に陥っている南北協力事業に活力を吹き込む役割を果たすであろう。

4　南北経済交流・協力の評価および課題

(1)　制度的側面

南北経済交流・協力が開始されてから常に指摘された問題は、制度上の不備である。投資保障協定を通じて北朝鮮に投資した企業の財産保護、利益の自由な送金、北朝鮮からの円滑な撤収などを保障し、北朝鮮に進出した韓国企業が両地域で税金を払うことのないように二重課税防止協定を結ばなければならない。その他、紛争解決原則、共同紛争解決機構の設置・運営などの紛争調停手続きも協議しなければならない。実際、一九九二年九月「南北基本合意書」の付属合意書には、投資保障協定、二重課税防止協定、清算決済、紛争調停手続きなどの内容が含まれていたが、過去一〇年間その内容は実施されなかった。ところが、「南北首脳会談」以後、二回にわたる南北経済協力実務協議によって、ようやくその制度を充実させることができた。二〇〇〇年一一月、平壌で開かれた第二次南北経済協力実務者会議で、投資保障協定、二重課税防止協定、清算決済、紛争調停手続きなど、四つの分野で一括妥結し、仮署名した。本合意書は、二〇〇一年六月に「条約」発行の手続きを通じて、法律的効力が与えられる。さらに、南北における人的・物的交流のため、「京義線」復元および道路連結工事が着手された(26)。海上運送を通じた現在の南北交易では過大なコストを要求されるが、鉄道を利用する場合、その費用を五分の一に低下させ、時間の節約という経済的効果も得ることができる。こうした一連の措置により、自由で安全な企業活動が保障され、今後は活発な南北経済協力を期待することができる。

なお、南北経済協力の活性化のためには、何より直接交易の拡大が求められる。現在、物資交易は中国（香港を含む）、日本などの第三国を通じた間接交易が大半を占めている。第三国を経由する間接交易の形態は、企業間の交通・通信ができず、物資の輸送と代金決済も直接行うことができないという弱点がある。韓国企業にとって南北経済交流における経済的メリットはコスト節減にあるが、間接交易では搬出・搬入運送費の負担が大きい。さらに、物資交易は遊休設備の移転を通じて拡大すべきであるという指摘もなされている。また、板門店《パンムンジョム》地域への南北経済協力に関する情報交換と投資のための相談センターの設立、多様な交通網の開通、物流基地の造成なども必要である。[27]

(2) 政策的側面

南北政府は、経済関係拡大の必要性を認めながらも、「政治優先」原則に基づいたため、経済交流は持続性をもつことなく、政治状況の変動によって中断されることが多かった。北朝鮮は、南北経済交流が開始されてからも、北朝鮮国旗掲揚の強要、船員抑留、潜水艦侵入事件など、韓国政府を刺激する行動を行い、それに同政府は敏感に反応した。確固たる「政経分離政策」によって両岸協力を進めてきた中国・台湾の場合とは明確に異なる様相であった。中国のミサイル脅威や、台湾の独立発言などから引き起こされた緊張状況が、両岸経済交流には影響を与えず持続的な拡大を示しているのは、南北経済関係に重要な教訓になるだろう。

今まで分断を固定してきた既存の北朝鮮政策の弱点を大きく改善したのは、金大中政権に入ってからのことである。不安定な政治関係の解消なしには、南北経済関係を拡大することはできない。その意味で、二〇〇〇年における「南北首脳会談」が、両国の経済交流の活性化に寄与する機会になるに違いない。採択された「南北共同宣言」では、「経済協力を通じて民族経済を均衡的に発展させよう」という内容が含まれており、経済協力活性化のための実務的対話が推進されている。南北首脳会談以後、制度上の整備、政治的リスクの減少、北朝鮮のインフラ問題の漸進的解決などの面で改善される可能性が高い。実際、「南北首脳会談」以後、中国北京に設置されている北朝鮮の韓国窓口である「民族経済協力連合会」には面談を求める韓国企業が殺到しているという。[28] また、金大中政権下での北朝鮮訪問者数はそれ以前より六倍以上も増加し、南北交易規模も初めて四億ドルを超え、人的・経済的交流の活発さを物語っている。

ところが、「包容(太陽)政策」は経済協力事業の量的拡大には寄与したものの、搬入規模の停滞、実質交易の萎縮、非営利的交易の比重増大、協力事業の低い達成率など、「包容(太陽)政策」以前の状況と比べて、質的な面では改善されていない。さらに、北朝鮮の経済体制の特性が対韓経済協力条件を悪化させたという指摘もなされている。具体的には、北朝鮮は経済協力事業を成功させるための条件の整備より外貨獲得を重視する傾向をみせている。金剛山観光事業以後、莫大な外貨を手に入れている北朝鮮が小規模の協力事業に関心をみせないのも、「包容(太陽)政策」の副作用の一つである。[29] 経済協力活性化のための政策が、経済協力の条件を改善できず、それが北朝鮮の政治的・経済的手段として歪曲される可能性が高まっているのである。

金大中政権の対北政策にはもう一つの弱点が内在している。今なお北朝鮮を敵対国家と規定する「国家保安法」が厳存していることである。[30]「国家保安法」は南北関係改善に重要な鍵を握るだけではなく、実際には企業行動にかなりの制約を加え、経済交流・協力を妨げる要因の一つとなっている。金大中政権の「包容(太陽)政策」が北朝鮮との関係改善に寄与するためには、「国家保安法」の根本的な見直しが求められる。

(3)　対外的側面

一九九九年、アメリカの衣類・靴、玩具などの輸入額は八四七億ドル、電気・電子製品の輸入額は一四五九億ドルであった。アメリカ市場は、南北経済協力を通じて北朝鮮で生産した労働集約型製品の主要な輸出先となりうる。その前提としては、北朝鮮を「テロ支援国」に指定することによって、[31]経済的制裁を加えてきたアメリカの意思を撤回させることが必要であるが、二〇〇〇年一〇月「国際テロに関する米朝共同声明」を通じて、テロ支援国のリストから北朝鮮を削除することに協力するという発表がなされた。今後、米朝関係が改善された場合、国際金融機構からの貸出し、アメリカ輸入銀行の支援、北朝鮮のアメリカ市場への進出、アメリカの北朝鮮援助増加など、経済的には北朝鮮に肯定的状況が生まれるだろう。さらに、アメリカ企業の進出も期待され、その成果もあがり始めている。南北首脳会談が開催されてからまもなく、アメリカの建設会社「ベクテル」、穀物会社「ガギル」、開発設備会社「コンバースチャン・エンジニアリング」、金融機関「シティグループ」・「リーマンブラザース」などが北朝鮮投資を計画していると発表した。[32]また、その二ヵ月後、アメリカ鉱山開発会社「オーロラ」は北朝鮮の「朝鮮マグネシアクリンカ鉱業所」と「ファイトゴールドマウンティン」という最初の米朝合弁会社を設立し、マグネシウムを生産・輸出すると発表した。[33]このように、南北政治・経済交流の順調な拡大は、他の外国企業にも信頼度を高め、北朝鮮の対外経済活動の拡大に大きく貢献するであろう。

おわりに

南北間における物資交易は北朝鮮の貿易規模でかなりの割合を占め、一九九二年以後、韓国は中国・日本についで北朝鮮の三大交易相手国として浮上するようになった。北朝鮮の慢性的な貿易赤字が経済状況悪化の原因の一つであることからすれば、南北交易は北朝鮮経済体制を維持する唯一の対外戦略である。にもかかわらず、金大中政権の「包容(太陽)政策」に対する北朝鮮の表面的態度はきわめて厳しい。二〇〇〇年九月二四日「平壌放送」の論評を通じて、韓国の李廷彬《イジョンビン》外交通商部長官が国連総会基調演説（二〇〇〇年九月一九日）において「六月の南北首脳会談は韓国政府の包容(太陽)政策の成果である」などの妄言を並べ立てたと主張し、「六・一五共同宣言を履行する意思があれば包容(太陽)政策の云々は止めるべきである」と強調した[34]。南北首脳会談以後、対韓非難を中断してきた北朝鮮側の異例の非難として、「包容(太陽)政策」による韓国側の「吸収統一」に対する北朝鮮の拒否を表わしている。こうした北朝鮮の二面的な態度は、完全な改革・開放へ進むより、「自立的民族経済建設」を保持しながら、制限的開放にとどめるという政策的選択を意味する。それは、八〇年代後半からの東欧における改革・開放、それらがもたらした社会主義経済の崩壊を恐れるがためである。交流の増大がもたらす国内政治・社会への影響、住民の意識の変化を北朝鮮政府は念頭におき、彼らは北朝鮮住民への情報非公開、経済特区や観光事業地域における住民の交流を防ぐ閉鎖的措置をとっている。実際、こうした外部世界との遮断は、体制維持のための防衛態勢であろう。

ここで、政治権力のすべてを掌握している金正日の対外経済開放への認識を探ってみよう[35]。彼は他の政府関係要人と比べて開放志向的・現実的な経済観の持ち主であるという。彼が統治力を発揮してから、経済活性化および対外開放のための革新的措置がとられたのである。西側諸国からの先端科学技術の導入、資本主義圏国家との交流活性化、外国語教育の強化などが主要な事業内容である。とくに、「外国資本導入は経済的隷属である」という反対意見が多いにもかかわらず、「合弁法」制定を主導したのも彼の業績であるという。(36) 北朝鮮の最高指導者として彼が登場してから、洪成南《ホンソンナム》内閣総理など、実務専門の官僚を中心とする経済内閣が設けられた。また、内閣の経済機関も統合・縮小によって経済事業の効率性を高める方向へ調整された。二〇〇一年一月、金正日は、中国上海の先端科学技術団地を訪問し、米中合作の「上海GM」工場も視察した。金正日がアメリカ系工場を訪問したのは初めてのことで、彼の改革・開放の意志と外国資本誘致の意欲をみせるものであろう。さらに、同年二月初めから、北朝鮮の「貿易省」をはじめ、「亜太平和委員会」「民族経済連合会」など、三〇〜五〇歳代の経済官僚と貿易分野実務者約二〇名が北京に派遣され、中国式市場経済に関する資料収集、中国経済官僚との交流、改革・開放政策に成功した企業や産業団地の見学を行ったという。金正日の市場経済導入の決定は、彼らの活動の成否によって左右されるのではという観測もなされている。(37) 同年四月、「最高人民会議第一〇期四次会議」において承認された「加工貿易法」には、羅津、先鋒経済特区の限定的開放から脱し、委託加工貿易地域をさらに拡大し、経済特区として「保税加工貿易地帯」を設置することが盛り込まれている。(38) いまだに具体的な改革・開放の決断について公式な発表はなされていないが、対外経済の拡大を継続的に求めていることは間違いないと思われる。

金大中大統領と金正日国防委員長の歴史的出会いは、朝鮮半島における緊張緩和という平和的雰囲気を醸しだし、南北経済関係に肯定的な影響を与えた。もちろん、首脳会談が成功したとはいえ、短期間に南北経済協力に大きな成果を期待することはできない。それは単に南北間の分断と敵対の関係改善に向かう出発点にすぎない。今後も対話の連続性を確保しながら、経済協力に取り組むことが求められる。

注

（1）　韓国における南北経済協力に関する先行研究としては、『統一経済』（月刊誌）から関連論文をまとめた『転換期における南北経協』（現代経済社会研究院　一九九六年）がある。急変する米朝・日朝・南北関係を国際政治学的観点から考察しており、南北経済交流の現況および展望や、韓国企業の北朝鮮戦略などを紹介している。もう一冊の先行研究としては『南北経協、こうして解こう』（董龍昇・徐洋遠、三星経済研究所　一九九五年）があげられる。同書は、観光・農業・自動車、鉄鋼など、南北産業を比較しながら、経済統合を念頭においた協力方策を提示したのが特徴である。

（2）　代表的な事例を紹介すると、「平壌ピアノ合弁工場」は、朝鮮大学校出身の同窓生四人が共同出資した「ＰＡＣＯ」と北朝鮮の「朝鮮楽器総会社」が一九八七年合弁契約を締結した合弁工場である。日本の技術や部品を導入し、高級ピアノを製作し、一九九二年から日本へ輸出することになった。初期には、品質面・価格面で競争力があり輸出拡大が期待されたが、日本におけるピアノ需要の減少により、限界に達したという。一九八七年、さくらグループが設立した「モランボン合弁会社」は、紳士服などを生産・輸出する合弁会社として、朝朝合弁のもっとも成功した事例として有名である。しかし、北朝鮮側が経営権・人事権を掌握した時点から運営の難航を重ね、操業中止の状態となっている（裵廷鎬『朝総連係企業の対北投資実態』民族統一研究院　ソウル　一九九九年）。

（3）　一九六一年一二月、金日成が大安電気工場へ訪問した際提起された。党工業委員会が最高指導機関として企業を管理・運営し、技術者がその参謀本部を構成するという新しい工業管理方式をいう（高昇考『朝鮮社会主義経済論』日本評論社　一九七三年　八四ページ）。

（４）申志鎬『北韓における改革・開放―過去・現況・展望』ハンウルアカデミー　ソウル　二〇〇〇年一〇一ページ。

（５）アメリカの「ゴールドマンサクス」が発表したアジア経済分析報告書による結果（『ハンギョレ新聞』二〇〇〇年四月二一日）。

（６）Marcus Noland, "The External Economic Relations of the DPRK and Prospects for Reform," *North Korean Foreign Relations In the Post–Cold War Era*, Oxford University, 1998, pp. 189–192.

（７）『ハンギョレ21』ハンギョレ新聞社　一九九九年八月五日。

（８）もちろん、北朝鮮の対南ゲリラ事件も少なくない。「第一二四軍部隊」のような人民軍精鋭部隊が中心になって、一九六五年から七二年にかけて一七一二件のゲリラ事件を起こし、対南戦略を遂行しようとした（塚本勝一『北朝鮮・軍と政治』原書房　二〇〇〇年　九六～九七ページ）。

（９）北朝鮮の提案は「穀物二〇〇万石、電力一〇万キロワット、鋼鉄一〇万トン、化学繊維一万トン、その他、セメント、木材、機械などの経済援助を行う一方、南側の失業者を受け入れる」という内容であった（本多健吉他『北東アジア経済圏の形成―環日本海経済交流』新評論　一九九五年　一一八ページ）。

（10）裴光雄「朝鮮半島における南北経済交流の現況と今後の展望」『大阪教育大学紀要第Ⅱ部門』四四（１）大阪教育大学　一九九五年　二八～二九ページ。

（11）一九九三年八月一五日、光復節の演説で金泳三大統領は、「北韓が核透明性を保障し、誠実に対話に臨む」ならば、「我々は核エネルギーをはじめとする資源の共同開発と平和利用のための協力に」積極的に乗り出すと述べた（金泳三「第四八周年光復節慶祝辞」『統一白書』統一院　ソウル　一九九三年二四五〜二四九ページ）。

(12)　その後、一九九五年三月にアメリカ・日本・韓国が中心になって軽水炉プロジェクトなどを実施する朝鮮半島エネルギー開発機構（The Korean Peninsula Energy Development Organization: ＫＥＤＯ）が発足した。北朝鮮がＫＥＤＯとの合意の内容を遵守することを条件として、ＫＥＤＯは北朝鮮に同年一〇月までに一五万トン、その後は年間五〇万トンの暖房および発電用の重油を供与することで合意した。

(13)　その内容は、(1)南北経済人事の訪朝許容、(2)委託交易活性化のための技術者訪朝および施設材搬出、(3)小規模の経済協力（投資）モデル事業実施、(4)民間企業次元の北朝鮮地域事務所設置許容などである。

(14)　一九九四年一二月一〇日、統一院は、ＬＧ、三星、現代、双竜の四財閥と永信貿易、大東化学の中小企業二社の訪朝を承認することを発表した（『ソウル新聞』一九九四年一二月一一日）。

(15)　その内容をみると、一〇〇〇万ドル以下に制限された投資規模制限を廃止し、北朝鮮の軍事力増強に寄与する産業を除いたすべての業種に対して対北投資を許容する一方、ビジネスマンの北朝鮮住民接触承認有効期間を一年から三年に拡大し、その申し込みを二〇日から一五日前へ短縮することなどである。

(16)　金圭倫『南北経済交流・協力発展方案』統一研究院　ソウル　一九九九年　五ページ。

(17)　崔信森他『南北韓経済協力方案』産業研究院　ソウル　二〇〇〇年　四ページ。

(18)　同右。

(19)　『毎日経済』二〇〇〇年三月一一日。

(20)『月刊交流・協力動向』統一部　一一四号　二〇〇〇年。
(21)「現代」の金剛山観光事業は三億ドル以上の赤字が発生しており、二〇〇一年二月〜五月の観光料金四五〇〇万ドルを支払っていない状況である。結局、六月の北朝鮮側との合意によって、金剛山陸路観光の開始、観光客数に比例した観光料金の支払いなどを決定した。また、韓国側では資金難に苦しんでいる「現代」と協力して「韓国観光公社」が金剛山観光事業に参加することを明らかにした（『ハンギョレ新聞』二〇〇一年六月一〇日）。
(22)『中央日報』二〇〇〇年九月二二日。
(23)一九九〇年、平壌に設立された北朝鮮コンピュータ産業のメーカー。現在、約一〇〇〇名以上のコンピュータ関連の人材を確保しており、「金日成総合大学」「金策工業総合大学」から毎年二〇〜一〇〇名を選抜・採用している（ナムウソク「北韓におけるＩＴ産業」『北韓ニュースレター』ＫＯＴＲＡ二〇〇〇年一〇月）。
(24)『ハンギョレ新聞』二〇〇一年五月一一日。
(25)ＣＯＣＯＭは、戦略上の重要物資および技術が共産圏国家に流出することを防止するため、一九四九年設立された協議機関であるが、九一年のソ連の解体など、東西関係の変化を受け、九四年廃止された。なお、九六年にワッセナー協約が発効し、テロ支援国などへの兵器輸出を管理している。
(26)『ハンギョレ新聞』二〇〇一年五月一六日。
(27)同右　一九九九年四月六日。
(28)梁文秀「第一次将官級会談以後における南北経協」（『週刊経済』五八三号　ＬＧ経済研究院　ソウル　二〇〇〇年）。
(29)ベ・ゾンリョル「南北韓交流実態と統合の展望―経済分野を中心に」（『韓国と国際政治』一六(1)

慶南大学極東問題研究所　ソウル　二〇〇〇年）一一三ページ。
(30)　北朝鮮の「朝鮮労働党規約」、憲法および刑法にも、韓国の「国家保安法」の違反条項が同じく規定されており、その事犯について徹底的に処罰している（http://www.nis.go.kr/w0/libTemplate.sp_exeTemplate2?vc_menu_id=M03000000）。
(31)　一九八七年一一月、大韓航空八五八機の爆破事件が発生すると、アメリカは反テロ法および武器輸出統制法によって、翌年一月に北朝鮮を「テロ支援国家」として指定した。
(32)　『毎日経済新聞』二〇〇〇年六月一九日。
(33)　『韓国経済新聞』二〇〇〇年八月二四日。
(34)　『ハンギョレ新聞』二〇〇〇年九月二五日。
(35)　金正日は、金日成総合大学経済学部を卒業した後、労働党の組織部、宣伝部などで国家運営に関する多様な経験を積み、七四年、「党中央委員会第五期八次全員会議」において、党政治委員となり、金日成の後継者として公式に決定された。八〇年代に党政治局、党中央委員会で主に活躍し、その後、人民軍最高司令官（一九九一年）、国防委員長（一九九三年）、金日成主席の死亡後三年が経過した九七年には労働党総書記へ、九八年には国防委員長へ再就任した。
(36)　鄭昌鉉『横からみた金正日』金英社　ソウル　二〇〇〇年　二一六ページ。
(37)　『文化日報』北京　二〇〇一年二月一〇日。
(38)　『ハンギョレ新聞』二〇〇一年四月二三日。

（朴《パク》　善《ソン》　暎《ヨン》）

第8章　北朝鮮経済の実像と市場経済への転換の可能性
―中国と東欧経済体制転換の経験を中心に―

ロシアをはじめとする大多数の旧社会主義国は、市場経済への転換を模索しながら世界経済への加盟を試みているが、北朝鮮はこの世界的潮流に加わることができないまま経済沈滞に陥っている。

北朝鮮は一九九〇年から加速した経済的衰退と国際信用度の下落および外債の累増、さらに食糧、エネルギー、生活必需品、原料資材などの慢性的な不足状態に直面している。北朝鮮は、こうした困難を自らの資本蓄積や技術開発によって解決する能力を有しておらず、西側諸国からの資本や技術の支援が経済の回復のために必要とされている。

北朝鮮が経済危機を克服しようとするならば、社会主義計画経済体制を改めて市場経済的要素を導入し、所有関係の多様化などによって市場経済に転換することがどうしても必要だろう。現在、北朝鮮も経済開放の必要性を認識しているが、開放にともなうリスクを憂慮するために非常に限定的な開放政策しかとっておらず、そのため成果はほとんどあがっていない。

とはいえ、大方の予想とは裏腹に、北朝鮮はこうした経済危機にもかかわらず体制面において安定した様相をみせている。そしてアメリカや日本をはじめとした国際社会との関係改善を模索しており、国際機関との関係にも漸進的な進展がみられる。とくに韓国が推進している一貫した包容(太陽)政策の結果、北朝鮮は徐々にではあるが市場経済への転換の可能性を高めている。韓国は北朝鮮の経済危機を解決するために重要な役割を果たさなければならない。しかし、北朝鮮経済の改革に必要な資本の規模や韓国の経済状態などを考えると、韓国一国だけの経済力では北朝鮮を支えきれない。どうしても国際社会の協力が必要であり、北朝鮮は国際社会の協力を引き出すよう真剣に努力しなければならないだろう。一方、北朝鮮経済の実状を分析し、漸進的な市場開放の進捗状況および今後の発展の可能性を検討することが、国際社会にも求められているのである。

1　北朝鮮経済体制の実像

(1)　北朝鮮経済体制の生成過程

北朝鮮は建国初期から、旧社会主義体制の宗主国であったソ連のモデルを導入し、すべての生産手段の国公有化と農業の集団化、中央集権的計画経済、重工業優先戦略、自給自足などの路線を選択した。ソ連の強力な支援を受けた北朝鮮は、中央集権的な社会主義計画経済体制を形成していった。

北朝鮮は、一九四六年八月一〇日に「産業、交通、運輸、逓信、銀行などの国有化に関する法令」を公布し、これにより産業の国有化が開始された。

まず、過去に日本政府や団体、個人が所有していた大規模な企業はすべて国有化の対象となった。一方、朝鮮人所有の中小企業の国有化はすぐには行われず、解放後の数年間、大規模国営企業と私営

表8-1　北朝鮮の国・公有および私有化の比率

（単位：％）

区分		1949年	1953年	1956年	1957年	1957年6月	1958年10月
工業	国有・公有	90.7	96.1	98.3	98.7	100.0	里単位統合完了
	私有	9.3	3.9	1.7	1.3	—	
農業	国有・公有	3.2	32.0	80.9	95.6	98.6	
	私有	96.8	68.0	19.1	4.4	1.4	
商業	国有・公有	56.5	67.5	84.6	87.9	100.0	
	私有	43.5	32.5	15.4	12.1	—	

出所：『統一朝鮮年鑑』統一朝鮮新聞社　1967-1969年　830ページ。

表8-2　北朝鮮農業の集団化

年度	農業協同組合総数（個所）	協同組合に加入した農家戸数		協同組合に編入された耕地面積	
		戸　数	総農家戸数に対する比率（％）	耕地面積（1000町歩）	総耕地面積に対する比率（％）
1953	806	11,879	1.2	11	0.6
1954	10,098	332,662	31.8	576	30.9
1955	12,132	511,323	49.0	885	48.6
1956	15,825	864,837	80.9	1,397	77.9
1957	16,032	1,025,106	95.6	1,684	93.7
1958	3,843	1,055,015	100.0	1,791	100.7
1963	3,732	1,066,896	100.0	1,837	100.7

出所：『朝鮮民主主義人民共和国　国民経済発展　統計集（1946-1963年）』日本朝鮮研究所 1965年。

中小企業の併存状況が続いた。しかし、段階的に私有企業の存立基盤を狭めていく方針が立てられ、朝鮮戦争以前に工業部門の国公有化率はすでに九〇％以上に達し、商業部門の国公有化率も五〇％を上回っていた（表8-1）。

朝鮮戦争が終わった一九五三年以降、北朝鮮は私的所有権の範囲を狭めていき、五八年には国公有化が完全に終了した。農村経済の社会主義化も急速に進められ、農業協同組合の規模も大型化していった（表8

─2)。五三年までは総農家戸数の一・二%、総耕地面積の〇・六%にすぎなかった協同組合加盟率は、五七年末で総農家戸数の九五・六%、総耕地面積の九三・七%まで急上昇した。このようにして、五八年には協同組合未加入の農民や耕地がなくなり、農村の構造面における社会主義的改造が完成した。

このように北朝鮮は一九五八年までにすべての生産手段の私的所有権を完全に撤廃し、農業・商工業などすべての経済部門が社会主義体制下で運営されることになった。

(2) 北朝鮮経済体制の定着と経済発展

a　チュチェ(主体)的社会主義化における第一次七ヵ年計画と北朝鮮経済の発展

北朝鮮政権は朝鮮戦争直後に、二回にわたる短期的な経済計画（三ヵ年および五ヵ年）を樹立・実施し、非常に大きな成果をあげた。前述したように、北朝鮮はこの期間に経済のすべての分野で社会主義体制の改造を行い、改良された生産施設を用いて農業や商工業を発展させ、戦争被害を完全に克服し経済を再建した。

一九六一年から実施された第一次七ヵ年計画は、技術革命や文化革命を通じて社会主義の発展を達成しようとするものであった。工業部門では「社会主義的工業構造を完備した高い技術的土台の上で自立的な工業体系を構築し、人民の努力をそこに集中させて、計画期間中に工業総生産を三・二倍に増大し国民所得を一・八倍に増大する」計画を立てた。しかし、この計画の途中で、ソ連および中国からの援助額が激減したことから北朝鮮は、六〇年以降の経済開発の基本戦略を「自力更生」におき、自前の技術革命を通じて、外貨不足による海外からの技術および生産施設の導入不能という隘路を解決しようとした。こうした自力更生志向の経済開発は、北朝鮮において「チュチェ(主体)的社会主義」と呼ばれている。

b　六ヵ年経済計画の実施とチュチェ(主体)的社会主義の確立

北朝鮮は第一次七ヵ年計画を三年延長し、一九七一年から新しく六ヵ年計画を樹立した。この計画では、主体的社会主義をより推進するために、思想革命、文化革命、技術革命を中心とした経済発展をめざすことになった。すなわち、「工業化の成果を土台として技術革命を高い段階に引き上げ、社会主義の物質的、技術的土台を発展させて人民経済のすべての部門で勤労者を労働から解放する」(1)ことが強調されたのである。

北朝鮮はこの三大革命を達成するため、一九七二年に憲法を改正し、内部的管理面におけるさまざまな改革を実施した。まず、作業を行う労働者と直接接触することで計画が効果的に遂行されるように、中央管理体制の権限の一部を道（日本の県にあたる）・市に移管した。また、直接労働に従事する勤労者の生産意欲を高めるために、作業班優待制(2)を導入した。さらに、七三年には、監視班を結成し各作業班に派遣して作業完遂を監視させるようにした。北朝鮮は、このような困難な条件のもとでも人民が「チュチェ(主体)思想」を抱き三大革命を達成し、樹立した目標を期間内に超過達成したと発表した。

表 8-3　北朝鮮の工業部門における重工業と軽工業の投資比率

（単位：%）

期間（年）		1954–56	1957–60	1961–64	1965–69	1971–76
工業部門	重工業	82.0	76.0	59.9	84.1	83.0
	軽工業	18.0	24.0	40.1	15.9	17.0

出所：『朝鮮中央年鑑』平壌（年度別），『北朝鮮体制の実像と展望』民族統一研究院　ソウル　1991年　194ページから重用。

表 8-4　北朝鮮の工業部門と農業部門の構成比率

（単位：%）

期間（年）		1946	1949	1953	1956	1960	1963	1965	1970
部門	工業	23.2	35.6	30.7	40.1	57.1	60.6	64.2	65.0
	農業	59.1	40.6	41.6	26.6	23.6	21.5	18.3	20.0

出所：『朝鮮中央年鑑』平壌（年度別），高成俊『転換期の北韓社会主義』大旺社　ソウル　1992年　306ページから重用。

c　一九六〇年代および七〇年代の北朝鮮経済の評価

北朝鮮の中央集権的な計画経済路線も、その他の社会主義諸国と同様、初期には大きな効果をあげ、一九六〇年代中盤までは韓国の経済力を上回っていた。それ以降、成長の鈍化がみられるようになったとはいえ、七〇年までは北朝鮮の工業化は相当程度成果をあげていたものと評価されている。

このような急速な発展の要因は以下のとおりである。第一に北朝鮮はソ連の工業化戦略と同様に「外延的（量的）成長戦略」を実施し、重工業や軍需産業などの特定部門に良質な人的、物的資源を投資した（表8–3）。この政策は資本主義における資本蓄積（農業、軽工業、重工業）とは反対の概念である、「原始的社会主義的資本蓄積」の論理に依拠したものである。この政策の内容は「重工業、軽工業、農業の順に優先させる投資政策であり、これは工業化を早い時間で実現させることができ、後には社会主義体制が資本主義体制を追い越すことができる」というものであった。

第二に、初期段階において資本の条件に恵まれていたことが考えられる。北朝鮮はもともと地下資源および山林資源、水力資源に恵まれており、さらに植民地時代に日本が行った産業政策によって、北朝鮮地域には重化学工業団地や発電所の既存施設があった。また、急速な生産手段の国有化および集団化を通じ、資本蓄積を容易に行うことができた。

第三に、工業化を推進するための労働力にも恵まれていた。北朝鮮は朝鮮戦争によって多くの労働力を喪失したが、産業構造が大部分農業に依存していたこともあって、社会主義体制への移行の初期段階で、工業化に必要な潜在的な高い遊休労働力を保有していたのである（表８−４）。また、男女平等という社会主義理念に従い、女性労働力も積極的に投入された。義務教育によって識字率が上昇し、日本からの独立以後、新しい社会主義国家建設を切望した北朝鮮指導者たちの理念に、国民が呼応し、そのことも北朝鮮の初期発展に影響を及ぼしたといえよう。

第四に、北朝鮮は発展の初期段階から、ソ連から相当な経済的・軍事的援助を受けており、エネルギーは国際市場価格よりも低廉な「友好価格」で供給を受けていた。一九六〇年代初めの中ソ紛争以降も、北朝鮮はチュチェ（主体）思想を強調しながらも外交面では中国とソ連を等距離において、双方から経済的軍事的支援を受けていた。

北朝鮮経済が、自力更生の原則に立脚した高度に閉鎖的な「チュチェ（主体）的社会主義体制」を特徴としているのは、一九五〇年代から七〇年代にかけて工業化の成果が大きかったばかりでなく、外部からの体制反対勢力に対する考慮のためでもあった。北朝鮮はソ連と中国、東欧との貿易関係にも消極的になり、七〇年代に入って東欧との技術および経済交流が再開したとはいえ、その規模は五〇年代に比べて大きなものではなかった。一方で、七〇年代以降は西側諸国からの技術導入を望んだが、経済交流が非常に限定的であったために叶わなかった。結局、可能なかぎり国内の技術革新に依存し自力で工業化を推進するしかなかったのである。北朝鮮が西側諸国との経済交流を活発に行うことができなかったのは、経済的条件によるものばかりではなく、政治的な問題が大きく作用していたからである。七〇年代後半に入ってからは国内工業施設や装備が陳腐化し、生産拡大が難しくなった。そのため北朝鮮は、七八年に始まる第二次七ヵ年計画に、西側諸国との交流を拡大することを計画にのせることにした。

(3) 北朝鮮経済体制の衰退と限定的開放

a　第二次七ヵ年計画と開放政策の限界性

一九七八年に始まる第二次七ヵ年計画で、北朝鮮は、ソ連をはじめとする社会主義諸国や西側諸国との経済交流に深い関心を抱き、限定的な開放政策を推進した。さらに、国民経済の主体化、現代化、科学化を目標にすえた。しかし、基本路線であるチュチェ(主体)的社会主義体制は、こうした改革・開放路線にとって障壁となった。

一九七一年から八〇年までに北朝鮮が導入した外資総額は二二億七四四〇万ドルであったが、そのうちＯＥＣＤからの導入額は全体の五六・八％で一二億九一八六万ドルにのぼる。また、同期間の輸出入総額は一八七億九八〇〇万ドルであったが、そのうち日本を含む先進工業国との貿易額は五一億六五七〇万ドルで全体の二七・五％を占めている。これは当時としては大きな進展であったといえよう。社会主義諸国との貿易は相変わらず高い比率を占めて五八・八％であり、その他、開発途上国との貿易が三・七％を占めていた(3)。

西側諸国との貿易が比較的わずかだったのは、北朝鮮がこれらの国に輸出することができる商品の種類が少なく質的な面で遅れていたからである。したがって、この期間の先進工業国との貿易では常に輸入超過であり貿易赤字が累積した。それゆえ、西側諸国からの借款利子も期限内に償還することができず、信用が低下し貿易額も減少した。

その結果、外債負担がない新技術導入を増やそうという目的から合弁法を実施した。この合弁法は一九八四年九月に制定・公布され、翌八五年に施行細則や関連法が公布された。しかし、この法律が公布された後に誘致された企業は九四年までで一四八件にすぎず、それも日本の朝鮮総連系の企業が八八・五％であり、残りはソ連・東欧圏で、北朝鮮が期待していた西側諸国の進出はなかった。業種も大部分が軽工業であり、サービス業、農水産業はともかく、金属機械工業、電気電子業、化学工業などは低水準にとどまった。

このように西側諸国の協力を得ることができなかったのは、北朝鮮の経済的政治的条件の未整備のためであり、もう一つの大きな理由はアメリカの北朝鮮経済制裁措置であったとみることができる。

b　第三次七ヵ年計画樹立と経済特区の設置

北朝鮮は、内外にこのような困難を抱えた状況下で、一九八七年から新しく第三次七ヵ年計画を樹立した。この計画では、経済的沈滞状況を考慮し、目標値をこれまでのどの計画よりも全般的に低く設定し、国民所得は一・七倍、工業生産の増加目標は一・九倍、農業総生産は一・四倍とした。しかし、内外の経済条件は好転せず、実績はすべて計画を下回った。

このように、成長の沈滞傾向は深刻化する一方であり、すでに自力回復は見込めなくなっていた。それゆえ北朝鮮は、経済沈滞の打開策を見出すために、中国の先例に従う自由経済市場を許容する経済特区を設置することにし、一九九一年一二月に咸鏡《ハムギョン》北道の羅津・先鋒地域を自由経済特区に指定した。

まず一九九三〜二〇〇〇年の期間に、物資の輸出入を可能にする湾岸、鉄道、道路、空港、通信施設などのインフラを整備し、地区内に一〇の工業公団を指定して建設させることになった。その後の展望として、二〇〇一〜二〇一〇年の一〇年間に、加工工業団地、ホテル、病院、体育および教育施設やその他娯楽施設、さらに観光施設を建設し、国際貿易都市としての体面を整えるという計画もたてた。総経費として約六九億八九〇〇万ドルを計上し、外資誘致を通じてあてることにした。

一九九四年七月に金日成が死亡し、後継者問題で内政が不安定になり、外国企業の誘致は大きな影響を受けた。それ以降、各国の企業は幾度かにわたりこの地域を視察調査したが、実際にこの地域に進出した企業は、九七年の一二月末までで一一一件、七億五〇七七万ドルにすぎなかった。実際に投資されたのは、そのうち七七件、六二四二万ドルにすぎないという集計もある(4)。現在までにこの地域に進

表 8-5　羅津・先鋒自由貿易地帯の開発目標と重点プロジェクト

段階区分	当面課題（1993-2000年）	展望課題（2001-2010年）
開発目標	・国際貨物中継基地・輸出加工基地建設	・総合的，現代的な国際交流拠点都市（第二のシンガポール）
所要金額	・52億6656万ドル	・17億2190万ドル
重点プロジェクトの優先順位	・羅津地区の経済特区拠点化 ・中国，ロシアとの中継輸送網の形成（鉄道，道路，通信など） ・自由貿易港の荷役能力を3000万トン規模に拡張・加工輸出産業基地型公団の本格的造成 ・工業地区別専門化と本格的外資誘致を通じた輸出主導型加工基地の建設 ・地域と地域周辺の観光基地の開発	・自由貿易港の荷役能力を１億トン規模に拡張 ・中継貿易，輸出加工，製造業，金融サービス，観光の諸機能を総合的に遂行することができる地域の建設 ・21世紀の国際水準に対応することができる地域の近代化と情報化の追求
都市建設	・人口30万人規模 ・羅津地域を中心に開発しこれを先鋒地域にまで拡大	・人口 100万人規模 ・フチャン，シネなどの羅津外延地域と社会，ホンイなどの豆満江地域の新興都市開発

出所：金日成総合大学『羅津・先鋒自由貿易地帯 投資環境』平壌　1995年。

出することを決めた外国企業のうち、もっとも大きな比率を占めているのは、日本の朝鮮総連系の企業である。業種は軽工業、サービス業が約六〇％、農水産業が約二〇％で、製造業部門には投資が少なかった。

このように外国企業の進出が低調なのは、北朝鮮の政治的雰囲気、インフラなどの未整備、労働者の管理および資本財の調達問題などがあげられる。また、アメリカの北朝鮮に対する経済制裁措置のためでもある。

一九九三年は第三次七ヵ年計画の終了年であったが、その後計画を立てて問題解決に努力しているが、この期間中、北朝鮮経済はますます沈滞していった。

一九九七年に訪朝したＩＭＦの視察報

告によると、北朝鮮経済は総ＧＤＰが九二年の二〇九億ドルから九六年の一〇六億ドルに約五〇％も減少し、このうち製造業および農業部門の生産はおのおの六〇％、四〇％に減少したとされている。また、ＩＭＦ視察団は、九六年度のＧＤＰ成長率はマイナス一七・三％（韓国銀行の推定はマイナス四・九％）であると発表した。

c　北朝鮮経済の沈滞原因

このように北朝鮮経済は一九八〇年後半から沈滞に直面してきたが、九〇年代には最悪の状態に突入することになった。これを産業別にみると、九〇年以降、サービス部門を除くほとんどすべての産業で毎年マイナス成長となっており、とくに工業部門や重工業部門がもっとも大きな影響を受けている。

鉱業部門の成長率は、一九九〇年以降マイナス五％を下回り続けており、重工業分野では九一年と九二年におのおのマイナス一五・八％とマイナス二一・〇％を記録して、経済沈滞の主要因となった。しかし、エネルギーおよび資材の供給を拡大し重工業部門の管理を改善することで、沈滞した製造業部門の生産を正常化させることに焦点をおいたことにより、九九年には重工業生産が一一・六％増加し、軽工業の生産も二・四％増加した。

農業の場合、経営に必要な資材が不足しており、長期間の集団農業による構造的な問題もあって、生産高は一九九〇年代に入って連続して減少していたが、九八年以降は養殖業の活発化や飼育の奨励、良好な気象条件と耕地面積の拡大、そして外国の肥料支援などによって回復し、九九年の成長率

表 8-6　北朝鮮の産業別成長率

（単位：%）

	1990	1991	1992	1993	1994	1995	1996	1997	1998	1999	2000
農林漁業	－10.2	2.8	－2.7	－7.6	2.7	－10.5	1.0	－3.9	4.2	9.2	－1.9
鉱 工 業	－2.8	－11.9	－15.0	－3.2	－4.2	－4.6	－9.6	－15.6	－4.1	9.9	2.2
鉱　業	－8.5	－6.8	－6.1	－7.2	－5.5	－2.3	－11.8	－11.8	－6.6	14.1	5.8
製造業	－1.5	－13.4	－17.8	－1.9	－3.8	－5.3	－8.9	－16.8	－3.3	8.5	0.9
（軽工業）	－6.2	－4.4	－7.3	5.0	－0.1	－4.0	－7.1	－12.0	－1.1	2.4	6.2
（重工業）	－0.4	－15.8	－21.0	－4.2	－5.2	－5.9	－9.7	－18.7	－4.3	11.6	－1.5
電力・ガス水道業	－2.2	－4.5	－5.7	－8.7	－4.2	0.1	－7.8	－9.6	－9.3	6.8	3.0
建　設	5.9	－3.4	－2.1	－9.7	－26.9	－3.2	－11.8	－9.9	－11.4	24.3	13.6
サービス	0.3	2.5	0.8	1.2	2.2	1.5	0.8	1.1	－0.7	－1.9	1.2
国内総生産（GDP）	－3.7	－5.2	－7.6	－4.3	－1.7	－4.5	－3.7	－6.8	－1.1	6.2	1.3

出所：韓国銀行『北韓GDP推定結果』ソウル　各年度版。

は九・二%となった。とはいえ、八九年と比べると、九九年の実質GDPもその七五%にすぎない水準である。しかし二〇〇〇年中全般的に北朝鮮の産業構造は農林漁業と製造業の比率が低いが、鉱業、電力業、建設業の比重は高い。

このように一九九九年に入って北朝鮮経済は全般的に好転をみせているが、まだ本格的に沈滞局面を抜け出せたわけではない。このような沈滞の原因は以下のような三つの側面から説明することができるだろう[5]。

第一に、旧社会主義諸国の崩壊にともなって、中国・ソ連などとのバーター取引が廃止されたという要因が大きい。これによって、北朝鮮の対外貿易は大きく沈滞することになった。それまで総貿易額の五〇%以上を占めていたソ連との貿易量が一九九一年に八六%も減少したことは、とくに原油輸入において大きな困難を招来することになった。それ以降九五年までの輸入量は皆無となっている。さらに中国とのバーター取引の廃止は、北朝鮮の原油および資材の不足をより深刻化させることになった。このような貿易条件の変化や、外貨不足によるエネルギー資材の逼迫状況は生産不足をもたらし、北朝鮮経済の沈滞を招くことになったのである。

第二の要因として、北朝鮮の経済体制が抱えている根本的で構造的な問題があげられる。典型的な中央集権的経済体制により企業部門が政府部門から分離されておらず、「軟性予算制約」(6)の問題が発生することになった。また、資源の希少性や生産性と関係なく行われる価格決定方式は、資源の効率的な配分を阻害し、その結果生じた農産物、生活必需品などの分野における不均衡は、個人の基本的欲求を満たすことができなくなるまでに深刻化した。また、能力給でないことや資産蓄積の禁止は個人の勤労意欲を低下させ、過度な政府の統制が個人の自立性や創意性を低めることになった。つまるところ、北朝鮮経済は、生産性や効率性の向上を阻害し資源配分のあり方をゆがめることによって沈滞を招いたのである。

第三に、北朝鮮が一貫して推進してきた「自立的民族経済」の建設や、重工業優先の経済政策に問題があったと考えられる。北朝鮮が追求する「自立的民族経済」とは「自力更生の原則」を基本とし、対外依存度を低めることで経済の自給自足を実現しようとするものであった。しかし、このような「自立的民族経済」は経済成長に必要な資本や技術導入の機会を制約し、工業における競争力を低下させ、輸出に向けられる消費財の産業を衰退させた。また、北朝鮮は「自立的民族経済」の基本課題として、当初から重工業優先政策を重点的に推進してきた。このような政策は、開発初期段階における経済成長に大きく寄与したと評価されるが、資本財を過剰生産したことは資源の浪費を深化させ、軽工業や農業などその他の部門との深刻な不均衡を招来することになった。

2　北朝鮮経済体制転換の展望と旧社会主義経済体制の転換

(1)　北朝鮮経済体制転換の可能性

現在北朝鮮は、経済難を解決するために、経済政策の整備とともに経済体制改革も漸進的に行っている。しかし、外国資本を導入することで体制が受ける影響を懸念し、そのことが経済改革の可能性を低め、経済が容易に回復しない要因となっている。しかし北朝鮮は、漸進的ではあるが効率性を高めるための改革を試みてきており、一九九八年の憲法改正は、このような漸進的改革を憲法の次元から確認するものであった。

憲法の経済関連における改定の内容は、大きく二つの分野に分けることができる。第一に経済管理体系が整備された。まず、政務院を内閣に改編し、行政執行機関であったものを全般的な国家管理を行う機関に昇格させた。また、経済関連の三二部署を二三に統廃合し、地方行政経済委員会の任務と機能を地方人民委員会に吸収させた。さらに中央人民委員会が廃止されたことで、政務院を中心とした内閣中心の経済運営方式が確立されたのである。

第二に、それまでとられてきた漸進的で制限的な改革・開放路線が、憲法に反映されることになった。(7) このような措置は、地方および個別の企業レベルでの意思決定という分権化をも推進するものであり、個人と団体の経済活動領域の拡張がはかられた。

もちろん、このような漸進的な改革と部分的な現実主義路線が、すぐに体制全般の変化につながるものと期待することは難しい。なぜならば、経済に対する北朝鮮の統制力は相変わらず強いためである。しかし、野党の存在を許さない北朝鮮内部では公式的な政策と実質的な政策のあいだの乖離が大きく、声なき変化が起こる可能性も残されている。

北朝鮮が生き残るためには、世界経済とうまく連結し内外の経済政策を修正していくしかなく、経済制度の転換は時間の問題だとみることができるだろう。北朝鮮が体制の崩壊に至る前に変化の道に転換することができるかどうかは、同国の決断だけでなく北朝鮮を取り巻く対外的条件にも規定される。当然、韓国をはじめとするアメリカ、日本、中国など周辺諸国の北朝鮮政策は、北朝鮮の生存や変化に直接的な影響を与えることだろう。それゆえ、ここでは、改革の前提条件および速度、経済条件の変化などの面で互いに違う特徴をもつ、中国や東欧の市場経済への転換を分析することで、今後北朝鮮が安定的に経済体制転換を行うための課題を導きだそうと思う。

(2)　中国と東欧の経済体制転換

a　中国の経済改革と成果

中国の共産党政権は、階級闘争や民族解放運動を通じて自然発生したものであり、そうした正統性を基礎とした経済改革が行われた(8)。中国は改革・開放路線を公表後、まず最初に農業改革を実施した。人民公社を中心としたソ連型集団農業に依存してきた中国の農業は、生産意欲の低下による農業生産高の低下に直面し、一九七九年には、都市部の消費穀物の四〇%に当たる七六〇万トンの食料を輸入に依存せざるをえない状況に陥った。中国は農業就業者が全就業者の七一%、農業生産が国民総生産の二八・四%を占める（一九七八年）ほど農業の経済における比率が高く、それゆえ、改革初期には農業部門に重点がおかれたのである。七九年に始まった農業改革は農産物市場の漸進的自由化から始まり、八三年までに「請負生産責任制」が定着することになった。これは、個別農家が国と農地の長期賃貸契約を結び、国の買上げ高を超える収穫があった場合、その農産物を市場で自由に売買することができるというものである。これにより人民公社は完全に解体されることになった。

このような農業改革の結果、改革以前の二五年間停滞し続けていた農業部門の生産性は、一九七八〜八五年に五〇%も上昇し、農業総生産は同期間に六七%も増加した。こうして、農家は所得の増大と生活水準の向上の恩恵を受けることになったのである。農業改革は、①経済改革に対する国民の支持基盤を確固たるものにし、②農村貯蓄の増大と余剰労働力の発生は、改革を他産業に拡大する際の助けとなり、③マクロ経済面での供給拡大を通じて経済安定に寄与することになった。

中国は、韓国などの開発途上国を参考にして、輸出促進を目標とした貿易自由化と為替レートの実勢化をまず実施し、輸入に対する規制と資本取引に対する規制は維持するという対外開放政策を行った。また、経済特区を設置し外国資本に対して特恵を提供することで海外資本の誘致を積極的に行った。中国経済は、改革・開放当時には、資本不足と技術不足という困難に直面していたが、外国からの投資が爆発的に増えたことによってこの二つの制約を一挙に解決することができた。改革初期である七九〜八三年に、農業改革と対外開放によって年平均七・七%の経済成長率を記録した中国経済は、その後も引き続いて対外開放を続け、八四年からは都市および産業部門にも改革を拡大した。経済成長はそれによってさらに加速し、八四〜八九年には年平均の経済成長率が一一・六%と大きく上昇した。

改革初期には農業部門が経済成長を主導したが、一九八〇年代中盤からは製造業部門が主導的役割を果たすようになった。とくに既存国営企業よりも、新しく設立した非国営企業が成長の原動力を提供したのである。中国の農村地域では、改革以前から人民公社所属の非農業企業が存在していた。これは国家所有ではなく集団所有であり、企業経営に対する国家の介入が国営企業に比べて低い協同組合の性格を有していた。農業改革によって、こうした「郷鎮企業」の経営自立権がいっそう高まり、損益の自己責任原則も厳格に適用されるようになった。さらにこれに加え、個人や複数の農民が、利潤獲得の機会をとらえようと企業を設立し、実質的に民間企業の性格を有した企業が、農村に数多く登場することになった。一方、こうした農村の企業以外にも、個人企業や外国人投資によって設立された企業など、さまざまな形態の非国営企業が改革の進展につれて急速に増加した。

このように、農業改革の成功による農村貯蓄の増大と余剰労働力を基盤として、国家計画の間隙を埋めるように成長しはじめた農村企業や非国営企業の実質生産高は、一九七八〜九一年に年平均一八%にも達する高成長をみせるようになった。七八年には製造業総生産の二二・四%にすぎなかった非国営企業の比率は、八五年に三五・一%、九一年には四七・一%を占めるようになった。

表 8–7　製造業生産の所有形態別構成の変化

（単位：%）

	1978	1985	1991
国営企業	77.6	64.9	52.9
非国営企業	22.4	35.1	47.1
集体企業	22.4	32.1	35.7
都　市	13.3	15.9	12.9
農　村	9.1	16.2	22.8
個体企業	—	1.9	5.7
その他[1]	—	1.2	5.7
合　　計	100.0	100.0	100.0

注：1）外国人投資企業およびその他の所有形態企業（国営，集体，個体）間の合営企業。
出所：『中国統計年鑑』北京　各年号。

このように中国の経済改革が成功した要因として、①対外開放において香港を中心とした華僑が重要な役割を果たしたこと、②国際政治や経済環境面において比較的有利な状況にある時点で改革・開放を始めたこと、③物価、国際収支、財政などマクロ経済与件が比較的安定のなかで改革を推進したこと、④政権交代後、鄧小平を中心とした改革主導勢力が短期間内に権力基盤を構築し、政治的な安定のなかで改革・開放を推進し、政策に対する内外の信頼を受けることができたことなどが考えられる。

しかし、多くの問題点もある。①漸進的な価格自由化を行うために二重価格制を導入し、これは、ある程度の成功をもたらしたが、二重価格制が長く続いた結果、国定価格と市場価格の裁定取引の機会を提供することになり、不正腐敗の蔓延など経済的な非効率を招くことになった。②国営企業に対して、所有と経営を分離し経営者の権限を確立させる方向に改革を進めてきたが、国営企業の約三分の一が慢性的な赤字ゆえに補助金に依存せざるをえない非効率性を有していたことが、成長の阻害要因となっている。③投資や開発が経済特区を中心とした湾岸都市地域に集中し、内陸山間地域と沿海地域、あるいは都市と農村地域間の所得の不平等が深刻化した。

表 8–8　東欧諸国の初期経済前提条件

	ブルガリア	ルーマニア	チェコ	ポーランド	ハンガリー
人口(百万人，1989)	9.9	23.2	15.6	37.9	10.6
一人当たりGDP(1989，US$)[1)]	2,320	2,290	3,450	1,790	2,590
GNP成長率(年平均増加率)[2)]					
1970年代	7.0	9.3	4.6	5.5	4.5
1980年代	2.0	1.8	1.4	−0.7	0.5
価格の統制範囲(%)	100	80.0	100	100[3)]	15
国家の所有程度	100[4)]	100[5)]	100[5)]	70	90
M_2/GNP(1990)	1.3	0.6	0.7	0.9	0.4
対外負債/GNP(1990，%)	50	3	19	80	65
対外負債サービス率(1990)	116	…	23	56[6)]	57
CMEAに対する輸出(1990)[7)]					
総輸出に対する比率	69	…	60	41	43
GDPに対する比率	34	…	25	14	16

注：1) World Bank (1991).　2) Net material product (ICFS 1990).　3) 食料品価格を除く。
4) 農業の15%を除外した経済全体。5) 経済全体。6) 商品輸出に対する比率。
7) COMECON内の価格及び換算率の歪曲程度に従って推定値が異なる。
出所：金洪澤『北韓の体制転換と南北韓経済統合の主要課題』韓国開発研究院　ソウル　1996年13ページより重用。

b　東欧諸国の経済改革と成果

①　初期のマクロ経済与件と経済改革安定プログラム

ハンガリーは、一九六〇年代末から二〇年以上かけて漸進的な改革作業を推進してきた。その結果、八〇年代末には、他の東欧諸国よりも政治の自由化に適合的な経済条件を具備するにいたった。八二年にはすでに消費財物価の五〇%以上が自由化されており、小規模な私有化も許されていた。また、「二元的な銀行制度」への転換がなされ、租税改革、会社法の制定などが続けて行われた。ただし、生産手段の私有化は行われていなかった(9)。

ポーランドの場合、農業においては民間部門の役割が大きかった。一九八

表 8–9　東欧諸国の改革と安定化計画

国名／時期	ポーランド 1990.1.1	ルーマニア 1990.11.15	ブルガリア 1991.2.1	チェコ 1991.1.1
価格自由化	即時90%	三段階	漸進的	即時85%
補助金縮小	17.4%→４%	部分的	16.7%→３%	16.1%→4.6%
財政縮小	○	×	制限的	○
通貨緊縮	○	○	○	○
平価切下	○	○	○	○
貿易自由化	広範囲	非常に制限的	非常に制限的	広範囲
賃金抑制政策	○	×	○	○
小企業私有化	○	○	○	○
大量私有化	遅延	遅延	遅延	遅延
国営企業売却	一部	主として土地	低調	低調
原所有者財産返還	○	○	○	○
名目アンカー	W，e	—	M	W，e
実質アンカー	M，r	—	—	M，r

注：M＝通貨，r＝実質利子率，W＝名目利子率，e＝為替レート
出所：Gros, D. and Stienherr, A., *Winds of Change : Economic Transition in Central and Eastern Europe,* Longman Publishing, New York, 1995.

〇年代に、部分的ではあるが、その他の部門でも民営化が進展しはじめた。しかし、八〇年代末に、ポーランドとハンガリーは貿易面で深刻な対外不均衡に直面し、経済成長率も八〇年代に入って事実上停滞していた。

一方、ハンガリーを除く東欧諸国は、一九八〇年代末には深刻な通貨膨張を抱えており、経済自由化措置を実施した場合、その膨張したマネーサプライがインフレーションに転化するおそれが大きかった。通貨の膨張度を正確に表わす指標はないが、おおよその目安としてＧＤＰに対するM_2（貨幣流通量）の比率をみると、通常〇・四が基準となるのに対して、改革当時のポーランドの通貨膨張はもっとも深刻であった。チェコはそれよりも幾分ましとはいえ、やはり通貨膨張が憂慮されていた。

チェコは一九六八年の春以降、もっとも伝統的な計画経済に復帰したが、COMECONに対する輸出依存度が高い点を除いては、内外の経済均衡を維持し続けていた。

ブルガリアは「過産業化」[10]がもっとも深刻であった。たとえば、一九三〇年代には二〇%にすぎなかった全就業者に占める労働者の割合が、八〇年代には六〇%まで増加していた。ブルガリアは輸出の対外依存度がとくに高く、八〇年代中盤から対外負債が急増し、八〇年代末には外貨の逼迫と通貨膨張の二重苦に直面することになった。

ルーマニアは、ソ連との政治的路線が異なっていたために、COMECONに対する依存度が低かったが、石油供給の面で問題を抱えていたこととともに、長期にわたるチャウシェスク政権の失政によって経済、社会、政治などに深刻な問題を抱えていた。

このような状況下で、東欧諸国で初めて本格的な経済改革および安定政策を行ったポーランドは、一九九〇年一月一日に「Balcerowicz 計画」[11]を実施した。ハンガリーも安定化政策を優先したが、ポーランドのような衝撃的な安定化政策は行わなかった。それよりも市場経済への転換に必要な法的枠組みや金融下部構造の創設に重点をおき、漸進的な経済改革を推進した[12]。

ポーランドをはじめとして四つの東欧諸国が急進的な経済改革を押し進めた原因の一つは、改革初期にインフレーション問題がすでに深刻化していたために、改革によってさらにそれが悪化することを懸念したからであった。改革以前にすでに超インフレーションに直面していた国はポーランドのみであったが、ルーマニアやブルガリアにおいても通貨膨張がすでに深刻化しており、外債増加によっ

表 8–10　東欧諸国の体制転換過程における主要経済指標の推移

（単位：%）

		1989	1990	1991	1992	1993	1994	1995	1996	1997
チェコ	経済成長率（実質）	1.4	−0.4	−11.5	−3.3	0.6	3.2	6.4	3.9	1.0
	失業率（年末）	0.0	0.8	4.1	2.6	3.5	3.2	2.9	3.5	5.2
	消費者物価上昇率	2.3	10.8	56.6	11.1	20.8	10.0	9.1	8.8	8.5
	経常収支（10億ドル）	0.5	−0.3	1.1	−0.3	0.5	−0.7	−1.4	−4.3	−3.2
	GDP における比率	1.5	−1.1	4.7	−1.1	1.5	−1.8	−2.8	−7.6	−6.1
スロバキア	経済成長率（実質）	1.4	−0.4	−14.5	−6.5	−3.9	5.0	7.3	6.6	6.5
	失業率（年末）	0.0	1.5	11.8	10.4	14.4	14.8	13.1	12.8	12.5
	消費者物価上昇率	2.3	10.8	61.2	10.0	23.2	13.4	9.9	5.8	6.1
	経常収支（10億ドル）	−0.1	−0.6	−0.8	0.2	−0.6	0.7	0.4	−2.1	−1.3
	GDP における比率	−0.6	−4.3	−7.9	1.6	−5.0	5.1	2.3	−11.2	−6.7
ハンガリー	経済成長率（実質）	−0.2	−0.4	−11.9	−3.1	−0.6	2.9	1.5	1.3	4.4
	失業率（年末）	0.4	1.9	7.8	13.2	13.3	11.4	11.1	10.7	10.4
	消費者物価上昇率	17.0	28.9	35.0	23.0	22.5	18.8	28.2	23.6	18.3
	経常収支（10億ドル）	−1.4	0.1	0.3	0.3	−3.5	−3.9	−2.5	−1.7	−1.0
	GDP における比率	−4.9	0.4	0.9	0.9	−9.4	−9.4	−5.6	−3.7	−2.2
ポーランド	経済成長率（実質）	0.2	−11.6	−7.0	2.6	3.8	5.2	7.0	6.1	6.9
	失業率（年末）	0.1	6.3	11.8	13.6	16.4	16.0	14.9	13.2	10.5
	消費者物価上昇率	251.1	585.8	70.3	43.0	35.3	32.2	24.8	19.9	14.9
	経常収支（10億ドル）	−1.8	0.7	−1.4	−0.3	−2.3	−0.9	5.5	−1.4	−4.3
	GDP における比率	−2.2	1.2	−1.8	−0.3	−2.7	−1.0	4.6	−1.0	−3.1

出所：Rosati Dariusz, R., *Transition Countries in the First Ouarter 1998 : Widening Gap Between Fast and Slow Reformers*, The Vienna Institute for International Economic Studies（WIIW）Research Reports, No. 248, June 1998.

て外貨不足にも陥っていた。ただし、チェコの場合、内外均衡が比較的良好であり通貨膨張もポーランドやブルガリアに比べて少なかった。

② **東欧経済改革の成果**

急進的な転換を行ったポーランドは、九二年から経済回復の兆候をみせはじめた。チェコも、九三年から経済回復に向かった。より漸進的な体制転換を推進してきたハンガリーは、他の東欧諸国に比べインフレーションの度合いやGDPの減少が相対的に低く、最近では漸進ではあるが回復軌道に乗っている。

東欧諸国の経済改革におけるもっとも大きな問題は、体制転換にともなうインフレーションと国民所得の急減であった。インフレーションは東欧諸国に共通して発生したが、その深刻度は国ごとに違っていた。ポーランドの場合、前述したようにもっとも深刻な状況にあったが、しかし、他の諸国とともに徐々に物価は安定してきている。とくにチェコ、スロバキアの場合、物価上昇率が一桁台まで低下し、物価安定政策はほぼ達成されたとみていいだろう。このように体制転換においてマクロ経済の安定がなによりも重要なのである。

一方、体制転換の前提条件や方式および政策内容の相違に関係なく、共通してみられたのは生産の減少である。このように生産の減少が起こった理由に関してはさまざまな分析が行われているが、明確な理由は見出せない。しかし、生産減少が特定部門に限定されずに経済全般において生じていると いう点から、ある部門の構造的な要因よりも経済全般にわたる総体的要因が存在するという見解が一般的である。生産減少の理由に関する主な分析をいくつか述べると、以下のとおりである。

第一に、生産減少は部分的には統計上の誤謬によって生じたものという意見がある。[13] すなわち、相対価格の変化を正しく反映することができず、サービス部門の生産を過小評価しているというのである。さらに、体制転換以降急速に成長しているサービス部門の小規模自営業が、統計に反映されていないともいわれる。しかし、国家のＧＤＰをさまざまな側面から再び算定した研究によると、統計上の誤謬による過小評価はそれほど大きなものではないともいわれている。[14]

第二に、インフレーションと急激な平価切下げにともなう実質所得および実質的な富の減少によって国内需要が縮小し、貿易自由化により国内需要の一部が輸入財によって賄われたことで、さらに生産の減少をもたらしたという分析がある。

第三に、共産諸国の貿易および経済協力機構であるＣＯＭＥＣＯＮの崩壊と、ソ連の解体および経済悪化によって輸出需要が減ったという分析がある。

第四に、価格および貿易自由化による生産費用の急上昇によって、供給能力自体が低下したことをあげる分析がある。もちろん相対価格の変化によって需要が増えた部門もあるが、ある部門の供給を増加させようとすれば、投資が生産につながるまで時間がかかる。一方、需要の減少は急速であり、インフレーションや生産の減少は免れない。それゆえ体制転換期には、需要が急減しないように、平価切下げ幅や財政金融の引締めの程度を適切に調節しなければならないのである。貿易自由化に対しては、急速な自由化に対する批判もあるが、市場経済への転換のためには大胆に行われなければならないというのが支配的な見解である[15]。

体制転換期の生産減少にともなう社会問題として失業があげられるが、それは一般に想定されているほどには深刻なものとはならなかった。ポーランドにおいては、いったん失業率が一六％まで上昇したが、その後下降安定している。チェコにおいては、体制転換後の初期から一桁台を維持している。これは、東欧諸国が構造調整にある程度成功し、西側諸国への輸出が活性化して、軽工業、サービス、建設なども比較的早く回復したためである。

ところで、体制転換期においては、私有化を進めることだけが国営企業の効率化を高める唯一の道というわけではない。中国は、国営企業を私有化することなく経営の自主性を高め、税制改変を通じて効率性を高めることに成功した。もちろん、私有化をしなくてもよいというわけではない。私有化は、国営企業の貸借対照表の作成など、そのための準備に時間がかかるものであり、国内貯蓄の不足によって国営企業を購入できる資本家がいないこともあって、少なくとも数年以上かかる。それゆえ、私有化の前に構造調整が進められるようさまざまな制度改変が必要なのである。東欧諸国では、かつて共産党政権が没収した国営企業の資産（土地あるいは企業全体）をもともとの所有者に返還することを原則としたため、財産権が不確実になり、むしろ私有化が投資につながらないという問題が生じた。

c　中国と東欧諸国の経済改革比較：前提条件と経済体制転換戦略

東欧諸国と中国の体制改革過程を比較する場合、一般的に前者は急進的な体制転換であり、後者は漸進的な転換であると区分される。典型的な場合について述べると、急進的転換を擁護する側は、体制転換のプログラム間の相互連関性があるために、革新的な改革措置は同時に行われなければ意味がないと主張する。それゆえ、既得権階層の反発が組織化される前に改革を実施するためにも、急進的な方法が望まれるというのである。一方、漸進的転換を擁護する側は、経済制度と組織内部の変化は時間を必要とする過程であり、体制改革は段階的に行われなければならないと主張する。過度の衝撃は個人や組織の適応力を奪い、むしろ経済的混乱を招来するというのである。

実際、体制改革の事例をみると、東欧諸国のなかでも東ドイツだけが真の意味での急進的体制転換を行ったのであり[16]、ポーランドやチェコは当初のプログラムこそ急進的であったが、実際に施行する過程においてその急進性は相当失われてきた。また、中国の場合、農村部門の改革（集団農場の解体や農村企業の設立の規制緩和など）はかなり急進的であったし、国営企業改革や価格改革もソ連と比べ必ずしも漸進的であったとばかりはいえない。ゆえに実際面において、なにを基準として急進的体制転換と漸進的体制転換を区分すべきかは、明確に定義づけることが難しい[17]。ここでは価格および貿易自由化の速度と国営企業における私有化の進展度を基準として、両転換を区分しようと思う[18]。この観点に立てば、確かに国営企業の全面的私有化が行われた点や、価格および貿易自由化の急速な進展という面において、東欧諸国（ハンガリーを除く）の経済改革過程は中国に比べて急進的だということができるだろう[19]。

つぎに中国と東欧諸国の体制改革過程の特徴を、前提条件、体制転換方式、経済開発戦略などの側面から比較してみよう。改革の前提条件をみると、中国は一九七〇年代末に農業就労者の割合が七一％であり、国営企業部門への就労者の割合は一九％に満たないという低開発農業経済であったが、一方、八〇年代末の東欧諸国は、第二次産業への就業割合が三〇～六〇％に達し、国営企業への就労者の割合が五〇～九〇％を占める「過産業化」された経済であった。

それゆえ、中国は農業や農村企業における改革をまず行い、農業部門の生産性向上を通じて他産業への改革を試みるという方式をとった。国営企業の改革も、共産党政権によって推進されたこともあって、社会主義体制を維持しながら国営企業の私有化が行われた。つまり、多様な所有形態の認定と、所有と経営の分離という二つの原則によって、国営企業改革が推進されてきたのである。そして、貿易自由化も国内産業の保護と輸出の増大を調和させながら発展してきた東アジア諸国の対外戦略を受け入れ、漸進的為替レートの実勢化や貿易自由化を推進してきた。改革後の中国の経済発展過程をみると、産業部門に対する投資を通じ、農業部門の余剰労働力が産業部門に移動するという典型的な開発途上国の経済発展過程を経ており、工業化初期段階の日本や韓国の経験と本質的に類似している。このようにして中国は、東欧諸国が経験したような生産崩壊や大量失業を経験することなく持続的な成長を遂げてきたのである。

東欧諸国では、最初から西欧型民主主義と市場経済への転換という目標をもっていた。経済構造が重工業中心という「過産業化」された経済にあったため、国営企業の改革を通じた産業構造調整に重点をおくしかなかった。社会主義経済のみならず、市場経済の場合でも、産業構造調整は産業化よりも難しく調整費用も大きい。東欧諸国の場合、COMECON体制崩壊によって重要な海外協力基盤を失い、調整費用はさらに大きなものであった。

とくに東欧諸国の社会主義経済の場合には、国際競争力を持たない重工業部門が全般的に肥大傾向にあり、完全雇用の原則により生産性の高低にかかわりなく雇用が守られていたために、不必要な労働力を調整するという追加的な負担を必要とすることになった[20]。また、東欧諸国が中国に比べ不利であったというもう一つの側面は、改革当時、超インフレーションと外債負担のために深刻なマクロ経済の不安定に直面していたという点である。インフレーションが大きくなかったチェコなども、マネーサプライの増大が起こっており、物価上昇圧力を避けるためにも、全面的な価格および貿易自由化とともに非常に緊縮的な金融財政政策を行わざるをえなかった。このような強力な安定化措置は、一時的な経済沈滞を通じてインフレを抑制しようとしたものにすぎなかったため、ある程度の生産減少は不可避ではあったが、東欧諸国の場合、結局、これが生産崩壊につながることになったのである。価格自由化、平価切下げによって物価が急上昇した一方で、金融財政緊縮と賃金連動引上げの抑制などにより、実質所得が急減したことが悪影響を及ぼした。実際、改革以前の東欧諸国の国民は、相当の割合でドルを保有していた。そのため平価切下げによって、実質的な富が減少させられたのである。ポーランドの場合、総貯蓄におけるドルの比率は七五%を占めており、一九九〇年一月の三二%もの平価切下げは家計を直撃した。つまり、物価の急上昇にもかかわらず、家計のドル資産を評価する基準である市場為替レートはほとんど変化しなかったのである。その結果、八九年一二月から九〇年三月のあいだに家計のドル資産を自国貨幣に換算した実質価値は五五～六〇%も減少することになった[21]。

(3) 北朝鮮経済の体制転換時の課題

a 北朝鮮の体制転換における前提条件が示唆するもの

かりに今、北朝鮮が漸進的な経済開放を行い、市場経済への転換にふみだした場合、どのような課題が生じてくるだろうか。ここでは、体制転換初期の中国や東欧諸国と前提条件を比較することで、北朝鮮の体制転換を考えるうえで示唆するものを導き出してみたい。

表8-11　北朝鮮と改革以前の社会主義国の生産構造比較

	GDP構成率（%）			農業部門経済活動人口（%）
	農　業	二次産業[1]	サービス業	
北朝鮮（1990）	24	56	17	33.5
北朝鮮（1999）	31.4	36.2	32.4	30.1[2]
中国（1979）	31	48	21	74.2[3]
中国（1990）	27	42	31	67.5
ルーマニア（1989）	18	48	34	20.2[4]
ブルガリア（1989）	11	59	29	12.2[4]
チェコ（1989）	6	57	36	9.3[4]
ポーランド（1989）	14	36	50	20.8[4]
ハンガリー（1989）	14	36	50	11.5[4]

注：1）鉱業，製造業，建設，電気・水道，ガス
　2）1994年　3）1980年　4）1990年

出所：韓国銀行『北韓GNP推定結果』各年度　ソウル；*China Statistical Yearbook,* 1990; Food and Agriculture Organization of the UN, Yearbook Production 1994; World Bank, *World Development Report 1991.*

表8-12　貿易のGNPに対する比率：北朝鮮と改革以前の社会主義国

（単位：%）

	輸出/GNP	輸入/GNP	貿易総額/GNP
北朝鮮（1990）	8.7	11.4	20.1
北朝鮮（1999）	3.3	6.1	9.1
中国（1979）	4.7	5.2	9.9
中国（1990）	17.1	14.2	31.3
ルーマニア（1989）	16.7	23.0	39.6
ブルガリア（1989）	30.9	30.9	61.8
チェコ（1989）	26.8	26.5	53.3
ポーランド（1989）	19.4	14.9	34.3
ハンガリー（1989）	35.0	32.1	67.1

出所：韓国銀行『北韓GNP推定結果』各年度　ソウル；*China Statistical Yearbook,* 1990; World Bank, *World Development Report 1991, 1994.*

表8-13　北朝鮮と社会主義国の体制転換以前のマクロ経済前提条件の比較

（単位：%）

	中　国	ハンガリー	ポーランド	北朝鮮
経済成長率[1)]	2.7[2)]	1.4[3)]	2.7[3)]	－3.2[4)]
物価上昇率	0.4[2)]	11.6[3)]	88.5[3)]	‥
対外負債/GDP	1.5[5)]	74.5[6)]	66.3[6)]	77.8[7)]

注：1）成長率に関して，中国は純物的生産（NMP），北朝鮮はGNP，その他の国はGDP基準。
2）1971－1978年の年平均増加率。3）1986－1989年の年平均成長率。
4）1990－1999年の年平均成長率。5）1980年　6）1989年　7）1999年

出所：韓国銀行『北韓 GDP 推定結果』1994, 1999; *China Statistical Yearbook*, 1990; World Bank, *World Development Report, 1991*; World Bank, *World Table*, 1993; IMF, *World Economic Outlook*, 1993.

ＧＤＰの部門別占有率で測定した北朝鮮の生産構造は、中国や東欧諸国と比較した場合、だいたいにおいて東欧諸国より中国に近い。とくに一九九九年の生産構造は、九〇年代の産業部門の萎縮と農業および軽工業優先主義による両部門の拡大によって、七九年当時の中国と非常に近づいてきた。とはいえ、経済活動人口のうち農業就労者の割合は中国のほうが圧倒的に高く、北朝鮮は中国と東欧諸国の中間に位置する(22)。これは九九年の北朝鮮の産業構造が七九年当時の中国に比べてすでに農業部門の余剰労働力が他産業部門へ移行していることを示唆するものである(23)。しかし、農業人口の割合でわかるように、北朝鮮は改革前の東欧諸国よりも産業化水準が低いように思われる。

つぎに輸出のＧＤＰに占める比率を通じ、北朝鮮の経済開放度についてみてみよう。一九九〇年には八・七%、九九年には三・三%で、これは改革直前の中国や東欧諸国と比べてかなり低い水準であり、北朝鮮経済がどれだけ閉鎖的であるかを如実に示している(24)。

改革・開放以前の中国は、社会主義体制の非効率性にともない、一九七一〜七八年間に年平均二・七%にすぎない低経済成長率に甘んじていたが、それでもインフレーションや外債問題がなかったため、比較的良好なマクロ経済前提条件のもとで改革に着手することができた。反面、改革以前のポーランドなど東欧諸国は、経済成長が低水準であったばかりでなく、激しいインフレーションや外債累積、財政赤字という深刻な状況に直面していた。北朝鮮のインフレーションについては不明であるが、九〇〜九九年間、年平均経済成長率がマイナス三・二%に達し、経済に必要な石油や食糧すら十分に輸入することができないほどの外貨不足に陥っている。

経済改革は、制度や政策の変化をもたらす必要条件であり、経済危機が深刻であればあるほど、経済改革の必要性は高まる。北朝鮮の農業およびエネルギー部門の問題と外貨不足は、一時的な現象ではなく構造的な問題であり、それが経済全体の大きな悪化要因となっている。現在の北朝鮮の経済状況は、改革当時の中国よりもはるかに悪い状況にあり、さらに、生産の沈滞面において東欧経済よりも悪い状況にある。もはや経済改革を先送りにできないほど、深刻な経済危機に直面しているといえるだろう。

だとすれば、北朝鮮の経済構造とマクロ経済与件が、体制転換の戦略確立に示唆する点は何であろうか。北朝鮮の工業化水準は改革以前の中国と東欧諸国の中間にあるといえるが、生産構造においては東欧諸国よりも中国に近く、農業人口の割合においては中国よりも東欧諸国に近い。一方、経済開放度は東欧諸国よりもはるかに低く、改革前の中国と同等な水準である。そして農業条件（耕作面積、気候、土の質、人口分布）において、北朝鮮が中国やベトナムよりもはるかに不利な状況にあるために、農業部門が中国やベトナムなどのように経済成長の牽引役となることは難しいだろう。

とはいえ、北朝鮮が食糧および外貨不足を緩和し経済成長の土台を用意することは非常に重要だろう。それゆえ、協同農場の解体や農家単位の請負契約制の導入を通じた実質的な家族農業体制への転換や、農産物の価格の引き上げなど、中国やベトナムが実施したのと似た農業改革が、改革プログラムの最優先事項としてあげられなければならないだろう。

つぎに重要なのは輸出産業の育成である。輸出産業の育成は外貨制約を緩和し、経済循環の隘路を除去する。そのためには、韓国および外国からの直接投資の誘致を通じた新しい企業の設立とともに、比較劣位にある重工業を縮小することが必要である。ここで、軽工業部門を競争力のあるものに育成する必要があるが、韓国企業の投資だけでは限界がある。それゆえ初期段階から、外国からの直接投資を集中的に誘致することが望ましい。

第三に、小規模サービス産業の自由化は、体制転換の方式が異なる中国や東欧諸国のプログラムにも共通してみられるものであり、改革の反応がもっとも早く現われる部門であって、改革プログラムに優先的に含まれなければならないだろう。

第四に、農業および小規模サービス産業の改革や外資の誘致などの効果が、国内経済に波及して経済活性化につながるようにするためには、価格および貿易改革を推進して資源配分を効率化し、競争を許容、促進する必要がある。価格自由化は効率性の側面からみた場合、中国の漸進的な方式よりも東欧諸国の急進的な方式のほうが有効であろうが、漸進的な方式による価格の二重構造が招来する地代追求（rent–seeking）機会を政府が適切に統制することができるのであれば、漸進的方式もあながち不利とはいえまい。しかし中国は、もともと安定的なマクロ経済状況において価格改革を行ったのである。北朝鮮は今、非常に不安定なマクロ経済状況に直面しているのであり、少なくともベトナムで行われた水準の価格改革が必要であろう。

第五に、国営企業の重要性がそれほど大きくなかった中国やベトナムは、大量の私有化を経ることなく、所有形態の多様化や新規参入の促進、国営企業改革などを通じて、大きな成果をあげることができた。北朝鮮経済に占める国営企業の割合は、東欧諸国に比べれば多少低いといえるが、改革前の中国よりははるかに大きいと思われる。それゆえ、私有化を行わなかった中国式国営企業の方法を導入しても効果は限定的であろうと思われる(25)。

b　北朝鮮経済体制転換の主要課題

北朝鮮の体制転換における主要課題として、価格改革、貿易改革、財産権の確立と私有化、金融改革、財政改革の五つをあげたが、その他にもマクロ経済の安定化が必要だといえるだろう。

金融改革(26)においては、まず、北朝鮮の「一元的銀行制度」を「二元的銀行制度」と一致するよう改変しなければならない。証券会社などの金融機関が、これから北朝鮮経済が発展するに従って、少しずつ定着していくような条件を整備しなければならないだろう。北朝鮮の金融制度は、すなわち銀行制度であり、朝鮮中央銀行という巨大な独占的国家銀行が圧倒的な地位を占めており、それ以外に中央銀行の業務を補佐する貿易、為替専門銀行および三、四行の合弁銀行がある。そのほかに、住民からの預金を収集して中央銀行に供給する貯蓄機関として、郵便貯金、協同農場信用部などがあるだけである。それゆえ金融機関の改編の焦点は、朝鮮中央銀行をどう扱うかというところにあるが、まず中央銀行の機能を商業銀行機能と分離し、それぞれの業務を存続させることが必要である。すなわち、株式会社形態の商業銀行を設立し、ここに朝鮮中央銀行の大部分の支店網と企業に対する既存の債権債務を移管し、商業銀行業務を行わせる。この際、一部の東欧諸国のように、朝鮮中央銀行の支店網を地域別に区分することも考えられるであろう。

北朝鮮の金融機構の改編において、もう一つの重要な問題は、特殊銀行や他の金融機関をどのように設立するかという問題である。体制転換の初期には、新しい民間企業（自営業含む）の創業を促進し、これら新しい民間企業や既存の国営企業に対する投資や運転資金を供給することがもっとも重要な課題であるが、自営業および小企業の創業のための融資、住宅の私有化や建設のための住宅金融、庶民金融および中小企業金融などを専門的に扱う特殊銀行や貯蓄機関が必要になる。そして、産業構造調整、社会資本の再建、基幹産業の近代化など、大規模な投資が円滑に遂行されるように産業銀行のような開発金融機関も設立されなければならないだろう。しかし、株式、債券など証券市場が機能するためには、市場経済化が完了して経済成長が発生し、証券に対する需要がある程度構築されなければならないため、体制転換の初期段階では証券市場の育成は困難といえよう。

財政改革は、財政支出部分の改革と組織および機能改革の二つに区分することができる。北朝鮮は、東欧諸国の旧社会主義国と同様に、広範囲にわたって企業や家計に補助金を与えている。それゆえ、政府の機能再建を通じて市場機能を阻害するこのような補助金を廃止し、企業の予算内支出原則を守らなければならない。しかし、これらの補助金を一度に廃止するのは、国営企業の財務構造の悪化や生活費の高騰などを招くおそれがあるため、価格改革や租税負担能力などを勘案して廃止の優先順位を設定し、当面廃止が難しい部門（エネルギー価格、住宅費、暖房費など）に対する補助金は段階的に縮小していくのが望ましいだろう。このような財政構造改革のもっとも重要な部分の一つは、体制転換期の混乱にともなって増加するであろう貧困の問題を解決することである[27]。

一方、租税機構および機能の改編も必ず行われなければならない。これまで、すべての企業が国有であったために、租税業務を専門に担当する組織がなく、租税徴収のための人材や機構が必要とされている。租税制度としては、韓国の制度を基準として付加価値税や法人税、所得税などが導入されなければならないだろうが、体制転換の初期では人材や業務執行面においてノウハウが不足することを考慮すれば、可能なかぎり租税の体系を単純化することも必要だろう。

没収財産の処理と私有化について、東ドイツを含む東欧諸国は、ほとんど大部分を元の所有者に返還することを原則としたが[28]、そのために不動産の法的な所有関係が不明確となり、投資家たちが国営企業の引き受けを忌避するという事態となった。このように、没収財産の所有権の問題が私有化や投資の阻害要因として作用したという東欧諸国の経験を考えると、没収財産の処理方式としては、元の所有者には金銭的な補償を提供し、所有権自体は国家にいったん帰属させるという方式を選択して、不動産の法的所有関係を最初に明らかにすることが望ましいと思われる。しかし、没収財産の処理問題は、憲法はもちろんのこと、公法や民法がすべて関連する複雑な法律的問題であるため、厳密な法律的検討を通じた処理原則の確立がまず不可欠である。そして元の所有者への補償の原則も確立し、補償資金の財源調達問題も考慮されなければならない。

北朝鮮地域の国有財産の私有化方式や決定においては、経済的効率性、社会的公平性、迅速性、財政収入の増大などをめざさなければならないが、なによりも国営企業の構造改革や投資の活性化が重要であり、つぎのような三つの点を考慮しなければならない。①国営企業の私有化において責任を負って経営権を行使できる中心となる投資家が、多数の持ち分を確保することができるようにすること。②残りの持ち分に関しては、北朝鮮国民やその企業の勤労者たちに対する公平性を考え、同国民が北朝鮮に住み続けることを望むような適切な分配（有償あるいは無償）策を打ち出さなければならない。そして、③国有財産の私有化を推進するための専門組織や人材を確保しなければならない。

私有化方式の決定において考慮しなければならないもう一つの重要な点は、国有財産の大量売却にともなう価格下落を防止することと同時に、企業の投資資金を縮小させないような法案の必要性である。たとえば、国営企業の持ち分を段階的に売却することで得る収入を最小化する代わりに、投資収益を財政に一部帰属するようにすることもできるだろう。

国営企業は迅速な私有化が難しく、そのままに放置すれば、経営の空白による経理の悪化や失業の増大を招く可能性がある。それゆえ、ドイツの「信託管理庁」に似た国有財産私有化専門機構が国営企業の主体的な構造調整を促進する必要があるだろう。そして、基幹産業の場合はその大部分が独占的であるため、競争的な観点を考慮して政策立案を用意しなければならないだろう。

おわりに

本章は、社会主義経済体制の崩壊以降、持続的な経済沈滞に陥っている北朝鮮経済の現状と体制転換の可能性を市場経済を導入した中国と東欧諸国の経緯と比較して、北朝鮮経済の体制転換における主要課題を述べたものである。その内容は以下のとおりである。

第一に、北朝鮮は中央集権的計画によって、その他の旧社会主義国と同様に急速な成長をし、一九六〇年代中盤までは韓国の経済力を凌駕していた。それ以降、成長は鈍化したが、七〇年までは北朝鮮の工業化はかなりの成果をあげていたと評価されている。それは「外延的（量的）成長戦略」を実施し、初期段階においては資本が豊かで、ソ連から相当な支援を受けていたことによると考えられる。

第二に、北朝鮮は、重工業優先政策および対外経済関係の崩壊と、「自力更生の原則」に立脚した高度に「閉鎖的なチュチェ（主体）型」社会主義体制を実行したことにより、一九七〇年代中盤以降、改革・開放において限界をみせるようになった。その結果、八〇年代後半から経済沈滞が発生し、現在最悪の状態にある。

第三に、北朝鮮は、経済危機の克服と体制維持をめざした対外開放や、漸進的な経済体制改革を行っている。ここでは東欧諸国と中国の前提条件を概観し、その経験を土台として北朝鮮経済体制転換時の価格および貿易改革、財産権の確立と私有化、金融改革、財政改革などの主要課題を掲げた。

第四に、韓国の包容(太陽)政策は、北朝鮮の対外関係改善の助けとなり、北朝鮮が国際社会への復帰をめざすための柔軟な対応をとるうえで肯定的な影響を与えた。それゆえ、北朝鮮の経済政策と経済体制の漸進的な転換が期待できるようになってきた。

北朝鮮が経済難を克服し、国際社会の一員として組み込まれなければならないというのが国際的な観点だとすれば、北朝鮮の対外開放と改革を誘導し漸進的な経済体制転換を成功させるために、韓国をはじめとした多国間国際協力が必要とされるのである。

注

(1) 金日成『金日成著作選集 第5巻』朝鮮労働党出版社 平壌 一九七五年 二三二ページ。

(2) 作業班優待制とは作業計画量を超過する場合には、基本分配分以外に労働日数に対応する優待給を加算し、一方、達成できない場合には基本分配分には五ないし一〇%を差し引いて支払う制度である。

(3) 全洪澤・朴進「北韓経済の歴史的評価」車東世・金光錫編『韓国経済半世紀』韓国開発研究院 ソウル 一九九五年 七一三~七一四ページを参照。

(4) 李幸浩「羅津・先鋒経済貿易地帯の開発とその特徴」(『ERINA REPORT』一九九八年八月号) 二九ページ。

(5) 北朝鮮経済の沈滞要因に対する詳細な分析は、全洪澤・朴進 前掲書 七三四~七四九ページを参照。

(6) 市場経済とは違い社会主義経済においては、企業の予算制約が厳格でないため赤字が発生した場合破産するのではなく、常に政府支援によって補塡されるのが一般的であり、そのことによる企業の自助努力不足が経済の非効率化を招く現象をいう。

(7) 改定憲法は、生産手段の個人所有の拡大、独立採算制の活用を強調し、対外貿易の国家独占を原則的に廃棄、特殊経済地帯の運用を強調するなど、すでに実施されていた制度を反映したものであった。

(8) 中国の経済改革については、D. H. Perkins, "Reform China's Economic System," *Journal of Economic Literature*, 1988; Peter, Harrold, *China's Reform Experience to Date*, Discussion Paper, 180, Wolrd Bank, 1993.

(9) 東欧諸国の初期マクロ経済前提条件については、以下を参照のこと。Bruno, Michael, "Stabilization and Reform in Eastern Europe: A Preliminary Evaluation," in *The Transition in Eastern Europe*, Blanchard, O. j., K.A. Froot and J. Sachs, eds., The University of Chicago Press, 1994.

(10) 社会主義諸国はその大部分がソ連と同じく競争力のない重工業中心の産業化を推進してきており、社会主義体制の非効率性と結びついた結果、サービス部門は矮小であり製造業部門だけが過剰に肥大化してしまうことが多い。それを過産業化という。

(11) 同計画の主要内容は、広範囲な価格および貿易自由化、実質通貨量および実質為替レートの目標設定、通貨および財政緊縮、大幅な平価切下げや通貨の兌換性保証、国営部門に対する予算制約の強化、過剰な賃金上昇に対する税金賦課、長期的な私有化などであった。

(12) ハンガリーの経済改革については、Dervis, K. and Condon, T., "Hungary–Partial Successes and Remaining Challenges: The Emergence of a "Gradualist" Success Story ? " *op. cit.*, Blanchard, O. J., K.A. Froot and J. Sachs, eds., 1994.

(13) Berg, Andrew and Jeffrey Sachs, "Trade Reform and Adjustment in Eastern Europe: The Case of Poland," *Economic Policy*, Vol.14, April 1992.

（14）Jackman Richard, "Economic Policy and Employment in the Transition Economies of Central and Eastern Europe: What Have We Learned ? " ***International Labour Review***, Vol.133, 1994.

（15）体制転換期の貿易自由化および資本自由化については、Williamson, John ed., ***Currency Convertibility in Eastern Europe***, Institute for International Economics, 1991.

（16）李宇炯「旧東独地域の経済体制転換と経済的成果に関する研究」韓国朝鮮大学校大学院博士学位論文　一九九六年二月を参照。

（17）李宇炯「社会主義経済の体制転換に関する研究」（『韓国港湾経済学会論文集』韓国港湾経済学会　一九九七年七月）を参照。

（18）市場経済と社会主義経済のもっとも本質的な差異の一つを生産手段の所有制度の問題だとみるならば、生産手段の全面的私有化を急進的方式とみるのが妥当であろう。

（19）中国の改革は、すばらしく能力のあったある特定の個人によってなされたのではなく、試行錯誤を経ながら、改革の成果に応じて改革方向を修正することで進められてきた。このことが、革新的であるとされるゆえんである。

（20）中国の場合にも、改革前には完全雇用の原則を目標としていた。しかし、産業化が初期段階にあったために、産業部門の雇用割合が一五％にすぎず、産業部門に雇用された不必要労働力自体が低かったのである。

（21）Rosati, Dariusz, K., "Output Decline During Transition from Plan to Market: A Reconsideration," ***Economic of Transition***, Vol. 2（4）, 1994.

（22）北朝鮮は、産業別雇用統計を発表していない。ただ、北朝鮮が ***Eberstadt*** に提供した一六歳以上民間成人人口の職業別構成をみることができ、それによると、農民の割合は四分の一にすぎない。しかし、北朝鮮の統計は、一六歳以上民間成人がすべて職業をもっているように分類しているなど、統計の基準と分類方法に問題が多く、これをすなわち農業人口とみることには問題が残る（*Eberstadt*, 1995, pp. 88–91）。

ＦＡＯは、会員国が提供した農業経済活動人口統計を、国際基準に合うよう調整して発表しており、国際比較を行うためにもＦＡＯ統計を用いることにした。

(23) 北朝鮮では、春、秋に都市の学生や勤労者たちに義務的に農村に出て奉仕活動を行うことを課しているが、これは、産業部門から労働力の移転が行われていることを意味する。

(24) 北朝鮮の輸出入は、ソ連の解体と貿易方式の改革にともなう衝撃で、一九九〇年以降急激に減少した。仮に、九〇年の八・七％という数字が正しい開放度を示したものだとしても、東欧の開放度の半分以下にすぎず、閉鎖的であることに変わりはない。

(25) 価格自由化と同様に一度に改革が行われるとしたら、中国式の国営企業改革は、全面的私有化が行われねばならないだろう。

(26) 李字炯「南北韓経済体制統合時の北韓金融制度の改革方案」（『東北亜研究』韓国東北亜学会）一九九八年一〇月。

(27) 体制転換期の貧困対策に関しては、朴進『南北経済統合の安定化政策』（韓国開発研究院　ソウル　一九九六年）を参照。

(28) 李字炯「旧東独地域の私有化方案に関する研究」（『東新大論叢』韓国東新大学校出版部）一九九六年一二月。

（李《イ》　字炯《チャヒョン》／富崎美穂　訳）

補論　調整期の北朝鮮対外経済関係

1　北朝鮮対外経済政策調整の歴史的背景

過去数十年にわたり、北朝鮮では国家経済に占める対外経済関係の役割は低い水準にとどまり、それゆえ、同国は自主自立の経済政策をとってきた。これは内外の情勢さらには指導的イデオロギーに起因するものであった。北朝鮮はかつて全面的な封鎖と禁輸の対象とされ、その対外経済関係はかつての社会主義国との貿易、経済交流に限定されてきた。やがて、北朝鮮は他の第三世界諸国と限られた貿易を始めるようになった。一九七〇年代以前の対外経済関係に関する三大原則とは政経不可分、自立経済、平等と相互互恵の原則である。

北朝鮮の対外経済関係の調整はその外交政策と関連する。一九七〇年代の半ば、中米関係の改善により北東アジアに大きな変化が起こった。そのため北朝鮮は政経不可分に固執したそれまでの対外経済政策を変更し、日本、西ドイツなどの西側先進国との貿易にふみきった。八〇年代までに、北朝鮮の対外経済関係はたんなる貿易の域を越えるものとなっていた。北朝鮮は外国資本、技術、借款を受け入れ、西側先進国間との種々の経済協力を拡大する努力を払ってきた。

一九八〇年代半ば以来、北朝鮮経済はさまざまな要因によりはなはだしい低迷状態に陥った。九〇年代には、北朝鮮の伝統的貿易相手国であったソ連の解体や、東欧の劇的な変化によって、北朝鮮の対外貿易は深刻な打撃を受けた。さらに悪いことには、大規模な自然災害に見舞われる年が続いた。九〇年代の半ばに北朝鮮はエネルギー・原資材、とくに食糧が極度に不足するようになった。九五年以来、北朝鮮はそれまでとは打って変わり、国際世論に対して自然災害に襲われたことを発表し、人道的な支援を呼びかけている。

一九八〇年代、中国の改革・開放政策は、北朝鮮指導者にとって強く興味を引かれるものであった。八三年の四月から七月にかけて北朝鮮の二三もの代表団や五〇人以上の政府関係者が、中国の経済特区を視察した。その結果、八四年七月には最初の合弁法が誕生している。同年の一〇月にはフランス、日本、ソ連、中国などを含む数ヵ国が訪朝し、投資を行った。

一九九〇年、冷戦終焉とともに、もっと巨大な変化が世界で起こり、そうした環境のもとで北朝鮮は羅津・先鋒に自由貿易地帯を設け、自由経済貿易地域法を含む一連の法律と規制の発表を行った。

2　北朝鮮対外経済政策調整の主要な内容

(1)　憲法と指導イデオロギーの修正

一九九八年九月五日、最高人民会議第一〇期第一回会議のなかで、北朝鮮は憲法に重要な項目を追加した。ある意味での市場経済の要素が組み入れられ、私有財産の範囲を拡大して承認し、経済の活性化を狙いとする改正であることが明らかにされた。新憲法の二二条のもと、家畜はもはや公共の所有物とはみなされなくなり、市場経済の拡大と関連して増大しつつある個人的利潤の追求に関する条項が追加された。対外経済関係に関しては、三六条で社会的協同組合組織にまで対外貿易の取組みを拡大する取り計らいが行われた。三七条では、経済特区における投資や運営を多様化することが奨励された。また新条項の七五条は、居住地移転や旅行の自由を許可している。おしなべていえば、これらの新条項は経済活動の規模拡張のための余地を広げることに寄与するものである。

いくつかの国際環境により第三次七ヵ年計画の目標の多くが「達成されなかった」という発表以来、北朝鮮労働党は第六回中央委員会第二一総会において、三つの第一主義が提案された。「軽工業第一主義」「農業第一主義」「貿易第一主義」である。一九九四年の金日成の「新年の辞」において、また九五年三大紙の共同論説において、自立経済にとっての対外貿易の効用は単に補足的なものではなく、経済全体に対して影響を与えるものであることが強調された。九四年『経済報告』(第三刷)では、貿易第一主義の実施目的は短期間に貿易量、とくに輸出を増やすことにあるとしている。輸出は輸入の前提条件である。輸出の増加があってより多くの外貨獲得があり、輸入量もまた増やすことができるのである。

(2) 海外経済援助の受入れ

過去、北朝鮮は自主に固執しすべての海外援助を拒絶してきた。しかしながら、一九九五年にすさまじい自然災害を被ってからは、北朝鮮は初めてその被害を外部に発表し、世界食糧計画の調査チームや国際赤十字が、遠隔の僻地まで現地調査を行うことを許可した。レポートのなかで彼らは、北朝鮮の人びとはネズミの穴からでも食べ物を盗もうとしており、木の根までも食糧にして、なおかつ子どもたちは栄養失調により極限の危機状態であると報告している。いくつかの国連機関や国際的人道組織による寄付の呼びかけのもと、北朝鮮はかなりの額の救援資金・物資・食糧を受け取った。同年九月、最初の支援金七三〇万ドルが北朝鮮に到着した。翌九六年一一月から九七年三月までの第二回目の支援金は、合計三四六九万ドルにのぼる。

(3) 海外貿易を行う当事者の拡大

新憲法によれば、海外貿易は協同組合組織、また海外貿易に特化した中央組織によって運営される。それ以前は、政務院のもとにある対外貿易部の専管業務であった。いまでは、政務院のもとにあるその他の部署、そして各地方にある地方行政委員会によって遂行される。実際に、党中央委員会のもとにある組織指導部、国際部、社会安全部、国防部、そして人民武力部などが海外貿易を運営している。各道、各市の地方行政経済委員会や人民委員会も同様である。

(4) 貿易方式の多様化

北朝鮮の海外貿易は、憲法修正以前においては主に請負貿易であった。ところが近年、それは多様な方式へと変化し、委託加工貿易や中継貿易、国境貿易、保税加工貿易、そして仲介貿易などを含んでいる。そのうちでも、委託加工貿易が大きな割合を占めている。この方式では、原材料を海外から調達し、製品として海外市場で販売される。原材料の調達と製品の販売は企業側の責任である。北朝鮮は単に人を集め加工作業を行うだけで外貨を稼ぐことができる。この方式は、外部からの影響によって北朝鮮の体制や憲法を脅かされるという問題が起こらないため、さらに積極的に推進されるであろう。

(5) 増加する貿易相手国

長年、北朝鮮の貿易相手国は社会主義諸国に限定されていたが、徐々に東南アジア、日本、そして西ヨーロッパへと拡大しつつある。一九九〇年代の半ば、北朝鮮の主要な一〇大貿易相手国は日本、中国、インド、ロシア、香港、ドイツ、タイ、ポーランド、シンガポール、そしてオランダであった。九四年と九五年にはこれらの国々との貿易量は全体の七八%から八三%となり、そのうち日本と中国だけで五八・八%になっている。

(6) 国境における自由貿易の個人への開放

一九九〇年代の末、個人レベルの自由貿易は主に中国とのあいだで行われたが、ロシア、台湾、そして香港から個人的に訪朝した人びとも含まれている。九九年、中国の都市琿春と隣接する国境の町は週に三回開放された。北朝鮮は一〇〇以上のテントブースを用意したのである。五〇〇〇元以下の取引は非課税である。北朝鮮の商人は水産物、屑鉄や鉄鋼、木材そして陶磁器などを、中国の穀類や食糧と物々交換するのである。

(7) 輸出促進のための生産基地の構築

輸出貿易の発展をスピード・アップするため、北朝鮮は輸出のための特別生産基地を設立した。一九九四年だけでも、六〇以上のそうした基地がつくられた。南浦《ナムポ》の非鉄金属加工基地、慈江《ジャガン》地方の基地、平壌のシンダク・ミネラルウォーター工場などはすべて重要な意味をもつ。九五年以来、このミネラルウォーター工場は、毎月五〇〇～一〇〇〇トンの製品を韓国へ搬出しているのである。

(8)　自由経済貿易地帯の設立

一九九一年一二月二八日、北朝鮮政務院は決定七四号により、北方の果てにある羅津・先鋒地域を「自由経済貿易地帯」として発表した。当初、その地域は六二一平方キロメートルとされたが、後に七六四平方キロメートルに拡張された。九三年から二〇一〇年のあいだに、この地域は段階的に、国際商品、輸出加工業、軽工業などの運搬輸送基地、そして国際的観光リゾートとなるはずである。第一段階では港湾の拡張、高速道路や隣接諸国と連結する鉄道の建設などに重点がおかれる。

(9)　開放政策に関する法律と規制の制定

一九九〇年代の前半、北朝鮮に開放政策に関する新法が施行された。「外国投資法」「外国人企業所有法」「自由経済貿易地帯法」「外国人所有企業および税法」「外国為替管理法」「土地使用契約法」「海外投資銀行法」「自由経済貿易地帯規準」と「外国人許可規準」「関税法」「外国人所有企業労働規準」「自由経済貿易法」と「旧合弁法における外国人所有企業のための居住者代行のための規準」などである。

(10)　韓国との政策の整合性

国際環境の劇的な変化に対応し、北朝鮮は韓国との政策に整合するよう調整を行った。

南北関係の改善を模索し統一を達成するために、一九七〇年代より双方は会談を行うようになった。七一年九月二〇日、南北の国際赤十字の代表者たちは最初の予備会合をもった。七二年八月には、南北の離散家族再会問題を解決するための公式会談があった。

一九七二年七月四日、南北共同声明が平壌とソウルで同時発表され、平和と統一、民族の和解を呼びかけた。双方は南北間の直接対話と南北問題共同委員会の設立に関する合意に達したのである。この委員会は七二年一一月その活動を開始した。八四年一一月一五日、双方は経済問題に関する最初の会合を開いた。八五年、双方の赤十字関係者の努力が実り、南北会談の最初の成果が実を結んだ。彼らは双方の市民が親戚を訪問した後帰国することができるという協定に署名した。双方が大変な努力をしたにもかかわらず、外的な環境と歴史的反目のため、南北関係が新たな次元に進展することはなかった。

一九九〇年以来、南北関係は急激な展開を見せている。九〇年九月四日、南北高位級会談がソウルにおいて開催された。これは四五年の長きにわたり引き裂かれてきた朝鮮半島において、最初の双方の代表団による公式会合であり、しかも首相レベルのものであった。それゆえ意義深いものであった。九一年一二月一三日、双方の首相は韓国の首都ソウルにおいて第五次会談を開き、南北和解、相互不可侵と協力の基本合意書に署名した。この合意書は南北関係の歴史に新時代を切り開いた。九二年二月一八日、平壌で第六次会談が開かれ、双方は朝鮮半島の非核化共同宣言に署名した。この協定に基づき一連の委員会が設立され、軍事、政治、通信に関して意見を交換した。それのみならず、経済通信共同委員会、合同軍事委員会、南北和解委員会も引き続いて設立された。このような経緯のもとに双方は最初の歴史的首脳会談の開催を計画したのであった。しかしながら、金日成主席の死去によりこれは実現しなかった。

一九九七年五月三日、双方の赤十字関係者は北京で交渉をもった。九八年、彼らは北朝鮮に対して人道的援助をする協定に署名した。九八年四月、副首相級の会談が北京で開かれ、同年の夏まで続いた。期間中、金日成に対する三年間の喪が明け、九七年一〇月八日、金正日は朝鮮労働党総書記となった。一方、その間に韓国大統領には九八年二月から金大中が就任した。こうして、南北ともに権力の交替が行われたのである。金大中政権は北朝鮮に対する「包容(太陽)政策」を宣言し、北朝鮮を国際社会の諸問題に参画させるように経済的問題を政治的問題から切り離し、そして相互互恵の基礎に立ち安定した関係をみつけだそうとしたのである。この年の半ば、韓国は相互経済通商の拡大を図るため、金剛山観光プロジェクトの推進を行うという手段をとった。これに応え、北朝鮮はこれを歓迎する姿勢をみせた。同年の一〇月から今日まで、この観光プロジェクトは順調に伸展している。二〇〇〇年二月、双方は近海漁業二国間協定に署名した。この協定にもとづき、韓国の漁民は北朝鮮東海岸沿海部での操業を許されることになった。

両国の関係は、新世紀に入り大きな転換を迎えた。四月、首脳会談開催の合意書が署名された。こうして六月一三日から一五日に平壌において金大中大統領は国防委員長である金正日と歴史的対面をした。その結果、共同宣言が出され、朝鮮半島の歴史は新しいページを開いたのである。

首脳会談の後、南北関係はより加速的に進展している。北朝鮮はアメリカ、さらには日本との協議を再開した。それにより北朝鮮は外交関係の改善に向けて積極的に動き始めたのである。

3 対外経済関係における北朝鮮の成果

(1) 諸外国や韓国からの活発な支援

一九九五年八月三日、国連における北朝鮮代表は、国連人道局(UNDHA)に対して緊急支援を要請した。後日、世界食糧計画(WFP)、国連食糧農業機関(FAO)、ユニセフ(UNICEF)、国連開発計画(UNDP)、世界保健機関(WHO)など、その他の組織が支援を申し出た。そのなかでも、WFPは北朝鮮に対する最大の支援を行った。九五年から九九年末まで、約束された支援は一億六六六八万ドルであったが、実行分は一五〇万トンの穀物で六億六四一〇万ドル相当であった。

一九九九年八月末までにアメリカ、EU、中国、日本そして韓国から供給された無償援助の総額は二億七八〇〇万トンの穀物であった。北朝鮮は年間一〇〇万トンの穀物を輸入しているが、そのうち国際援助の占める割合は、九五年の三三・三%から九九年の八〇・三%へと上昇した。食糧全体の需要に対する無償援助の割合は、九五年の五・五%から九九年の一〇・三%へと上昇した。二〇〇〇年の前半において、北朝鮮は七〇万トンの穀物を韓国から支給されている。一方この年の後半、日本は五〇万トンの穀物の援助を決定した。

韓国からの援助は北朝鮮にとって重要である。ここでとくにこれを詳細にみる必要がある。

一九九〇年代に入り、北朝鮮における経済と食糧事情は悪化の一途をたどった。九五年の六月から九七年の一〇月まで、北朝鮮は韓国より一五万トンの米を受け取った。九六年、ＷＦＰ、ＵＮＩＣＥＦの援助により北朝鮮は二〇三トンの粉ミルク製品と食糧で三〇〇万ドル相当、そして韓国からは米を受領した。二〇〇〇年九月八日、北朝鮮はＵＮＩＣＥＦを通じて、洪水で被害を受けた薬品工場の修理のため三四万ドルを支給された。

一九九七年二月、北朝鮮は韓国が寄付した児童向け穀物（ＣＢＳ）の六〇〇万ドル相当を受け取り、五月には中国から一〇〇〇万ドル相当のトウモロコシを五万トン、そして韓国から三〇〇トンの粉ミルク、九月には国連を通じて二七三七万ドル相当の医薬品、農業製品を受領した。

一九九七年六月から七月、北朝鮮の新義州、満浦《マンポ》、南陽、南浦、咸興などから四万一五一一トンのトウモロコシが荷上げされ、さらに七月二五日、南北の赤十字関係者により、八月から一〇月にかけて北朝鮮は五万二八〇〇トンのトウモロコシを受け取るという協定が締結された。

一九九五年一一月から九八年一二月まで、赤十字を通じた非公式な韓国からの援助の総額は、四七二億ウォンであった。この献金には、一三〇以上の団体が参画したが、その中には宗教団体や民間団体も含まれている。九七年五月、二回目の大規模な援助には三四の団体がかかわっていた。

付け加えるなら、たとえば、現代証券グループの名誉会長鄭周永は、五〇〇頭ずつの牛を二回にわたり北朝鮮に提供している。

(2) 国際的支援を通じた朝鮮半島プロジェクト

南北の直接的経済協力において積極的なイニシアティブをとることに加え、北朝鮮は国際社会による協力も歓迎している。

主要プロジェクトは、UNDPの指揮下にある国際的な豆満江開発計画である。韓国、中国、ロシア、そしてモンゴルが豆満江開発委員会メンバー国の資格で共同参加するものである。一方では、日本、フィンランド、カナダがオブザーバーとなっている。一九九五年一二月、ニューヨークで第六回計画運営委員会が開催された。豆満江経済地区と東北アジア開発交渉委員会についての合意が発表された。これ以来、この計画は投資と運営の段階へと進んでいくことになった。

一九九六年四月、韓国は一〇〇万ドルを韓国信託基金協会を通じてUNDPへ提供した。九七年九月、基金のうち八〇万ドルが会員国北朝鮮に配分され、投資促進センター、豆満江経済地区公的事務員研修プロジェクトなど、五つのプロジェクトの支援をした。

国際的支援のなかで最大なのは、軽水炉プロジェクトである。北朝鮮とIAEA間で合意に達した核安全保障措置によると、北朝鮮の核施設査察と北朝鮮側の報告書とのあいだの不一致が現われた。したがって、IAEAは特別査察の実施を要求した。しかし北朝鮮はこれに強く反対し、核拡散防止条約（NPT）からの脱退を宣言した。こうして一九九三年三月、いわゆる朝鮮半島の核の危機が訪れたのである。国連安全保障委員会は決議で、北朝鮮にNPTへの復帰、核安全保障措置についてのIAEAの協定事項を執行することを要求した。なおもアメリカは北朝鮮との交渉に取り組み、それは実を結んだのである。北朝鮮はとりあえずNPTから脱退しないことで合意し、交渉を通じて問題解決にあたることになった。数回にわたる中断や仕切り直しという苦難の過程ののち、九四年六月一三日、カーター元アメリカ大統領が訪朝のおりに、核問題に関する重要な突破口が開かれた。これは九四年一一月二一日、ジュネーブにおいて「合意された枠組み」として決定され、朝鮮半島の核問題は解決されようとしていた。

この合意は、核問題の交渉による解決を約束するものであった。北朝鮮は、NPTによる命令に従う義務を履行することや、アメリカとの関係改善、また韓国との話し合いをもつことなどを約束した。一方、アメリカおよびその他の国は、二〇〇三年までに北朝鮮に軽水炉を供給することを約束した。そして北朝鮮が黒鉛増殖炉を解体したのち、代替燃料として重油五〇万トンが供給されることになった。

アメリカは、北朝鮮に軽水炉を建設し代替エネルギーを供給する国際的コンソーシアムの代表として協定に署名した。同時に、北朝鮮に対する通商と投資の制限は将来廃止されることになった。さまざまな技術的問題が解決したのち、双方の首都に連絡事務所が設置されることとなった。北朝鮮は、金日成の死去により中断されていた南北対話を再開することになったのである。

この協定は、第二ラウンド（一九九三年七月一四日）の交渉と、第三ラウンド（一九九四年七月八日）の米朝高位級会談において合意に達したものである。アメリカは北朝鮮の二基の軽水炉建設を援助することに同意したのである。しかし、原子炉建設費の分担や炉のタイプを巡っては、アメリカ、北朝鮮、韓国そして日本のあいだで意見が分かれた。韓国の試算によれば、少なくとも四〇億ドルの費用と一〇年の建設期間を要するであろうとされた。韓国は、自国製の原子炉を採用するという条件でコストの七〇〜八〇％の負担に同意、残りの費用は日本の負担とされた。当初、北朝鮮は韓国製に反発したが最終的には受け入れた。

国際機関であるKEDOは北朝鮮に原子炉を建設するために設立された。最初のメンバーはアメリカ、日本、韓国であった。EUは一九九七年九月一九日に参加した。以後、カナダ、ニュージーランド、オーストラリア、インドネシア、チリ、アルゼンチン、ポーランド、さらに数ヵ国が通常メンバーとして加入した。くわえてシンガポール、タイは資金提供を表明した。これら諸国の熱心な支持と関心の高さを伺い知ることができよう。軽水炉問題に関する北朝鮮との交渉は、すべてKEDOがとりしきった。このプロジェクト費用の当初見積は四六億ドルであった。

一九九五年一一月一九日、軽水炉供給協定に関する最終決定が、KEDOと北朝鮮とのあいだで成立した。

この協定では、原子炉のタイプを韓国型とすることを約定している。韓国電力公社がこのプロジェクトの主契約者となり、韓国が中心的役割を担うことが確定した。しかしながら、具体的な建設工事を実行していくためには一連の特別な協定が決定されねばならなかった。こうして一九九七年の末、「特権」「免責と領事保護に関する議定書」「土地使用と用役に関する議定書」「品質保証に関する議定書」などの協定が決着をみた。

数回にわたる試算が繰り返され、韓国は軽水炉プロジェクトに要するコストを、電力料金の三〜四％の値上げによって賄うことを決定した。値上げ幅は所得水準の差や産業分野により異なる。野党と与党間でこれに関する合意が得られた。

一九九五年八月一五日から九七年一一月まで、韓国は咸興南道琴湖《クモ》にある工場敷地の調査を八回実施し、以後、大規模な韓国の専門家集団がぞくぞくと訪れた。作業員の宿舎や道路その他の設備が建設され、毎年四五〇〇万ドルの資金が投下された。

一九九七年四月から七月二日までの間に、KEDOは北朝鮮とのあいだで実務的な専門家会議を三回開催した。同年七月に一九の分野において協定が結ばれたが、それらは通信と郵便の連結、出入国と海上輸送の手続、税関手続、検査と検疫、病人の手当てと介護、北朝鮮作業者の賃金、物価、その他である。

一九九七年七月二四日、軽水炉プロジェクトの敷地内と韓国をつなぐ郵便サービスが開始された。また七月二五日、韓国電力公社と関係企業から、初期段階の技術要員が製造資材九〇〇〇トンとともに、現地入りをした。

一九九七年七月二八日、北朝鮮とKEDOの連絡機関としてKEDO琴湖エージェンシーが設立された。このようにして、朝鮮半島の分断以来初めて、アメリカ二名、韓国二名、日本一名の代表が北朝鮮に事務所を開設したのである。八つの特別回線が北朝鮮によって引かれ、琴湖の敷地と韓国電力公社との通信が使用に供せられることになった。同時に電話、電報その他の通信サービスも開始された。

一九九七年八月一九日、軽水炉プラントの建設（整地工事）のスタートを祝う歴史的なセレモニーが催された。韓国の軽水炉協会会長、韓国・アメリカ・日本の公式代表、KEDO事務総長そして主要契約企業、韓国電力公社の代表と韓国側建設作業員など総勢二〇〇名がセレモニーに参列した。北朝鮮側は八〇名で、原子力エネルギー局総責任者などが含まれていた。

建設工事を立ち上げるセレモニーが開かれたのは、北朝鮮とアメリカ間で協定が締結されてから、二年一〇ヵ月後のことであった。いずれにせよ、国の分断以来初めての大規模な南北共同企業体が設立されたのである。建設工事がピークを迎えるころには、数千人の韓国側作業員、技術者が北朝鮮の職員たちと共同で仕事をすることになる。

KEDOは電力公社に建設コスト積算の信任を与え、結果は諮問委員会の専門家によりチェックを受ける。工期の長期化、物資購入価格・為替レートの変動、その他多くの不確定要素などにより、一定額の資金準備が考慮されることになった。最終的には韓国電力公社の報告により、総費用は五一億七八五〇万ドルとして、一九九七年一一月二五日のワシントンでの高官会談において決定された。

総費用が決定されてからは、各国の分担金を巡る交渉は新段階に入った。韓国は他の国の分担金増額は可能と考えた。この建設工事は善意の行為ではなく、四基の原子炉が三年間で一基ずつ完成すれば、代金が支払われるのである。支払いは年二回の無利息である。三年の据置を含む二〇年間の支払いとなる。

二〇年以上に及ぶであろうこのプロジェクトは、南北間で、大規模な人と物資の交流をともなう。韓国側の建設要員は、いつでも訪朝することが許されるようになる。南北双方の作業員は現地で共同作業をすることにより、相互理解が深まるであろう。これは、交易と協力および南北関係の改善にとって、有益なステップとなるであろう。

(3) 南北間における貿易経済協力の漸進的発展

一九九〇年以来、さまざまな内外事情により、韓国との漸進的な経済協力と交易関係を除いて、北朝鮮は対外貿易と外国資本の導入については抜本的な成果を上げることはできなかった。ここではとくに韓国とのあいだの経済交易協力の分析に重点をおいてみる。

a 物資と材料の交易

両国の交易量は着実に増加している。交易は、韓国が北朝鮮に対する経済開放政策を採用した七・七宣言以来スタートした。一九八九年以来の両国の交易は第７章で論じているので、ここでは簡単に述べるにとどめたい。

すなわち、一九八九年の交易量は一九〇〇万ドル、翌九〇年は一三〇〇万ドルであり、いずれも小規模であった。韓国が南北交易と協力の法制化を実施すると発表した九〇年以降、双方の交易は増加しはじめた。九一年の交易は一億ドルを超えた。さらに加速して九二年には一億七〇〇〇万ドルとなり、委託加工交易が始められた。

一九九三〜九四年の核問題で、南北関係はディレンマに直面したが、物資の交易は継続された。交易量は二億ドルに近づき、委託加工交易は二五〇〇万ドルを超えた。韓国は、南北の積極的協力や技術者派遣などといった友好的政策をとった。そうした結果、九五年には両国の交易量は劇的に増加し、ほぼ二億九〇〇〇万ドルとなった。

一九九六年、韓国領海への北朝鮮潜水艦侵入事件の発生により、交易量は二億五〇〇〇万ドルへと微減した。しかし九七年以来、鉄・鉄鋼金属の搬入は急速に増加した。委託加工交易は拡大し、北朝鮮の軽水炉事業発足以降は、三億ドルを上回るものとなった。九八年、韓国の経済危機と景気後退により交易量は減少したが、九九年の交易総計は三億三〇〇〇万ドルと推計されている。八九年から九九年間の南北間交易は累計二三億ドルである。

北朝鮮は、韓国との物資の交易を公的には承認していないため、主に海外の商社や第三国を通じて持ち込まれている。さらに交易は二つのカテゴリーに分けられる。ひとつは、協定・契約そして取引設定がすべて海外の商社を通じて行われるものと、もうひとつはわずかながら確実に増加しつつある南北の直接契約による医薬品、農産物その他の種類の韓国からの搬入がある。

初期段階における搬出入の割合は一〇対一以下であったが、一九九六年には三対一、九七年には一・七対一となった。九八年には、〇・七対一となり搬入が搬出を上回った。全般的傾向としては搬入が徐々に伸びている。

①　搬出の種類

初期の段階では韓国への搬出は、主に鉄鋼・鉄・希少金属や亜鉛といった金属類であった。農業・

林業・水産・鉱業製品などが一次産品とともに、大きな割合を占めていた。一九九四年以後、金属・鉱業製品は減少し、委託加工品や繊維が増大した。二次産品の割合が増え種類も増加した。搬出では、九七年までは鉄・鉄鋼などの鉱業製品や金属類が主導的な地位を占めていたが、九八年には、農業水産加工品が二三・六％、金属は二二％で繊維が四二％となり順位が入れ替わった。

②　搬入の種類

初期の段階では韓国からの搬入は、農業用プラスチックフィルムの材料といった化学製品が大きな割合を占めていた。しかしながら、一九九三年から委託加工交易が増加するにつれ、繊維の割合は六〇％を超えるようになり、搬入の種類は大きく変化した。九五年以降はＫＥＤＯからの重油の搬入により、化学製品の割合が再上昇した。九八年の搬入構成は、機械・輸送機械二二・三％、繊維二二％、非鉄鉱業品一六・六％、インスタント食品一五・四％、プラスチックと化学製品七・五％、鉄と鉄鋼製品七・三％、電機と電子製品四・二％、その他四・七％である。繊維製品は前年比減であるが過去一〇年は牽引役であった。軽水炉プロジェクトと金剛山観光が輸送機器の搬入を押し上げた。さらに、韓国赤十字からの救援物資や資材が一二・一％に達している。

③　加工取引の状況

加工取引は、韓国から原資材を北朝鮮に搬入し、それを加工し製品にして搬出するものである。一九九一年、韓国のコーロン社は当初、北朝鮮との間接交易を活用し学生用鞄の加工を行っていた。交易額は、九二年八三万八〇〇〇ドル、九三年七〇〇万ドル、九四年二五六〇万ドル、九五年四六四〇万ドル、九六年七四四〇万ドル、九八年七一〇〇万ドルで、高い伸び率である。加工交易による搬入のなかでは衣料が主役である。

加工交易の急速な伸びの原因としては、韓国は北朝鮮の低賃金で良質の労働力を活用できるだけでなく、これが統一後の南北間経済協力における準備段階と考えているからである。そのため、韓国企業は楽観的な見方をしている。北朝鮮のほうは、現在の労働力を十分に利用し、なんの投資の必要もなく外貨を稼げるのである。同国にとって遅れた軽工業を発展させる絶好の機会となる。彼らもまた、楽観的である。

南北朝鮮間には賃金と経済構造の格差に起因する顕著な補完性がある。加工交易のなかでは、繊維、テレビなどの国内用電気製品、自動車用電子部品などの組み立てといった労働集約型産業が将来性がある。委託加工交易によって搬入された品目中では衣料が大きな位置を占めており、ついでハンドバッグ、靴、玩具である。一九九六年以来、カラーテレビ、自動車用部品が登場した。

b　輸送交易

①　海上輸送

南北基本合意書付属文書「南北交易と協力実施法令の付属協定」第三条五項によれば、双方の合意が成立すれば、南北朝鮮の交易物資は開設される陸上、海上、空路のルートを通じて直接輸送できると明文化されている。しかし、最終協議では合意に達していない。南北朝鮮間では公式な輸送路というのは開かれていない。南北朝鮮関係の現実的状況に基づいて、韓国が北朝鮮に対する経済開放政策をとった一九八八年から九三年末まで、五億ドルの南北輸送は外国船舶によって実施されたのである。

韓国は、南北航路に国内船舶を就航させ南北交易と協力を促進するために、長期的な観点にたって南北間のルートを国家的に発展させるものであるべきだと考えている。今のところはまだ、ほとんどの製品は第三国の船舶によって輸送されている。しかし、一九九五年、韓国船が韓国赤十字の支援米一五万トンと軽水炉用資材を運んでいる。

表補-1　南北間の船舶運行回数

年　度	南から北	北から南	合　計
1994/7～12	27	70	97
1995	99	208	307
1996	101	224	325
1999	113	244	357
合　計	340	746	1,086

備考：運行回数は片道を1回とする。

表補-2　南北間輸送物資の総量

年　度	南から北	北から南	合　計
1994/7～12	6,758	131,136	137,894
1995	281,220	345,778	626,998
1996	147,888	187,610	335,498
1997	361,282	249,759	611,041
1998	396,111	162,220	558,331
合　計	1,193,259	1,076,503	2,269,762

出所：韓国統一省『統一白書』1998年　80ページ。

一九九四年六月、韓国は軽水炉建設のため南北間の便宜化を宣言した。それ以降九八年一二月まで、南北間輸送車両の片道運行回数は、北朝鮮から韓国へは七四六回、韓国から北朝鮮へは三四〇回で合計一〇八六回である。韓国側は、仁川《インチョン》、蔚山《ウルサン》、釜山《プサン》の各港、北側は、南浦《ナムポ》、羅津、清津《チョンジン》の各港である（表補-1）。

南北間輸送物資の総量をみれば（表補-2）、南北間輸送物資の総量は、一九九四年六月から九八年一二月までの期間、北から南へは一〇七万六五〇三トン、南から北へは一一九万三二五九トン、合計二二六万九七六二トンであった。

② 韓国船舶輸送の状況

協定書において陸路、海路、空路の開設が明確に指摘されているにもかかわらず、海上ルートは第三国の船舶にのみ開放されたものとなっている。陸路、空路はいずれも開設されていない。韓国船舶による直接就航は、KEDOと北朝鮮とのあいだの軽水炉建設支援のための協定を待つことになった。これによりKEDOと北朝鮮とのあいだの輸送物資は、韓国船舶によって実施された。細目協定によれば、タグルートと小型船舶用ルートで物資と関係者を輸送することとなっている。つまり、輸送経路は二つある。

海上ルートに関しては、一九九三年二月、海上輸送に関する韓国と中国との協議で、韓国の東草《ソクチョ》、北朝鮮の羅津港そして中国の琿春港のルートを開設する協定が合意に達した。このルートの運行は、韓国と中国の船会社が指定された。その後九四年四月韓国は、このルートの国家的共同事業者としての九社を含む、荷役会社を指定した。しかし豆満江の川底が浅いため利便性に欠けるルートであることから、韓国はロシアの港を利用するための交渉へと転換したが、ロシアが港湾設備の建設に投資を要請してきたことから、交渉は成立しなかった。

一九九五年から九六年にかけて、北朝鮮の羅津・先峰行政当局と中国琿春市は、羅津を中継地とする乗客と物資の輸送に関して合意に達した。しかし、北朝鮮の港を中継して韓国から中国へと向かうルートに関しての合意が得られなかった。

③　空　路

南北間の航空ルートの開設は、ＦＩＲの通過、韓国の大邱《テグ》と北朝鮮の平壌間の航空路の開設および電話回線やネットワークの管理などから、ある程度の実績が得られていた。

一九九四年一二月八日、北朝鮮民間航空総局の指導者たちは、北朝鮮は世界中のすべての民間航空機に対して領空を開放するため、「国際航空ビジネスについて可決された協定」を批准する十分な用意ができたという情報を国際民間航空機関（ＩＣＡＯ）の会長に送ってきた。彼らはまた、航空機の領空通過飛行、離着陸を許可する用意があるという立場を表明したのである。

これを受けて一九九五年四月と九六年一月、ＩＣＡＯは北朝鮮に職員を派遣し、平壌ＦＩＲを通過する国際航空ルートとリンクさせること、また大邱～平壌間のＦＩＲ航空ルートの開設に関することで北朝鮮側と合意に達した。

北朝鮮は、韓国を含むあらゆる国の航空機が領空を通過することを許可し、航空機の安全運航への協力、事故発生時の救助と捜査への協力などに同意した。しかし、北朝鮮は韓国との直接協議は拒否し、ルートの開設に関してはＩＣＡＯを通じた間接的協議方法のみを受け入れた。まもなく、一九九六年七月一〇日から一三日までのバンコクでの会合において、北朝鮮とＩＣＡＯは、航空ルートはすべての国の航空機に対して平等であるという前提で、韓国民間航空機に対しても南北間航空管制、直接通信ネットワーク建設、そして航空機運航についての安全予備措置、その他を含むルート開設に関して原則的な合意をみた。

一九九七年三月三日、第二回協議において、南北朝鮮は二つのルート開設に関して合意した。ソウル–東海岸–平壌FIR、ウラジオストックと平壌–大邱FIR–日本の美保である。会議では、航空機の通過と安全の保障、南北の管制塔間の直通電話回線の設置に関して合意した。しかし、具体的な管制通信ネットワークの構成では意見の相違が残っていた。

そして一九九七年一〇月七日、バンコクでの第三回協議において南北朝鮮は、大邱～平壌管制塔間の直通有線電話予備回線は人工衛星を利用するということで合意した。同年一〇月二七日、合意書は正式に署名された。

それからまもなく一九九七年一〇月一九日、南北朝鮮は板門店を経由して大邱と平壌をつなぐ管制通信ネットワークを開設した。九八年末、人工衛星を利用する予備的直通電話回線がつながった。試験的な立ち上げと操業の後、九八年四月二三日に通信回線は本格的に使用されるようになった。同年九月一〇日、両国は大邱FIRを経由して北朝鮮と日本をつなぐ直通ルートをスタートした。このルートから、北朝鮮は関税を徴収できる。韓国はアメリカ、ロシア便をこれまでより二〇～五〇分短縮でき、二〇〇〇万ドル以上の燃料を節約できるのである。

c　交易を超えた南北朝鮮の協力

韓国が北朝鮮に対する開放政策を実行してから、南北間交易はめざましい前進をみせた。やがて、韓国企業は北朝鮮への資本投資に関心を高めた。

一九九二年一月、南北高位級会談が進展をみせているとき、大宇グループ総帥金宇中《キムウジュン》は訪朝した。ほどなくして、高合《コハップ》グループの首脳も訪朝した。六月、今度は北朝鮮の副首相金達玄《キムダルヒョン》が訪韓した。一〇月五日、大宇は南北協力推進企業としての許可指名を受け、直ちに北朝鮮南浦の投資環境の調査のため代表を送った。しかしその後、北朝鮮の核問題のため南北関係は暗礁に乗り上げ、投資条件は熟さなかった。九六年一月、紛糾の末に韓国と北朝鮮は初めて合弁に関する合意に達した。

一九九二年一〇月、大宇による北朝鮮南浦の軽工業への投資に許可がおりて以来、九五年六社、九六年四社、九七年一六社、総計二七社が北朝鮮への投資許可を得た。大宇、泰昌《テチャン》、緑十字、韓国通信、韓国外換銀行などの六社が活動を開始した。その他の高合物産、三星、ＬＧ、琴湖、三千里自転車などの韓国企業は依然接触中である。北朝鮮側には、光明《クァンミョン》企業、対外貿易促進委員会、その他が入っている。協力事業には、衣料・繊維・靴・セメント・皮革・漁業および水産物の加工、血栓症などの医薬品製造、テレビなどの国内用家電製品の製造、フロアボード、電子製品の組み立て、通信機器の製造、などが含まれる。また協力事業には、印刷・テレビ広告の制作・自転車組み立てがあり、羅津先鋒国際商品交易基地の開発と操業などもその他に入る。これらの企業は平壌・南浦・羅津・先鋒・清津・元山《ウォンサン》・海州《ヘジュ》、その他に所在する。小規模投資で一五万～九〇万ドル、中規模で三〇〇万～五〇〇万ドル、大規模で六〇〇万～九〇〇万ドルである。

一九九四年一一月から九七年一〇月のあいだに韓国から総計四八社、二八五人が訪朝した。

韓国は南北交易と協力を資金援助するため、一九九〇年に「南北協力基金」を設立した。これは統

表補-3　南北協力基金の運用

（韓国，単位：100万ウォン）

年度	1991	1992	1993	1994	1995	1996	1997	合　計
政府資金	25,000	40,000	40,000	40,000	240,000	100,000	−	485,000
非政府資金	−	−	4	−	119	132	244	499
利　益	237	5,118	4,777	9,387	14,589	18,410	23,335	75,853
合　　計	25,237	45,118	44,781	49,387	254,708	118,542	23,579	561,352

備考：1997年10月まで集計。
出所：表補-2と同じ，183ページ。

一省によって管理される政府基金である。資金運用についての重要事項は南北交易協力促進委員会によって決定される。この基金は、南北の市民の民間交流を促進するため、また文化的学術的な教育協力事業の促進、貿易経済協力資金の支援に充てられる。九五年以来、北朝鮮に対する政府の支援はこの基金から支出され、重要な役割を果たしてきた。

これは一九九一年、政府から二五〇億ウォン規模の基金を得てスタートした。後に九七年一一月までには、政府から四八五〇億ウォン、民間から四億九九〇〇万ウォン提供された。運用利益は七五〇億八五〇〇万ウォン（元本五六一〇億三五〇〇万ウォン）である。表補-3は基金の具体的状態を示す。この表によれば、ほとんどの基金は政府によって賄われており、一部が政府以外の寄付と活動利益である。

前述した協力企業以外に、有名な北朝鮮の金剛山観光地区が非政府事業の形態をとって韓国に開放された。一九九八年一一月一八日から二〇〇〇年六月までに、一四万人の韓国人が訪れ、北朝鮮は一億ドルの利益を上げた。

4　南北経済交流と展望の諸問題

(1)　経済交易関係における問題点

a　商品交易における諸問題

南北間交易は主として韓国側によって活発に推進されてきており、一九九九年までに交易量は二三億ドルに達している。九四年以来、韓国は北朝鮮にとって中国につぐ主要な交易相手国となった。しかし北朝鮮はより深刻な経済的困難を蒙ったため、九五年以来、原材料と労働力が不足し、鉄・鉄鋼金属製品の生産が低下して、貿易も縮小した。しかしながら韓国の技術と資金が北朝鮮の労働力と結び付き相互補完の有利性を十分に活用するならば、代理加工交易は大きな成長をし、よりよい展望が開けるであろう。

問題は、現在の間接交易をできるだけ早期に、直接交易へと切り替えることである。そうすることで輸送経費を節約でき、水陸の直行交通路の問題も解決するであろう。

b　輸送における最大問題

現在のところ、まだ南北間に定期的な直接ルートはない。輸送では第三国の船舶が主導的な地位を占めている。北朝鮮の港湾設備が不十分であり、埠頭は短すぎるし荷役量は少ない。そのうえ貨物料金は他の国と比較してかなり高い。これが商品価格の競争力を弱めている。もし、陸路が開通すれば、輸送コストはかなり節約できるであろう。

c　法的問題

北朝鮮は韓国とのあいだで、投資保護、二重課税防止、個人の安全保護と取扱いに関するなんらの協定にも調印していない。そのため、依然として制度的な協力に関しては多くの障壁が残されている。

(2)　南北首脳会談後の展望

南北首脳会談以後、南北関係は急速に好転した。二〇〇〇年八月一二日、国防委員長金正日は韓国メディア代表団と接見した。また、同年八月一四日に南北連絡事務所が開設され、一五日に歴史的な南北離散家族再会の交流訪問が実現した。そして、南北国防大臣級の会議が開催され、半世紀にわたって遮断されてきた南北間の鉄道復旧が協議された。閣僚級会談では、実質的な経済協力と交流の意見交換が始まっている。二〇〇一年三月には、金正日がソウルを訪問するであろうと発表された。二〇〇〇年九月一五日、シドニー・オリンピックの開会式では、南北両国が合同で入場行進して観客全員から温かい声援を受けた。

今の改善速度でいけば、南北交易交流は来るべき将来には大きな転換を迎えるであろう。法的保護制度、投資保護、二重課税防止そして個人の安全保護といった問題はまもなく解決するであろう。南北間の輸送網の整備や通信システムの設置などはやがて実用化されるであろう。

伝えられるところによれば、非武装地帯に近い開城地域に深圳のような経済特区をつくる計画がたてられている。韓国、日本はこの提案に歓迎の意向を示しており、投資準備をするといわれている。

南北関係の和解はまだ初期の段階であるが、堅い結び目は解け、克服できない困難はないのである。もちろん、双方に不確定な要素が存在するのは事実である。しかし、南北の和解、協力と統一は南北全人民共通の願いである。歴史のこの潮流は何人も変えることはできない。北朝鮮の対外経済関係は大きな発展へと向かっていることをわれわれは確信する。

（王《ワン》　勝今《シェンジン》／裵　敬隆　訳）

人名索引

事項索引

執筆者一覧

小林英夫［はじめに・第 1 章］

Mel Gurtov［第 2 章］
ポートランド州立大学ハットフィールド政治校政治学および国際関係学教授,
早稲田大学客員教授

裵《ペイ》　敬隆《キョンユン》［第 3 章・第 2 章翻訳・補論翻訳］
早稲田大学大学院アジア太平洋研究科国際関係学専攻博士後期課程

Mark，E. Caprio［第 4 章］
立教大学法学部助教授・早稲田大学非常勤講師

金《キム》　浩燮《ホソップ》［第 5 章］
韓国中央大学公共政策学部教授　政治学博士

今泉　良太［第 6 章］
早稲田大学大学院アジア太平洋研究科国際関係学専攻博士後期課程

朴《パク》　善暎《ソンヨン》［第 7 章］
早稲田大学大学院アジア太平洋研究科国際関係学専攻博士後期課程

李《イ》　字炯《チャヒョン》［第 8 章］
早稲田大学大学院アジア太平洋研究科交換研究員

王《ワン》　勝今《シェンジン》［補論］
中国吉林大学東北アジア研究院院長

若月秀和［第 4 章翻訳］
立教大学大学院法学研究科政治学専攻博士後期課程

富崎美穂［第 8 章翻訳］
東京大学大学院総合文化研究科国際社会科学専攻博士後期課程

編者略歴

小林英夫

1943年生まれ

東京都立大学経済学部卒業

東京都立大学経済学部助手，駒沢大学教授を経て

現在，早稲田大学大学院アジア太平洋研究科教授，文学博士

『「大東亜共栄圏」の形成と崩壊』御茶の水書房　1975年

『東南アジアの日系企業』日本評論社　1992年

『戦後アジアと日本企業』岩波書店　2001年

北朝鮮と東北アジアの国際新秩序

2001年10月10日　第一版第一刷発行　　◎検印省略

編者　小林英夫

発行所　株式会社　学文社　　郵便番号　153-0064
東京都目黒区下目黒3-6-1
発行者　田中千津子　　電話　03(3715)1501(代)
振替口座　00130-9-98842

乱丁・落丁の場合は本社でお取替します。　印刷所　㈱シナノ

定価は売上カード，カバーに表示。

ISBN 4-7620-1082-0